SIEGFRIED ECKERT

ANKOMMEN

Wie deine Seele
Heimat findet

Meiner Mutter gewidmet,
die mein Sonnenkind nährte.

Wohin gehen wir?
Immer nach Hause.

Novalis

Inhalt

Vorwort

Die Zeit der Pandemie hat viele schwer getroffen. Mich brachte sie an meine Grenzen. Krisen lösen Ängste aus, lassen einen die Welt nicht mehr verstehen, werfen uns auf kindliche Verhaltensmuster zurück. »Eine Krise entsteht, wenn das Alte stirbt und das Neue nicht geboren werden kann.« (Antonio Gramsci) Ihr Sinn liegt darin, Altes loszulassen und neue Wege zu beschreiten.

Das Wort »Sinn« stammt aus dem Indogermanischen und bedeutet »einen Weg einschlagen«. Nach dreißig Jahren im Gemeindepfarramt hat mich das Schicksal auf die Schulbank des Lebens gesetzt und neue Wege erzwungen. Krisen trainieren unser Immunsystem. Wer sich auf der Hochebene des Glücks befindet, sucht solches Training nicht auf. »Krise« (gr.) bedeutet dem Wortsinn nach: trennen, scheiden, unterscheiden. In Krisen trennen sich die Spreu vom Weizen, Sinnvolles von Sinnlosem, Wesentliches von Unwesentlichem, echte Freunde von falschen.

Seelisch weichgekocht, fiel mir im September 2020 Stefanie Stahls Buch »Das Kind in dir muss Heimat finden« in die Hände. Es stieß Türen zu einer Reise auf, die bis heute anhält. »Du öffnest die Bücher und sie öffnen dich.« (Tschingis Aitmatow) Der Untertitel provozierte meinen Widerspruchsgeist: »Der Schlüssel zur Lösung (fast) aller Probleme.« Provozieren kommt von provocare (lat.) = hervorrufen. Der Untertitel »Wie deine Seele Heimat findet« knüpft an Stefanie Stahl an. Ankommen bei sich selbst, beim anderen, in der Welt und bei Gott, so lauten die Ziele des hier eingeschlagenen Weges. Es bleibt ein Wunder, wenn geschlagene Wunden verheilen. Gnade ist es, wenn unser verwundetes Schattenkind auf die Sonnenseite des Lebens findet. Hilde Domin dichtet: »Dem Wunder leise wie einem Vogel die Hand hinhalten.« Dieses Buch reicht vielen Wundern vertrauensvoll die Hand hin.

Und es betet: »Da ich schrie zu dir, machtest du mich gesund.«
(Ps 30,3)

Ich selbst habe mich mit diesem Buch aufgemacht auf einen
Weg »heilsamer Seelsorge«. Sie lebt von Voraussetzungen, über
die der Mensch nicht verfügt. Jesus fragt: »Was hülfe es dem Menschen, wenn er die ganze Welt gewönne und doch nähme Schaden
an seiner Seele?« (Mt 16,26). Kirchenvater Augustinus formuliert:
»Mein Herz ist unruhig, bis es Ruhe findet, Gott, in dir.« Heilsame
Seelsorge will beunruhigte Herzen und geschädigte Seelen nicht
im Sumpf ihrer Ängste versinken lassen. Sie orientiert sich an Jesu
Zusage: »In der Welt habt ihr Angst; aber seid getrost, ich habe die
Welt überwunden.« (Joh 16,33) Damit solcher Trost unsere Herzen
erreichen kann, ist es nötig, dass Hänschen zum Hans und unser
inneres Kind erwachsen wird. Kurzum, dass der Mensch bei sich,
seinem Nächsten, in der Welt und bei Gott ankommt. Die Idee der
heilsamen Seelsorge richtet sich dabei nicht nur an professionelle
Seelsorgerinnen und Seelsorger, die andere Menschen begleiten,
obwohl natürlich Impulse dort einfließen können und sollen.
Es dient aber auch und besonders der Selbstfürsorge und dem
heilsamen Umgang mit uns selbst. Das Buch möchte Dich – ob
in seelsorgerlicher Begleitung oder allein – begleiten auf Deinem
Weg zur inneren Heimat.

Der Titel »Ankommen – Wie deine Seele Heimat findet« hat
als Leitbild einen Baum vor Augen, dessen Ringe Jahr um Jahr
wachsen, egal wie das Wetter war. Leben ist ein ständiger Wachs-
tumsprozess; eine wilde Mischung aus Eigenverantwortung und
Geschehenlassen. Für Sonne und Regen ist ein Baum nicht verantwortlich. Sein Wachstum gelingt, wenn Nähe und Distanz stimmen, seine Krone sich dem Himmel entgegenstreckt, seine Äste
weit in die Welt ausgreifen, seine Wurzeln in die Tiefe wachsen,
um Kraft und Standfestigkeit zu gewinnen. Der Zen-Buddhismus
kennt Koans, das sind scheinbar widersprüchliche Aussagen. Ein

Koan Jesu lautet: »Wenn das Weizenkorn nicht in die Erde fällt und erstirbt, bleibt es allein; wenn es aber erstirbt, bringt es viel Frucht.« (Joh 12,24) Sich erden, zu Boden gehen, fallen lassen, loslassen, nicht allein sein, sterben, Frucht bringen – so widersprüchlich kann Wachstum sein. Im Glücksfall zieht sich durch diese Widersprüchlichkeit ein roter Faden, der im Rückblick Sinn ergibt.

Der Arzt Paracelsus sagt: »Ein glattes Herz taugt nichts. Hinter den Narben eines Herzens liegt unsere Menschlichkeit.« Wann fangen wir an, hinter unseren Narben unser Menschsein zu entdecken? Verlieren wir nie den Glauben, dass selbst aus Bösem noch Gutes entstehen kann. Schenken wir in allem Gott unser Vertrauen, dem wir letztlich alles verdanken. Bei ihm wartet eine Heimat, die nicht von dieser Welt ist, in der Ängste überwunden sein werden und unsere Fluchten ein Ende finden. Bei ihm dürfen wir ankommen, ganz so, wie wir sind.

Siegfried Eckert
Bonn, im Frühjahr 2023

ankommen

alles wesentliche
ist ein geschenk
alles wachstum
ist ein geschehen

solange sonne und regen
tag und nacht nicht vergehen

wachsen wir heraus
aus zu kleinen schuhen
aus zu engen häuten

reifen wir ring um ring
der ewigkeit entgegen
wie ein baum

seine wurzeln wachsen
tief in den mutterboden hinein
seine äste strecken sich
weit in die welt hinaus

zum menschen hin
zum himmel hoch
polaritäten halten
alles in spannung

schenken dem leben
unverfügbare kräfte
einen tieferen sinn

um heimat zu finden
um erwachsen zu werden
um anzukommen

Siegfried Eckert

I. HEIMAT FINDEN

Wer ankommen will, muss sich auf den Weg machen und braucht einen Kompass, das Zittern der Nadel, welche uns die Richtung zeigt, ein Bauchgefühl, wo es langgehen könnte.

Die Lyrikerin Mascha Kaléko schreibt: »Die jungen Menschen hatten sich in meinen Gedichten wiedergefunden. Offenbar sind die Elementargefühle die gleichen geblieben, wenn sie sich auch anders äußern.« (Kaléko, 249) Es sind »Elementargefühle«, die durch alle Zeiten hindurch sich in uns regen. Für Vivian Dittmar lauten sie: Wut, Trauer, Angst, Freude und Scham. Kaléko formulierte ihre Worte wenige Monate vor ihrem Tod. Sie trifft damit den Nagel auf den Kopf. ›Elementargefühle‹ lotsen uns durch das Meer der Zeit. Werden sie nicht gefühlt, beunruhigt ein Zuviel oder Zuwenig dieser Gefühle unser Leben; wird unser Hunger nach Liebe und Anerkennung nicht gestillt, wird es eng und Ängste kommen auf. Die Quellen unseres Wachstums, eines gesunden Erwachsenwerdens, des Ankommens, speisen sich aus den bewussten und unbewussten Anteilen, die uns zu Menschen machen.

In der Bibel begegnet uns die Geschichte eines Mannes, der mit seinem Leben nicht mehr zufrieden ist. Er fordert sein Erbe ein, geht in die Welt, auf der Suche nach sich selbst. Dabei gerät sein Leben völlig außer Kontrolle, und er entschließt sich umzukehren: »Und er machte sich auf und kam zu seinem Vater. Als er aber noch weit entfernt war, sah ihn sein Vater und es jammerte ihn, und er lief und fiel ihm um den Hals und küsste ihn.« (Lk 15,20) Gibt es ein innigeres Nachhausekommen? Am Tiefpunkt angelangt, kehrt der ›verlorene‹ Sohn um. Sein Erwachsenwerden verlief nicht glatt. Für den Vater spielt das aber keine Rolle. Er hält an der Liebe zu seinem Sohn fest. Von Ferne erkennt er seinen bedrückten Gang. Den Vater jammert es, als er den reumütigen Sünder sieht. Er läuft ihm entgegen, fällt ihn um den Hals, küsst den verloren Geglaubten. Ein Wiedersehen findet statt, nachdem der Sohn mit Rundumausstattung in die Welt aufgebrochen war.

»Trennung ist unser Los, Wiedersehen ist unsere Hoffnung«, heißt es bei Augustin. So erlebt es der Sohn in der Geschichte.

Es gehört zur Geburtsstunde des Christentums, dass es sein Glück nicht im Materialismus suchte und beseelt war von der Hoffnung: Das Beste kommt zum Schluss. Eine vielen Bedrängnissen ausgesetzte jüdische Sekte hatte sich zu einer sinnstiftenden Bewegung gemausert und konkurrierte gegen eine Fülle antiker Götterwelten und römischer Statussymbole. Die ersten Christen hatten Krisen zu bewältigen, neue Antworten auf alte Fragen zu finden, Widersprüche auszuhalten, gegen Tod, Verfolgung und Teufel zu bestehen. Ihr Selbst-, Welt- und Gottvertrauen stand unter einem Vorbehalt, denn die versprochene Heimat, Gottes Reich, die Wiederkunft Christi, ein Leben in Gerechtigkeit und Barmherzigkeit, ohne Sünde, Tod und Schmerz, all das stand noch aus. Ihr Verhältnis zur Welt war ein Sowohl-als-Auch, voller Nähe und Distanz, ein Haben, ›als hätte man nicht‹. So zumindest sah es der Apostel Paulus: »Die Zeit ist kurz. Auch sollen die, die Frauen haben, sein, als hätten sie keine; und die weinen, als weinten sie nicht; und die sich freuen, als freuten sie sich nicht; und die kaufen, als behielten sie es nicht; und die diese Welt gebrauchen, als brauchten sie sie nicht. Denn das Wesen dieser Welt vergeht.« (1 Kor 7,29-31) Solch distanzierte Weltsicht, war von der Hoffnung auf bessere Zeiten genährt. Bei aller gebotenen Distanz fingen sie an, sich mit der Welt zu arrangieren, in ihr einen vorläufigen Sinn zu finden.

»Sinn. Das Wort trägt eine gewaltige Dynamik in sich. Die indogermanische Wurzel des Begriffs liegt im Verb sent, was so viel bedeutet wie ›gehen, reisen, eine Richtung nehmen‹. Sinn ›hat‹ man also nicht, man erlebt ihn nur, wenn man in Bewegung ist.« (Trotier, 16) Die ersten Christen waren in Bewegung und warfen einen anderen Blick auf die Welt. Christen gehen von einem Dasein mit Gott aus, was getragen wird von der Zuversicht, dass das Leben ein gutes

Ende nehmen wird, weil der Tod nicht mehr das letzte Wort hat. Solche Hoffnung steckt seither in unserem religiösen Rucksack, deren Inhalt kein Mensch sich selbst verdankt. Als Protestant schätze ich das biblische Wort, welches uns in die Wiege gelegt wurde und ein verlässlicher Kompass auf unserer Reise ist. Ein weiterer Reisebegleiter wurde mir Viktor E. Frankl, der Begründer einer Logotherapie, die mit religiösem Gespür nach dem Sinn des Daseins fragt. »In der Auseinandersetzung mit dem Schicksal des Krankseins, in der Einstellung zu diesem seinem Schicksal, erfüllt der kranke Mensch einen – nein: den tiefsten Sinn, verwirklicht er einen – nein: den höchsten Wert.« (Frankl zit. nach Lukas, Der Seele Heimat, 10,7f) Heimat finden, ankommen, das hat damit zu tun, im Leben Sinn zu finden. Entscheidend ist dabei die Perspektive. Wie sehe ich mein Leben? Eine weitere Reisegefährtin, die amerikanische Ärztin und Enkelin eines orthodoxen Rabbis, Rachel Remen, formuliert: »Sinn zu finden, verlangt nicht unbedingt, dass wir anders leben als bisher – wir müssen nur unser Leben anders sehen. Viele von uns führen schon längst ein viel sinnvolleres Leben, als sie glauben ... Sinn kann die Weise, uns selbst und die Welt anzuschauen, völlig verändern. Menschen, die sich selbst zuvor für Opfer gehalten haben, mögen überrascht herausfinden, dass sie eigentlich Helden sind.« (Remen, 36) In diesem Sinne wünsche ich uns eine gute Reise auf der Suche nach Wegen einer heilsamen Seelsorge, nach Wegen einer angemessenen Sorge um uns selbst.

1. Kompass

»Es war aber dort ein Mensch, der war seit achtunddreißig Jahren krank.« (Joh 5,5) In Bethesda glich die Welt einem Kurbetrieb. In einer Halle lagen viele Kranke. Strömte Wasser vom oberen in den untern Teich, kam das Wasser in Bewegung und Menschen stürmten heran. Bethesda, das war eine Art antikes Lourdes mit Whirlpool. »Es ist aber in Jerusalem beim Schafstor ein Teich, der heißt auf Hebräisch Betesta. Dort sind fünf Hallen, in denen lagen viele Kranke, Blinde, Lahme, Ausgezehrte.« (Joh 5,2f) Eine nähere Diagnose des seit achtunddreißig Jahren Kranken liegt nicht vor. Weiter wird berichtet, dass Jesus den Mann am Teich liegen sieht. Ein Arzt sagte mir, er könne seinen Patienten aus der Ferne ansehen, was sie belaste. Jesus durchschaut den Langzeitkranken sofort und er spricht ihn an. Seine Frage entpuppt sich als Schlüsselfrage: »Willst du gesund werden?« (Joh 5,6c) Versteht sich das nicht von selbst? Scheinbar Selbstverständliches ist aber nicht immer klar. Der Befragte rechtfertigt sich: »Herr ich habe keinen Menschen, der mich in den Teich bringt, wenn das Wasser sich bewegt; wenn ich aber hinkomme, so steigt ein anderer vor mir hinein.« (Joh 5,7) Er habe niemanden, der ihm hilft. Andere seien schneller, gibt der Kranke zu Protokoll. Es folgen Ausreden statt Hilferufe; statt der Bitte um Gesundung erfolgen Schuldzuweisungen. Ist das seine Krankheit? Wer so lange krank war, scheint zum Gefangenen seines Handicaps geworden zu sein. Kann einer hier nicht mehr anders, als um seine Erkrankung zu kreisen? Jedes Dorf hat solche Kranken. Für sie gelten andere Gesetze, weil ihre Umgebung sich mit ihren Lebenslügen arrangiert hat. Wie im Hamsterrad dreht der Bettlägerige sich im Kreis seiner Selbstbezogenheit. Weil ihm niemand hilft, bestraft ihn das Leben? Ist er doppelt gestraft? Da kann doch was nicht stimmen.

Wir Außenstehenden fragen uns, wann dieser Kerl die Verantwortung für sein Leben übernimmt. Wann ist Schluss mit Hotel Mama? Welches Wunder war da gefragt? Hier muss jemand in den Fluss und in Bewegung kommen, Zutrauen zur eigenen Lebenstüchtigkeit entwickeln, das Stehaufmännchen in sich entdecken. Dafür ist die Perspektive zu wechseln: raus aus der Horizontalen, rein in die Vertikale. Steh auf! Hör auf, dir einzureden, andere seien schuld. Lass deinen Gefühlen endlich freien Lauf. Spüre ihre Kraft! Wage den Aufbruch in deine Eigenständigkeit. Hör auf, andere für dein Glück verantwortlich zu machen. Merkst du nicht, wie du dir selbst dein Wasser abgräbst, indem du seit achtunddreißig Jahren der Verantwortung, die du für dich hast, ausweichst und sie abgibst?

Diese Geschichte erinnert mich an Menschen, die durch den Alkohol aus der Bahn geworfen wurden, ihr Zutrauen verloren haben, den Alltag selbst zu meistern. Sie haben sich daran gewöhnt, dass ihre (co-abhängige) Umgebung sich um sie kümmert. Anonyme Alkoholiker empfehlen, Suchtkranke fallen zu lassen, bis sie von selbst wieder auf die Beine kommen. Nur so könne Umkehr gelingen. In diesem Falle stimmt es: Hilf dir selbst, dann hilft dir Gott.

Das Leben des Bettlägerigen gerät in Fluss, weil Jesus die Schatzkammer seines Selbstvertrauens aufschließt. Der Meister traut dem Bedürftigen mehr zu als der sich selbst: »Steh auf, nimm dein Bett und geh hin!« (Joh 5,8) Aufstehen, Bett nehmen, hin gehen – geht doch! »Und sogleich wurde der Mensch gesund und nahm sein Bett und ging hin.« (Joh 5,9)

Wer kennt nicht diese lästigen Lähmungserscheinungen, depressive Verstimmungen, die einen bettlägerig werden lassen? Da willst du dich nur unter deine Bettdecke verkriechen, weil die Schwerkraft der Lebensmüdigkeit dich nicht aufstehen lässt. Und die Lebensangst klebt wie Kaugummi an der Seele. Wer wird nicht regressiv, wenn dir das Leben den Boden entzogen hat? Da hast du das sprudelnde Wasser vor Augen, das pralle Leben um die Ecke wohnen, trotzdem kommst du nicht in die Gänge. Wie oft sitzen wir am Beckenrand des Lebens, bleiben Trockenschwimmer, weil uns der Mut fehlt, zu springen? Am Ufer des Teiches hatte der Kranke sich in der Nische seines Selbstmitleides eingerichtet. Was für ein Abgrund an Einsamkeit tut sich da auf?

»Herr ich habe keinen Menschen, der mich in den Teich trägt.«
Kein Wunder, dass Jesus von Ferne sah, was los war. Die Körpersprache des Gelähmten schrie schließlich zum Himmel. Da
von ihm keine Antwort zu erwarten war, sprach der Heiland das
erlösende Wort: »Steh auf, nimm deine Bahre und geh!« Was für
ein Vertrauen! Nach achtunddreißig Jahren traute dieser Jesus
ihm Unglaubliches zu.

Zutrauen und Vertrauen sind die Quellen von Heilungspro-
zessen. Und hier macht auch der Ton die Musik. Jesus sah ihm
seine Krankheit an. Aber er sah ebenso seine Selbstheilungskräfte,
Potenziale und Talente. Es war Zeit für den Perspektivwechsel.
Steh auf! Pack dein Leben an! Geh deinen aufrechten Gang. Du
musst nicht länger wie eine Schlange am Boden herumkriechen.
Verlasse das Bettenlager deiner Ausreden.

»Sofort wurde der Mann gesund.« Die Spontanheilung ge-
schieht ohne Bekenntnis oder Heilungsbitte, ein eher unüblicher
Vorgang. Aber weil genau das seine Krankheit war, nämlich keine
Bitte, kein Bekenntnis äußern, keine Initiative ergreifen zu können,
griff Jesus ein. Nach achtunddreißig Jahren Passionszeit ist Zeit für
Auferstehung. Der Türöffner, der Schlüssel heißt: Vertrauen. Die
Begegnung mit Jesus ermöglichte dem Gelähmten, in sich selbst,
in die Menschen, die Welt und Gott Vertrauen zu fassen.

Seine verkapselten Elementargefühle wurden freigesetzt, wall-
ten in ihm endlich auf. Da war kein Halten mehr. Der heißersehnte
Frühling brach nach sibirischem Winter aus. Der Mensch wurde
gesund, weil da einer war, der ihm zutraute, auf eigenen Füssen zu
stehen. Selbstverständlich gibt es Krankheiten, da muss sofort geholfen werden; da liegen Menschen am Rande einer Gesellschaft,
die auf Ämter geschleppt, denen Schnabeltassen gereicht werden
müssen. Da nützt kein Geschwätz von Eigenverantwortung. Aber
hier geht es um die andere Seite der Medaille. Steh auf, nimm deine
Krankenakte und geh!

»Wunder gibt es immer wieder, heute oder morgen, können sie geschehen«, sang Katja Ebstein. Ein anderes Wunder, bei dem Jesus besonderes Fingerspitzengefühl zeigt, berichtet die Bibel in Markus 8,22: »Und sie brachten zu ihm einen Blinden und baten ihn, dass er ihn anrühre.« Nicht näher beschriebene Helfer bringen hier Bewegung in die Sache. Vom Kranken hören wir kein Wort. Hilfsbereite Helfer üben Fürbitte, äußern Therapievorschläge: Bitte den Kranken berühren! Als Arzt wären mir solche Hinweise lästig. Was zu tun ist, sollte der Doktor selbst entscheiden. Jesus ergreift Initiative, macht die Sache zur Chefarztsache. »Und er nahm den Blinden bei der Hand und führte ihn hinaus vor das Dorf.« (Mk 8,23a) Jesu erste therapeutische Tat ist es, den Blinden aus der Enge des Dorfes herauszuführen. Er nimmt sich seinen Patienten zur Seite. Kein Gerede und keine störenden Gaffer mehr. Distanz zum Bisherigen wird gesucht. Jesus nimmt sich Zeit für den richtigen Ort. Takt und Timing bilden die Voraussetzung für dieses Wunder. Fachleute wissen, wie heilsam es ist, Prozesse zu entschleunigen, Teufelskreise zu verlassen, Systeme aufzubrechen, alten Geschichten einen neuen Rahmen zu geben. Wer im Alten verharrt, keinen Ausweg aus einem toxischen Klima findet, bleibt krank. Die Verordnung von Kuren, das »Ich bin dann mal weg« eines Hape Kerkeling, der Gang ins Kloster, können alles sinnvolle Schritte sein, um Abstand zu gewinnen.

Jesus nimmt den Blinden an die Hand. Bei allen Bestrebungen, eigenständig zu sein, ist niemand frei von der Sehnsucht, behütet durchs Leben geführt zu werden. Damit fing das Wunder an. Der Blinde gibt sich seinem Meister in die Hand, lässt sich herausführen in die Weite. Nicht auszuschließen, dass die Enge im Dorf das Augenlicht eingetrübt hatte, er nicht länger mit ansehen konnte, was sich dort an Intrigen, Konflikten und Scheinheiligkeiten abspielte? Wir erfahren von den Ursachen der Krankheit nichts. Vieles wäre denkbar.

Jesus setzt seine Therapie fort. Wer nicht sehen kann, muss fühlen. Jetzt bekommt der an die Hand genommene die Hände des Heilers zu spüren. »Er spuckte in seine Augen, legte die Hände auf ihn und fragte ihn.« (Mk 8,23b) In einem Dreischritt tastet Jesus sich mit Fingerspitzengefühl heran. Die verklebten, vertrockneten Augen seines Patienten benetzt er mit Speichel, eine Geste höchster Intimität am wohl wundesten Punkt des Menschen. Berührungen mit Speichel kosten Überwindung. Wo bleibt die Hygiene, würden wir fragen. Der Blinde sieht nicht, was auf ihn zukommt. Er spürt nur die Wohltat. Kennst du das? Du sitzt erschöpft am Schreibtisch, die Zeilen auf dem Bildschirm verschwimmen, du reibst dir die Augen, und langsam kehrt wieder Leben in die Augenhöhlen ein?

Nach Spucken und Handauflegen kommt die Schlüsselfrage, und aus dem nur scheinbaren Hokuspokus wird ein Akt des Verstehens. Der mündige Patient ist ein gefragter Mensch, der nicht nur an der Hand des Doktors hinterherläuft. Mündige Patienten wollen gefragt werden, Subjekte sein, keine Sparschweine für Krankenkassen. Der Blinde wird zum Gefragten. Wie viele Krankenhausaufenthalte und Kuren erweisen sich als Geldverbrennung, weil Patienten nicht gefragt wurden? Und wie oft verstummen Seelsorgegespräche, weil Seelsorger scheinbar alles besser wissen? Und Blinde? Sie werden ständig für dumm verkauft, weil alle denken, die sehen ja doch nichts? Jesus fragt: »Siehst du etwas?« (Mk 8,23d) Ein Arzt der Fragen stellt, steht dazu, kein Alleswisser zu sein.

Sicher ist sich Jesus seiner Sache nicht? Mir sind unsichere Menschen lieber als selbstsichere Macher, die ständig übers Ziel hinausschießen und Fehler niemals öffentlich eingestehen. »Und er sah auf und sprach: Ich sehe die Menschen, als sähe ich Bäume umhergehen.« (Mk 6,24) Während viele den Wald vor lauter Bäumen nicht sehen, sieht der Sehgetrübte Menschen wie Bäume umhergehen. Er hatte sich von den Menschen so entfremdet, dass sie ihm nun wie hölzerne Wesen erscheinen. Er weiß, um wen es sich handelt müsste, nur erscheinen ihm diese Menschen nicht menschlich. Zu sehr sind sie in ihren hölzernen Rollen erstarrt. Das erinnert mich an mein letztes Abiturtreffen. Wir standen auf dem Schulhof herum, guckten einander etwas unsicher an, hielten uns an Bierflaschen fest, bis die üblichen Selbstdarstellungen anfingen: mein Haus, meine Frau, mein Auto, mein Beruf. Menschen, die in ihren Rollen feststecken, sind nicht erkennbar, verschwimmen profillos vor unseren Augen, erstarren in alten Festschreibungen, erscheinen schrecklich hölzern. Wie viel Vertrauen wird notwendig gewesen sein, dass sich der Blinde von einem Fremden an die Hand nehmen ließ? Menschen waren ihm zu Bäumen geworden. Kein Wunder, dass Jesus da erneut einzugreifen hatte.

»Danach legte Jesus abermals die Hände auf seine Augen.« (Mk 8,25a) Jetzt genügen die Hände. Die Spucke hat ihren Zweck erfüllt. Zupackende Hände stellen Unscharfes scharf. »Da sah er deutlich und wurde wieder zurechtgebracht und konnte alles scharf sehen.« (Mk 8,25b) Erst musste etwas zurechtgebracht, zurechtgerückt werden im Kranken, was auch immer das war, bevor er wieder die Dinge klar und scharf sehen konnte. Die Welt mit anderen Augen neu sehen zu können ist ein Prozess. Perspektivwechsel brauchen Zeit. Endlich hatte das Herumirren im Verschwommenen und Ungefähren ein Ende gefunden. Jetzt erkennt der Geheilte die Welt und seine Mitmenschen. Er sieht ihre Schönheit und ihre Falten, ihre Fehler und Fettnäpfchen. Heilung bedeutet hier: einen realistischen, scharfen, klaren Blick auf mein Leben gewinnen. Unser Zurechtgebrachter sieht die Dinge nun auf Augenhöhe. Menschen erscheinen nicht mehr wie Bäume. Jesus wird klar: Eine Rückkehr des Mannes an die Stätte seines Leidens wäre nicht bekömmlich. »Und er schickte ihn heim und sprach: Geh nicht hinein in das Dorf.« (Mk 8,26) Heimkehr ja, hinein ins Dorf –

bitte nicht. Könnte das ein Rezept für Heimkehrende aus Kuren und Klöstern sein? Geh hinein, doch halte Abstand. Viel zu schnell schnappt die Falle zu, werden wir zu Gefangenen unserer Hamsterräder, wollen wir die blinden Flecken nicht sehen, die uns krank gemacht haben. Da genügt schon das Abhören des Anrufbeantworters nach dem Urlaub, das Aufrufen der E-Mails, und schon hat dich die alte Welt im Griff mit ihren Beunruhigungen und nie enden wollenden To-do-Listen. Es ist gut, Eigenverantwortung zu übernehmen, sein Bett zu nehmen und in die Richtung zu gehen, die uns gewiesen ist. Es ist gut, meine Sichtweise scharfstellen zu lassen, mit neu geeichtem Kompass sich auf den Weg zu machen in die Welt, um erwachsen zu werden, um anzukommen zwischen Tun und Lassen.

2. Hänschen klein

Der Mensch steht in vielfältigen Beziehungen. Vier Beziehungsgeflechte bestimmen ihn wesentlich: die Beziehung zu seinem Selbst, seinen Mitmenschen, seiner Mitwelt und als Geschöpf zu seinem Schöpfer. Jesus erzählt das Gleichnis vom Sämann, in dem er zeigt, wie unterschiedlich das Leben aufgehen kann. »Es ging ein Sämann aus, zu säen seinen Samen. Und indem er säte, fiel einiges auf den Weg und wurde zertreten, und die Vögel unter dem Himmel fraßen's auf.« (Lk 8,5) Viele unserer Potenziale kommen unter die Räder. Da warst du zur falschen Zeit am falschen Ort, da schlug das Schicksal zu, oder du hast schlicht unter deinen Möglichkeiten gelebt. »Und anderes fiel auf den Felsen; und als es aufging, verdorrte es, weil es keine Feuchtigkeit hatte.« (Lk 8, 6) Im Strohfeuer schlecht begründeter Begeisterung verdorrt die Saat. Da fehlt die Tiefe. Harte Lebensumstände, ungünstiger Untergrund, betonharte Chefs erlauben keinen Tiefgang, keine Erfolgserlebnisse, keine Verwurzelung. Ein Anschluss an die Quellen des Lebens gelingt nicht. »Und anderes fiel mitten unter die Dornen; und die Dornen gingen mit auf und erstickten's.« (Lk 8,7) Wer kennt sie nicht die Vorhaben, die unter die Räder unserer Sorgen geraten, destruktiven Kräften zum Opfer fallen? Da bist du guten Willens und trotzdem werden deine Vorhaben von den Dornen der Bösartigkeit erstickt. »Und anderes fiel auf das gute Land; und es ging auf und trug hundertfach Frucht.« (Lk 8,8) Am Ende landet die Saat auf gutem Grund, kann das Weizenkorn im fruchtbaren Boden begraben werden, um Frucht zu bringen. Ankommen – Heimat finden, das heißt, mich auf den Acker tragen zu lassen, in meinem Element sein, meinen Weg als Langstrecke zu akzeptieren, nicht als Sprint, auf dem einiges verloren geht, bzw. auf der Strecke bleibt; alles ist ein Wechselspiel aus Aktion und Passion, Tun und Geschehen lassen. Heilsame Seelsorge ermutigt zu beidem.

Der Gestalttherapeut Victor Chu macht in seinem Buch »Die Kunst, erwachsen zu sein« auf zwei Varianten eines alten Kinderliedes aufmerksam, dass wir alle kennen.

> »Hänschen klein, ging allein in die weite Welt hinein.
> Stock und Hut stehn ihm gut, wandert wohlgemut.
> Doch die Mutter weinet sehr, hat ja gar kein Hänschen mehr.
> Da besinnt sich das Kind, läuft nach Haus geschwind.«

Was lehrt dieses Lied? Hänschens Selbstverhältnis und Weltanschauung sind nicht von schlechten Eltern. Er ist klein und oho. Er steht auf eigenen Füßen, um in die Welt zu gehen. Hänschen geht allein. Ihm scheint die Ablösung vom Elternhaus gelungen zu sein. Wohlgemut ist er unterwegs. Beste Voraussetzungen, um erwachsen zu werden. Die Welt in all ihrer Weite liegt vor ihm; die Türen stehen ihm offen. Das Gegenteil von weit ist eng. Angst kommt von Enge. Angst kommt von ›angina‹ (lat.). Wenn's eng wird ums Herz, es uns die Kehle zuschnürt, die Angst alles lähmt, wird es lebensbedrohlich. Hänschen ist unterwegs mit Mut und Weite. Er wird unterstützt und behütet: Stock und Hut stehn ihm gut. Vieles kann gemeint sein: das Erbe der Eltern, die Sitten und Bräuche der Heimat, erworbene Überzeugungen, ein Glaube, der ihm Halt bietet, der Stab eines Hirten, der Hänschen unsichtbar begleitet? Wohlgemut in die weite Welt zu ziehen zeugt von gutem Weltvertrauen und guten Beziehungen zum Elternhaus; beste Voraussetzungen – bis die weinende Mutter ins Spiel kommt.

Hänschens Beziehung zu ihr zieht wie eine Hundeleine an ihm. Je weiter er sich entfernt, umso schwerer fällt es ihr, den Sohn loszulassen. Ihre Mutter-Sohn-Beziehung wird ihm zur Fessel. Hänschen spürt die Weite der Welt nicht mehr. Sein ›wohlgemut‹ wird von der mütterlichen Schwermut überschattet. Das muntere Sonnenkind wird zum Schattenkind. Mutters Empty-Nest-Syndrom bricht Hänschen das Herz. Da besinnt sich das Kind und kehrt um geschwind, ohne die Erfahrungen gemacht zu haben, wie es sein könnte, erwachsen zu werden. Von der Sorge der Mutter getrieben, läuft er heim ins gemachte Nest, das jetzt zur Falle wird. Ein zu enges Mutter-Kind-Verhältnis erlaubt es ihm nicht, dass er zum Hans im Glück wird. Bindungsenergien nehmen sein Autonomiebedürfnis gefangen. Wie gut, dass es eine ursprünglich andere Fassung dieses Liedes gibt, aber dazu später.

Erwachsen werden ist ein Prozess. Bis die Saat auf den Acker gelangt, Fruchtbringen möglich ist, lauern unzählige Geier und Dornen. Das Leben geht nie glatt, die Liebe nicht, Beziehungen und Berufskarrieren auch nicht. Ginge alles glatt, würde ein glattes Herz die Folge sein. Doch erst Narben zeigen, dass wir Menschen aus Fleisch und Blut sind und wirklich gelebt haben.

Einem Bericht der deutschen Schmerzforschungsgesellschaft entnahm ich, dass Schmerzen entstehen, wo Gewebe zerreißt. Eng miteinander Verflochtenes, Verwobenes, aufeinander Bezogenes, miteinander Verbundenes hat das Potenzial, Schmerz zu verursachen; Unverbundenes, Lockeres, Unverbindliches, das, was mir nichts bedeutet und nichts wert ist, schmerzt nicht. Ich denke an das Zerreißen von Freundschaften in der Pandemie, an den Tod meiner geliebten Mutter, an das Zerbrechen von Vertrauen auf der Arbeit. Bei der Beerdigung der Mutter einer jüdischen Freundin zerrissen die Angehörigen am Grab ihre Gewänder als ein Ritual ihrer Trauer. Auch im Allerheiligsten zerriss etwas, als der Menschensohn verstarb: »Und der Vorhang im Tempel zerriss in zwei Stücke von oben an bis unten aus.« (Mk 15, 38) Zerreißt oder zerbricht etwas, gibt es keine klaren Kanten. Es entstehen unsaubere Abrissstellen, es bleiben Fetzen und Fransen. Jeder Riss ist einzigartig, wie unser Fingerabdruck, wie jede Narbe, wenn Wunden sich geschlossen haben und Neues sich mit Altem verwebt hat.

Heilsame Seelsorge nimmt sich Zeit für den Schmerz, für die Trauer, für Brüche und offene Wunden, die uns das Leben schlägt. Hin und wieder kommt sie nicht umhin, die Hand vom Pflug abzulassen, zurückzuschauen, nach Ursachen und Unbewusstem zu fragen. Sie steigt mit in den Brunnen der Trauer hinab. Ist mitfühlend. Und sie ist daran interessiert, aufzustehen, aus dem Loch herauszukommen, wohlgemut in die weite Welt zu gehen. Heilsame Seelsorge setzt auf die Heilkräfte, die in uns schlummern, auf die Kraft des Heiligen Geistes. Gelingt Heilung, kann, wie beim Wachstum des Grashalms, die verheilte Wunde, die entstandene Narbe, zum Knotenpunkt werden, der stabilisiert und uns erwachsen werden lässt. Bruchstellen sind einzigartige Gebilde. Sie sind Mahnmale eines Lebens, das sich nie kontrollieren lässt. Das Leben geschieht. Schmerzen geschehen. Es ist so, wie es ist, auch wenn Unheil geschieht.

Als ich nach zehn Jahren Pfarrdienst in Essen die Stelle wechselte, um nach Bonn zurückzukehren, trafen meine Frau und ich nach einer Theatervorstellung in den Kammerspielen den Schauspieler Roland Riebeling wieder. Wir kannten uns aus Essener Zeiten und sprachen darüber, wie gerne wir in der alten Bundeshauptstadt sind, die Heimat meiner Frau, die Stadt, in der wir uns lieben lernten. Roland vertrat die These: »Heimat ist da, wo wir unsere glücklichste Zeit verbracht haben.« Es gibt andere Sichtweisen. Der Philosoph Ernst Bloch hatte die ausstehende Heimat zum finalen Thema seines Buches ›Prinzip Hoffnung‹ gemacht. Für einen Theologen gehört zum Verständnis von Heimat immer auch die Rede der Zukunft im Reich Gottes, die in die DNA des Christentums eingeschrieben ist. Irdisches ist nur vorläufig. »Wir haben hier keine bleibende Stadt, sondern die zukünftige suchen wir.« (Hebr 13,14) Stefanie Stahl ist im Blick auf unser ›inneres Kind‹, das Heimat finden muss, davon überzeugt, dass jeder Mensch einen Ort braucht, an dem er oder sie sich geborgen, sicher und willkommen fühlt. Heimat ist für sie der Raum, in dem der Mensch bei sich selbst angekommen ist. Im Idealfall war in der Kindheit das Elternhaus dieser Ort. Habe ich früher Gutes erlebt? Wurde mir genügend Selbstvertrauen geschenkt? Die Psychologie spricht gerne von Urvertrauen, Stefanie Stahl von Heimat: »Dieses Urvertrauen ist wie eine Heimat in uns selbst, denn es gibt uns inneren Halt und Schutz« (Stahl, 13). Spirituell betrachtet, wurzelt solches Urvertrauen nicht in mir selbst, weil es tiefere Gründe hat und weit über unser Selbst hinausgeht.

Ein für mich faszinierendes Beispiel dieser Vorahnung gibt Dietrich Bonhoeffer in seinem Gedicht: »Von guten Mächten wunderbar geborgen, erwarten wir getrost was kommen mag.« Bonhoeffer fühlt sich in der Liebe seiner Familie, seiner Freunde und seiner Verlobten Maria geborgen. Erst in der letzten Strophe tauch dann »Gott« auf. Am Ende seines Wirkens, konfrontiert mit seiner drohenden Hinrichtung, dachte Bonhoeffer über eine religionslose Rede von Gott nach. Wie können wir in einer säkularen Welt ohne Gott noch von Gott reden? Nach sechs ›gottlosen‹ Versen heißt es bei ihm erst in der letzten Zeile seines in einer Gefängniszelle geschriebenen Gedichtes »Gott ist mit uns am Abend und am Morgen und ganz gewiss an jedem neuen Tag.« Als Christ hofft hier einer über den Tellerrand des Tages, über das Hier und Heute hinaus.

Bonhoeffer ist fest davon überzeugt, dass alles, was uns widerfährt, alle Augen, die uns liebevoll anblicken, unser Welt-, Selbst- und Menschvertrauen nicht in dieser Welt gründen. Und auch die Heimat, von der Stahl schreibt, ist nicht in meinem Besitz, kann bei keinem Immobilienmakler erworben werden. Sie bleibt ein Geschenk, ist unverfügbares Geschehen, weil wir angewiesene, bedürftige Wesen sind, wie das Kind in der Krippe. Der Mensch ist angewiesen auf andere Hände, heilvolle Kräfte, die ihn erwachsen werden und Heimat finden lassen, eine Heimat, die zur Heimat wird, obwohl sie noch nicht vollends erschienen ist. Die biblische Poesie nennt sie »Reich Gottes«. Jesus sagt dazu: »Wer das Reich Gottes nicht empfängt wie ein Kind, der wird nicht hineinkommen.« (Mk 10,15)

Damit sind wir beim inneren Kind angekommen. Stahl diagnostiziert vielen keine gute Kindheit. Das führt zu einem geschwächten Urvertrauen, befördert Misstrauen und hat ein geschwächtes Selbstwertgefühl zur Folge. Unsicherheit blockiert Gefühle und erschwert emotionale Bindungen. Fehlt Urvertrauen, fühlt unser inneres Kind sich nicht geliebt, entsteht ein Mangel an innerem Halt und es fehlt ein verlässlicher Kompass, der uns mit Zuversicht in die Welt ziehen lässt. Damit startet ein Teufelskreis, der etwas in anderen sucht, was sich bei ihnen nicht finden lässt: letzte Geborgenheit, Sicherheit, innere Ruhe, ewigen Frieden. »Wer keine innere Heimat hat, wird sie auch im Außen nicht finden.« (ebd., 14)

Auf meiner eigenen Reise wurde mir Vivian Dittmar zur großen Entdeckung. Ihre Rede vom ›emotionalen Rucksack‹ ist eine kraftvolle Metapher. Im Kern unterscheidet Dittmar Gefühl und Emotion: »In meinem Vokabular bezeichnet Gefühl eine Empfindung, die durch eine Interpretation aus dem Moment heraus entsteht und die in diesem Moment eine bestimmte Funktion erfüllt.« (Dittmar, Rucksack, 22) Sie geht von fünf Grundgefühlen, mit Kaléko gesprochen: Elementargefühlen, aus. Für Dittmar sind das: Wut, Trauer, Angst, Freude und Scham. Und Emotionen sind: »nicht gefühlte Gefühle aus der Vergangenheit, so genannte ›emotionale Altlasten‹ ... Sie sind in Situationen entstanden, die wir zum damaligen Zeitpunkt nicht fühlen wollten oder konnten.« (ebd., 23) Als erfahrene Psychotherapeutin hat sie eine Formel entwickelt, die bemisst, wie viel Gepäck in so einem emotionalen Rucksack erträglich, tragbar ist. Sein Volumen berechnet sich aus der Intensität der Ereignisse, multipliziert mit der Sensibilität der betreffenden Person, geteilt durch die Unterstützung, die sie erfährt (vgl. ebd., 27). Dittmar sieht den Menschen nicht auf sich allein gestellt. Himmlische Energien als mögliche Unterstützung schließt ihr Denken nicht aus. Sie ist davon überzeugt, dass unseren Gefühlen erstaunliche Kräfte innewohnen, die uns gesunden lassen können.

Will Hänschen zum Hans werden, unser inneres Kind Heimat finden, wird es nicht umhinkommen, seine Gefühle als Kraftquelle zu entdecken, sich mit seinen weggepackten Emotionen auseinanderzusetzen, der Hoffnung auf ein zukünftiges Ankommen Raum zu geben und Gottes unverfügbares Wirken geschehen zu lassen.

3. Inneres Kind

Neben den genetischen, biologischen und sozialen Einflüssen sind es die Prägungen der Kindheit, die das Selbstwertgefühl und Weltverhältnis unseres ›inneren Kindes‹ bestimmen. In der Bergpredigt fordert Jesus: »Liebet eure Feinde und bittet für die, die euch verfolgen, damit ihr Kinder seid eures Vaters im Himmel.« (Mt 5,44f) Damit stellt Jesus die Feindesliebe in einen unmittelbaren Zusammenhang mit der Gotteskindschaft der Menschen. Diese Gotteskindschaft ist nur denen zugänglich, die erwachsen geworden sind, die einen inneren Reifungsprozess durchlaufen haben, der die Fähigkeit zur Feindesliebe voraussetzt. Jesus sagt weiter: »Wenn ihr nicht umkehrt und werdet nicht wie die Kinder, so werdet ihr nicht ins Himmelreich kommen.« (Mt 18,3) Umkehr ist nötig, Veränderungen sind anzugehen, wie Kinder zu werden, um unsere Feinde zu lieben. Es ist dieses kindliche Vertrauen zu Gott, diese tiefe Geborgenheit, aus dem im Erwachsenwerden das Gefühl grenzenloser Liebe erwachsen kann. Die 3-G-Regel für ein Kind Gottes geht so: Du bist geliebt, gewollt und wirst gebraucht. Wer in solch einem Vertrauen gründet, wird entdecken, dass die ›Feindesliebe‹ dem ›inneren Kind‹ dienen kann. Im Idealfall hilft sie mir, einen Umgang zu finden mit den in der Vergangenheit weggepackten Emotionen. Verzeihen wird möglich, vernichtende Wut entlädt sich, aufgestaute Kränkungen fließen ab. Heilsame Seelsorge geht diese abwegigen Wege an die Hecken und Zäune unserer Grenz- und Schmerzerfahrungen mit. Sie schlägt Breschen in die Mauern verkapselter Emotionen, schüttet die Schützengräben alter Feindschaften zu und strebt notwendige Perspektivwechsel an, um den Blick freizubekommen für das, was vor uns liegt: »Seht auf und erhebt eure Häupter, weil sich eure Erlösung naht.« (Lk 21,28) – das ist die jesuanische Botschaft auf dem Weg des inneren Ankommens.

Studien haben gezeigt, dass ein negatives Erlebnis hundert positive überlagert, ähnlich wie nur ein Fliegenpilz genügt, um das ganze Pilzgericht ungenießbar zu machen. Uns ist nicht bewusst, was an Negativem in unserem ›inneren Kind‹ schlummert. Trotzdem wirkt es nach und beeinflusst das Unterbewusstsein, unser Gefühlsleben und Handeln. »Es ist wissenschaftlich erwiesen, dass das Unterbewusstsein eine sehr machtvolle psychische Instanz ist, die zu 80 bis 90 Prozent unser Erleben und Handeln steuert.« (Stahl, 15) Für Dittmar sind es die nicht gefühlten Gefühle, die wir als Ballast in unserem Rucksack herumschleppen, die unbewusst Einfluss auf uns nehmen und die das eigentliche Problem sind. Sie sind wie Zeitbomben und können jederzeit aktiviert werden, uns triggern und unkontrollierbare Reaktionen auslösen. Die Macht kindlicher Prägungen illustriert Stahl an einem sehr anschaulichen Beispiel. Die Story geht so: Michael bekommt hin und wieder Wutanfälle. Neulich hatte seine Freundin vergessen, ihm beim Einkaufen Wurst mitzubringen, obwohl er sie darum gebeten hatte. Daraufhin rastete Michael aus und Sabine verstand die Welt nicht mehr. Warum wurde hier aus einer Mücke ein Elefant? »Michael ist sich nicht darüber bewusst, dass es das innere Kind in ihm ist, das sich von Sabine nicht genügend beachtet und respektiert fühlt, wenn sie seine Lieblingswurst vergisst. Er weiß nicht, dass der Grund für seine enorme Wut nicht Sabine und die vergessene Wurst ist, sondern eine tief liegende Verletzung aus der Vergangenheit: nämlich der Umstand, dass seine Mutter seine Wünsche als Kind nicht ernst genommen hat. Sabine hat mit ihrem Versäumnis lediglich Salz in diese alte Wunde gestreut.« (ebd., 15)

Viele Konflikte – wie diese – haben damit zu tun, dass den Beteiligten nicht bewusst ist, welche Dämonen sie reiten. Immer müssen wir einen Sündenbock finden, den wir in die Wüste schicken. Das ist viel einfacher, als sich dem eigenen Inneren zu stellen.

Im Beispiel werden Michael und Sabine Opfer ihrer Überreaktionen bleiben, solange sie sich nicht bewusst machen, was da ihr inneres Kind anrichtet. Sabines Reaktion, sich unmittelbar klein und schlecht zu fühlen, triggert ihre Erfahrung, es früher den Eltern nie recht gemacht zu haben. Auch sie ist Gefangene ihrer unbewusst erworbenen Muster. Michaels Kränkungen vermögen es, dass Sabine sich als wertlos empfindet. Er schafft es, dass sie sich unverhältnismäßig verletzt fühlt. Die meisten unserer Konflikte entstehen aus Rangeleien zwischen unseren inneren, verdrängten Kindern. Heilsame Seelsorge will zerrissene Bänder neu verweben, Konfliktparteien auf unbewusste Reaktionsmuster aufmerksam machen, lösungsorientierte Wege finden, die Kompromisse erlauben und das Anderssein des anderen tolerieren. »Die Unwissenheit um das innere Kind verursacht, dass viele Menschen mit sich und ihrem Leben unzufrieden sind, Konflikte zwischen Menschen entstehen und nicht selten unkontrolliert eskalieren können.« (ebd., 16)

Niemand wächst in paradiesischen Verhältnissen auf. Daher empfiehlt es sich, Kontakt zu unserem inneren Kind aufzunehmen – mit seinen Sonnen- und Schattenseiten. Bewusstwerdung, Aufarbeitung, Bitte um Heilung – das ist der heilsame Dreischritt in Richtung eines erwachsenen Lebens. Weggepackte Emotionen brauchen die frische Luft der Aufklärung; nichtgefühlte Gefühle müssen das Tageslicht der Entladung erblicken, damit die Schatten der Vergangenheit nicht übermächtig werden. Heilsame Seelsorge interessiert sich für eine ehrliche Aufarbeitung des Vergangenen. Sie beteiligt sich nicht an Verklärung oder an Wunschdenken, sondern versucht die Dinge, so zu sehen, wie sie sind, und geht davon aus, dass alles uns jederzeit selbst treffen kann und nicht immer die anderen. Um ankommen zu können, brauchen wir also den realen Kontakt zu unserem ›inneren Kind‹.

4. Licht und Schatten

»Gott lässt seine Sonne aufgehen über Böse und Gute und lässt regnen über Gerechte und Ungerechte.« (Mt 5,45b) Mit Hannah Arendt gesprochen, kann dieses Jesuswort auch bedeuten, sich mit der Welt zu versöhnen, so wie sie ist (vgl. Flaßpöhler, Verzeihen, 26f). Versöhnen hieße hier, sich mit dem abzufinden, was ist. Wenn Gott seine Sonne über Böse und Gute aufgehen lässt, dann auch über das Gute und Böse in mir, über meine Licht- und Schattenseiten. Beides gehört zu mir und gerade darüber lässt Gott seine Sonne aufgehen. Was im Außen der Welt gilt, sollte auch für meine Innenwelt gelten. Das Böse wie das Gute in mir wollen erkannt und angenommen sein, wollen in mir versöhnt sein, so wie sie sind. Denn ohne Selbstannahme ist es beschwerlich auf meinem Weg voranzukommen, gerade wenn der größte Feind in mir selbst wohnen sollte. Im Erste-Hilfe-Koffer der heilsamen Seelsorge ist Zeit für einen realistischen Blick auf unsere unterschiedlichen Seiten.

Der Weg zur Selbstannahme meiner Widersprüchlichkeit und Gegensätze kann über die im evangelisch-kirchlichen Raum vernachlässigte Möglichkeit der Beichte führen. Beichte bedeutet, sich vor Gott in Gegenwart eines Seelsorgers das Schwere, das Verpasste, das Verwirkte von der Seele zu reden, um es dem unsichtbar Anderen, Gott selbst, in die Hände zu legen. Wie sonst könnte Umkehr, Verzeihen und Versöhnen gelingen?

Meine Mutter pflegte über mich zu sagen: »Wo viel Licht ist, ist viel Schatten.« Sie ließ mich in dem Gefühl aufwachsen, ein Sonntags- und Wunschkind zu sein. Natürlich schmeichelte mir das. Doch in mir sah es oft anders aus. In der Pubertät fühlte ich mich zwischen meinen zwei Brüdern als Stiefkind. Je älter ich wurde, umso deutlicher wurden mir meine blinden Flecken, meine melancholische Schlagseite, meine Dünnhäutigkeit gegenüber Kritik, meine dramatischen Anteile. Ein nebulöses Verhältnis zu meinem

Vater sorgte für emotionale Defizite. Im Innersten fühlte ich mich von ihm nicht verstanden. Nach seinem frühen Tod blieb eine nicht auszufüllende Lücke zurück, u.a. das Gefühl, keinen Vatersegen erhalten zu haben. Der Vatersegen spielt in den Erzvätergeschichten der Bibel eine zentrale Rolle. Am Vatersegen entschied sich die Zukunft der Sippe. Im Segen fand die Staffelübergabe von Generation zu Generation statt, die über Landbesitz, Kinderreichtum und Wohlstand entschied. Neben den Auswirkungen solch eines Segens im Äußeren gibt es auch im Inneren Segensreiches, welches von Seele zu Seele weitergegeben werden kann und unsere Persönlichkeit prägt.

»So gibt es die kindlichen Anteile in uns und die erwachsenen Anteile, und es gibt eine bewusste und eine unbewusste Ebene unserer Psyche«. (Stahl, 18) Schon im Fötus lagert sich Unbewusstes ab. Bis in die vierte Generation hinein, so zeigten Untersuchungen, werden Traumata familiär wie kollektiv weitergegeben. Sich himmelhochjauchzend oder zu Tode betrübt fühlen hat Vorgeschichten, für die wir nichts können, die uns trotzdem ihren Stempel aufdrücken. Die Bibel kann hier von einem Wechselbad aus Fluch und Segen reden. »Schwarz und Weiß sind Feinde, wie unzählige Hollywoodschinken nicht müde werden, uns zu verklickern. In der Polarität hingegen sind Gegensätze verbunden und bedingen einander.« (Dittmar, beziehungsweise, 173)

Schatten- und Sonnenmetaphern, Sprachspiele mit Hell und Dunkel kennt die Theologie seit alters her; Metaphern, die sich als einander bedingende, in Verbindung stehende Polaritäten verstehen lassen. Stahl nutzt zur Beschreibung eines aufblühenden Lebens helle und lichtvolle Metaphern. Was das Leben verdunkelt und gefangen hält, sieht sie als bedrohlich und zerstörerisch an. Das Johannesevangelium ist voll von Licht-Finsternis-Metaphern.

Vom Wort Gottes, dem fleischgewordenen Gottessohn, heißt es: »In ihm war das Leben, und das Leben war das Licht der Menschen. Und das Licht scheint in der Finsternis und die Finsternis hat's nicht ergriffen.« (Joh 1,4) Dieser johanneische Dualismus radikalisiert seine nüchterne Weltsicht. »Das ist aber das Gericht, dass das Licht in die Welt gekommen ist, und die Menschen liebten die Finsternis mehr als das Licht, denn ihre Werke waren böse. Wer Böses tut, der hasst das Licht und kommt nicht zu dem Licht, damit seine Werke nicht aufgedeckt werden.« (Joh 3,19f)

Wir wissen in unserem Inneren durchaus, was gut ist. Trotzdem tun wir das Schlechte (Röm 7,19). Das hörende Herz sagt mir, wo es langgeht. Das verhärtete Herz führt mich in die Irre. Ich verstehe die johanneischen Metaphern nicht als moralische Urteile, sondern als Hinweise, dass ein Leben gut und böse ausgehen kann. Licht der Welt zu sein, Licht in mein Unbewusstes, meine Schattenseiten hineinzulassen ist nicht leicht. Vor allem, wenn alte Wunden sich nicht schließen, nicht das Gute, sondern Ungutes in mir weiterwirkt, schmerzliche Erfahrungen mich neu zu triggern vermögen, dunkle Schatten mich überfallen. Heilsame Seelsorge unterstützt die Versuche, Licht ins Dunkel zu bringen, das Erwachsenen-Ich zu stärken, mein inneres Auge zu öffnen.

Das ›Erwachsene‹ steht für die rationale, vernunftgeleitete Seite unseres Denkens. Es übernimmt Verantwortung, plant vorausschauend betreibt Güterabwägung und nimmt mein inneres Kind an die Hand. Stefanie Stahl entwickelt in Anlehnung an Freud drei Persönlichkeitsdimensionen: das fröhliche innere Kind (=*Sonnenkind*), das verletzte innere Kind (=*Schattenkind*), den inneren Erwachsenen. Dieses Bild finde ich sehr ausdrucksstark. Daher soll es uns von nun an begleiten.

Als der blinde Bartimäus hörte, dass Jesus in seiner Nähe war, rief er: »Jesus, du Sohn Davids, erbarme dich meiner« (Mk 10, 47). Der

Rabbi fragte zurück: »Was willst du, dass ich für dich tun soll?«
(Mk 10,51) Das Wunder beginnt mit der Rückfrage. Der Nazarener drängt dem Kranken nicht seine Sichtweise auf. Erst nach der
Antwort: »Rabbuni, dass ich sehend werde« (Mk 10,51) geschieht
Heilung. Der Blinde sieht seine Welt in neuem Licht.

Christliche Lebenskunst, die dem Leben dient, sieht die Welt
mit anderen Augen. Wer sich die Umwertung aller Werte zu eigen
macht, kann selig werden, lautet die Botschaft der Seligpreisungen. Ein aufgeklärter Glaube blickt höher und tiefer, sieht hinter
die Kulissen, fragt aus anderer Perspektive, lässt Hunger nicht
mit Fertiggerichten stillen und Durst nicht mit Süßgetränken löschen. Eine christliche Spiritualität übt eine Haltung ein, die die
Welt durch eine geistliche Brille betrachtet. ›Erneuert euren Sinn‹,
›metanoieite‹, lautet der Appell zum Sinneswandel beim Apostel
Paulus. Für ihn folgt daraus: »Und stellt euch nicht dieser Welt
gleich, sondern ändert euch durch Erneuerung eures Sinnes, auf
dass ihr prüfen könnt, was Gottes Wille ist, nämlich das Gute und
Wohlgefällige und Vollkommene.« (Röm 12,2)

Gott will keine halben Sachen. Der Heidelberger Katechismus
fragt 1563 nach dem Grund eines erneuerten Sinns, um zu prüfen, was Bestand hat: »Was ist dein einziger Trost im Leben und
im Sterben?« Unsere Endlichkeit, die Wirklichkeit des Todes, ist
das gewaltigste Fegefeuer, durch das mein Schattenkind hindurchgehen muss. Die Väter und Mütter reformierter Tradition
formulierten ihre Antwort so: »Dass ich mit Leib und Seele im
Leben und Sterben nicht mir, sondern meinem getreuen Heiland
Jesus Christus gehöre«. Solche Antwort übersteigt den Horizont
psychotherapeutischer Lebenshilfen. Sie stellt unser Denken und
Fragen in einen weiteren Horizont. Ich gehöre mir nicht selbst,
sondern trage einen Familiennamen, bin Teil einer anderen Wirklichkeit, die meine Seele im Leben wie Sterben umfängt. Ich bin

nicht nur auf elterliche Liebe angewiesen. In der Familie Gottes finde ich Halt, Hilfe und einen Geist, der sich um meine Seele sorgt und mich nicht unter das Joch eines mich letztlich überfordernden Selbstmanagements zwingt. Solche Haltung, solches Gehaltensein, lehrt mich: »Wir sind nicht alles und nicht die Meister von allem, wir sind ein Teil vom Ganzem, nicht mehr. Aber das ist viel. Wir sind nicht nur für uns allein da. Wir werden sterben und nicht mehr da sein. Aber die Welt mit uns soll sein und die Welt nach uns. Und Gott wird sein. Das genügt!« (Steffensky, Heimathöhle, 79)

Der Menschensohn sagt von sich selbst: »Ich bin als Licht in die Welt gekommen, auf dass, wer an mich glaubt, nicht in der Finsternis bleibe« (Joh 12,46). Diese Verheißung will mich mein Sonnenkind mit seinen Schattenseiten annehmen lassen. Meine Existenz bleibt Gemischtwarenladen, ein Wechselspiel aus Licht und Schatten. Trotzdem hat das Licht der Welt uns verheißen: »Ich lebe und ihr sollt auch leben« (Joh 14,19b). Ich lebe und ihr sollt so leben, wie ihr geschaffen worden seid! Heilsame Seelsorge spielt solche spirituellen Aspekte in die psychotherapeutischen Lichtungsversuche unserer Seele mit ein. Sie setzt ihr Vertrauen auf das Versprechen des österlichen Jesus: »Ich bin das Licht der Welt. Wer mir nachfolgt, der wird nicht wandeln in der Finsternis, sondern wird das Licht des Lebens haben« (Joh 8,12). Vivian Dittmar ist überzeugt: Wenn wir Unbewusstes bewusst machen, die Lasten unseres Rucksacks entladen, kann ein Perspektivwechsel gelingen, der das Dunkel erhellt. »Dann geschieht dieser Wechsel auf eine andere Bewusstseinsebene, wo wir die Ordnung im Chaos, den Sinn im scheinbar Unsinnigen, das Geschenk im Schrecklichen, kurz das Licht im Dunkel erkennen können. Diese andere Bewusstseinsebene hat etwas Irrationales, gewiss ... Ein transrationaler Blick auf unser Leben und unsere Wirklichkeit ist ein weiser

Blick.« (Dittmar, Rucksack, 254) Oder mit den Psalmen gesprochen: »Spräche ich: Finsternis möge mich decken und Nacht statt Licht um mich sein –, so wäre auch Finsternis nicht finster bei dir, und die Nacht leuchtete wie der Tag« (Ps 139,11-12).

Viktor E. Frankl vermag ebenfalls, unsere verschiedenen Seiten in größere Zusammenhänge zu stellen. Das entlastet unsere Selbstheilungsversuche vor Überforderung. »Geduld – das heißt: Geduld eben in Hinblick auf die günstige Prognose seiner Krankheit, im Warten auf die spontane Heilung und im Warten darauf, dass die seinen Werthorizont verdunkelnde Wolke vorüberziehe, um ihm dann die Sicht wieder freizugeben auf das Wertvolle und die Sinnfülle des Seins. Und so wird er schließlich instandgesetzt werden, seine endogene Depression vorüberziehen zu lassen wie eine Wolke, die zwar die Sonne verdunkeln kann, aber nicht vergessen lässt, dass es trotzdem die Sonne gibt.« (Frankl, zit. nach Lukas, 163)

Der Theologe Trutz Rendtorff lichtet unser manchmal verzweifeltes Tun mit dem Hinweis auf eine ganz besondere Freiheit: »Freiheit heißt ein Zustand, in dem alle Anforderungen des Lebens, alle Leistungen, die gefordert und beurteilt werden, in einem letzten Sinne nicht über den Bestand eines Menschen entscheiden ... Frei sein heißt, von dieser absoluten Lebenssorge befreit zu sein. Einen Zustand nennen wir diese Freiheit, wenn die Bedingungen für diese Freiheit vom einzelnen nicht hervorgebracht werden müssen, sondern ihm gegeben werden und ihm als diese Gabe deutlich gegenübertreten.« (zit. nach H. Luther, 231) Ich glaube an diese christliche Freiheit, die mich davon befreien will, die Bedingungen eines gelingenden Lebens selbst erbringen zu müssen. Ich glaube an die Sonne, die weiterscheint, auch wenn dunkle Wolken sie mir verdecken. Gnade ist nichts anderes, als zu verspüren, wie Gott seine Sonne jeden Tag neu aufgehen lässt, einfach so, gratis, kostenlos, ohne dass ich etwas dafür tun müsste. Mein ganzes

Leben ist eine Gabe Gottes. Darin wird es mir zur Aufgabe, das Bestmögliche daraus zu machen, nicht als Muss, sondern als Folge eines Erwachsenwerdens, welches mich reifen lässt, damit die Körner im Acker meines Lebens hundertfach Frucht bringen, weil Gott seine Sonne aufgehen lässt über die guten und nicht so guten Seiten meines Lebens, in hellen wie in dunklen Zeiten.

5. Tag und Nacht

»Vom Aufgang der Sonne bis zu ihrem Niedergang, sei gelobet der Name des Herrn.« Diesen Kanon schmetterte ich als Kind mit Inbrunst. Die Stimme ist unsere größte Resonanzmöglichkeit, um in Schwingung zu kommen mit Gott, der Welt, meinen Mitmenschen und mir selbst. Hartmut Rosa schreibt: »Die Hörer brauchen die Stimme, sie brauchen nicht den Text, und sie brauchen die Stimme (wie ein Lebenselixier), weil sie resonante Weltbeziehungen stiftet« (Rosa, Resonanz, 112f). Was brauche ich? Wie sehe ich mein Leben? Sehe ich mich als Teil eines großen Ganzen? Oder sind die Tage meines Daseins nur ein unbedeutender Moment auf dem Zeitstrahl Gottes, für den 1.000 Jahre wie ein Tag sind, wie der Psalmbeter in Psalm 90,4 schreibt? Und: »Er hat alles schön gemacht zu seiner Zeit, auch hat er die Ewigkeit in ihr Herz gelegt; nur dass der Mensch nicht ergründen kann das Werk, das Gott tut, weder Anfang noch Ende.« (Pred 3,11) Eine solche Sicht auf die Welt, bewahrt in Schatzkammern biblischer Weisheitsliteratur, wirkt befreiend. Ich muss nichts ergründen. Ich muss Gott nichts beweisen. Ich darf staunen, die Schönheit der Schöpfung loben, mich als Geschöpf und Gottes Ebenbild sehen; jeden Tag neu, gerade wenn ich am Morgen verschlafen aus der Wäsche und in den Spiegel gucke. Alles hat seine Zeit! Solcher Glaube ist

Ansichtssache. Solcher Glaube ist die schönste Sache der Welt, das wusste schon der Psalmbeter: »Du hast Quellen und Bäche hervorbrechen lassen und ließest starke Ströme versiegen. Dein ist der Tag, dein auch die Nacht, du hast Gestirn und Sonne die Bahn gegeben.« (Ps 74,15f.) In solcher Haltung, die sich von Gott gnädig gehalten weiß, kann ich auch getroster psychologischen Sichtweisen folgen, die nicht selten in der Gefahr stehen, mein Selbst zu überfordern, weil vieles hier zur Arbeit wird, zur Trauer-, Beziehungs- oder Körper*arbeit*.

»Wie wir fühlen und welche Gefühle wir überhaupt in uns wahrnehmen können, beziehungsweise welche Gefühle in unserem Leben zu kurz kommen, hängt wesentlich von unserem angeborenen Temperament und unseren Kindheitserfahrungen ab.« (Stahl, 22) Stahl verbindet die antike Temperamentenlehre mit psychoanalytischen Sichtweisen, die Anfang des 20. Jahrhunderts grundgelegt wurden. In unserem Rucksack schleppen wir Uraltes mit uns herum, wofür wir nichts können. Viel wurde uns in die Wiege gelegt. Je kleiner und bedürftiger wir waren, umso abhängiger waren wir und wehrloser dem ausgesetzt, was uns widerfuhr. »Einen wichtigen Einfluss nehmen hier unsere unbewussten Glaubenssätze.« (ebd.) In solchen verinnerlichten Glaubenssätzen drücken sich tief verankerte Einstellungen aus, wie ich mich und die Welt sehe und beurteile. »Viele Glaubenssätze entstehen in den ersten Lebensjahren durch die Interaktion zwischen dem Kind und seinen nächsten Bezugspersonen.« (ebd.) Positive wie negative Glaubenssätze, die sich eingeprägt haben, stärken oder schwächen unser Welt- und Selbstvertrauen. Sie suggerieren mir, wie mehr oder weniger liebenswert ich mich fühle. Mein »Schattenkind« hat die negativen Glaubenssätze so sehr verinnerlicht, dass sie Gefühle von Trauer, Angst, Hilflosigkeit und Wut auslösen können. Deshalb entwickelt es Schutzstrategien in einer großen Bandbreite –

Rückzug und das Streben nach Harmonie gehören ebenso dazu wie Perfektionismus oder eine erstaunliche Angriffslust. Ein aus Angst geborenes Macht- und Kontrollstreben kann Ausdruck solch eines Schutzmechanismus sein. Hauptsache ich werde nicht an die belastenden Gefühle aus uralten Zeiten herangeführt. Vieles, was in uns rumort, lässt uns die Flucht ergreifen, weg von zu Hause, raus aus Beziehungen oder Arbeitsverhältnissen. Da wird das Gewohnte abrupt verlassen, wie beim verlorenen Sohn, der glaubte, das wahre Leben nur weit weg vom Vaterhaus zu finden.

Und mein »*Sonnenkind*«? Es steht für das Positive an Prägungen und Gefühlen, das in meinem Reisegepäck steckt: die Lust an Neuem, das Vergnügen am Abenteuer, die spielerische Selbstvergessenheit, der Tatendrang und die Neugier. »Das Sonnenkind ist eine Metapher für den intakten Anteil unseres Selbstwertgefühls.« (ebd., 23) Man könnte meinen, das Sonnenkind wäre ein Rudiment aus paradiesischen Zeiten. Es wundert nicht, dass uns weniger unser Sonnen-, als vielmehr das Schattenkind die Probleme bereitet. Seine Anteile wirken destruktiv, solange sie unreflektiert, ohne Bewusstwerdung und Entladung in uns ticken. Denken wir an Michael und Susanne und die Geschichte mit der Wurst. Wäre Michael in der Lage gewesen, sich bewusst zu machen, woher seine Reaktion kommt, hätte er in der Sache angemessener und beziehungsfreundlicher reagieren können. Solange sein Erwachsenen-Ich die uralten Verletzungen nicht begreift, wird er nicht die bewusste Kontrolle über sein Schattenkind übernehmen können, sondern Marionette seiner internalisierten Glaubenssätze und der dadurch bedingten Reaktionsweisen bleiben. »Die Wahrheit wird euch frei machen« (Joh 8,32), predigte der Menschensohn. Er wusste, wie Licht in unser Dunkel dringt. »Wer die Wahrheit tut, der kommt zu dem Licht.« (Joh 3,21) Heilsame Seelsorge führt unser Schattenkind nicht länger hinters Licht. Sie regt dazu an, sich die eigenen Triggerpunkte bewusst zu machen, ermutigt zu selbstkritischen Fragen. Was reitet mich? Warum raste ich so schnell aus? Warum reagiere ich wie auf Knopfdruck? Heilsame Seelsorge weiß gerade hier um ihre Grenzen, spielt Bälle weiter, wo andere gefragt sind. Abgründe können zu tief, Deformierungen zu massiv, Erkrankungen zu fortgeschritten sein für die Möglichkeiten heilsamer Seelsorge. Sie ist eher der Türöffner für seelische Erkenntnisprozesse, geistlicher Beistand, mitfühlender Beichtstuhl, Raum des Vertrauens, Chance zur Entladung.

Innere Konflikte brechen aus, wenn weggepackte Emotionen zur Unzeit an die Oberfläche kommen. Was müsste Michael tun? »Er müsste reflektieren, dass sein Schattenkind eine Dauerwunde in sich trägt, die immer dann schmerzt, wenn das Schattenkind meint, dass seine Wünsche nicht genügend respektiert würden.« (Stahl, 24) Jesus lädt zur Reflexion ein. Wir brauchen keine Scheu vor solchen Prozessen haben. Denn der Weg ist das Ziel und die Wahrheit, zu der wir geführt werden, will einzig und allein ins Leben führen, wenn Jesus sich als Orientierung anbietet, der gesagt hat: »Ich bin der Weg, die Wahrheit und das Leben« (Joh 14,6).

Unsere Persönlichkeitsanteile werden in den ersten sechs Lebensjahren unseres Weges besonders geprägt. In dieser Zeit bildet unser Gehirn seine neuronalen Netze besonders intensiv aus. Erfahrungen mit unseren engsten Bezugspersonen schleifen sich in ihm ein, bilden die Wege des Denkens und Wahrnehmens, die, je öfter wir sie beschreiten, umso selbstverständlicher und prägender werden. Die Kontakte zu Vater und Mutter, Geschwistern und Großfamilie bilden Muster, die meine Beziehungsfähigkeit oder -unfähigkeit beeinflussen. Mit den Jahren lernen wir, was wir von unserem Gegenüber zu halten haben; bilden sich Selbstwertgefühl, Vertrauen und Misstrauen aus. Kleinkinder haben in diesen Phasen keine Möglichkeit zu beurteilen, wie das Verhalten anderer zu bewerten ist. Aus ihrer Perspektive gelten vor allem die Eltern als unfehlbar. Ein Kleinkind fühlt, ob es bestraft oder belohnt wird, sich in den Augen der anderen gut oder schlecht verhält. In seinen ersten zwei Lebensjahren bildet es ein Empfinden aus, ob es bejaht, wertgeschätzt und willkommen ist, oder nicht. Weil Kinder in dieser Zeit ihren Eltern ausgeliefert sind, formen diese ihr Urvertrauen oder eben Urmisstrauen. Tiefe, existenzielle Erfahrungen lagern sich bis in unser Körpergedächtnis ab.

Peter Lincoln macht in seinem Buch »Wie der Glaube zum Körper findet« (2009) auf ›Focusing‹ als spirituellen Übungsweg aufmerksam. Dieser kann uns lehren, dass all das, was geschieht, immer zuerst den Körper und körperliche Reaktionen betrifft, bevor eine rationale Verarbeitung stattfinden kann. Der Begründer des Focusing, Eugene Grendlin, schreibt: »Focusing nenne ich die Zeit, in der man mit etwas ist, das man körperlich spürt, ohne schon zu wissen, was es ist. Was man aber weiß, ist, dass dieses körperliche Gefühl mit irgendetwas im Leben zu tun hat. (...) Auf dieses Gefühl, das ich im Körper spüre, ohne zu wissen, was es genau ist, lenke ich meine Aufmerksamkeit. (...) Diese Zeit nenne ich Focusing.« (zit. nach: Lincoln, 18) Noch bevor Gefühle reagieren, der Verstand einen Umgang findet, reagiert unser Körper ungefiltert, intuitiv, spontan und unkontrollierbar. Die Wahrnehmung körperlicher Reaktionen, erfahren durch das Focusing eine Bewusstwerdung; die helfen können, das Schattenkind in uns klarer zu sehen.

Neuere Forschungen siedeln im Magen-Darm-Bereich eine Art »zweites Gehirn« an. Manche gehen so weit, hier den Ort für unser Unbewusstes zu sehen. Da schlägt etwas auf den Magen, bevor der Kopf weiß, was los ist. Da sitzt etwas Unverdauliches quer; spielt mir die Verdauung einen Streich, mag Unbewusstes mit am Werke sein. Im Unterschied zu tatsächlich bewusst gefühlten und wahrgenommenen Gefühlen, schleppen Körper, Geist und Seele eine Unmenge an nicht gefühlten Emotionen mit sich herum. Es sei erinnert: »Sie sind in Situationen entstanden, die wir zum damaligen Zeitpunkt nicht fühlen wollten oder konnten.« (Dittmar, Rucksack, 23)

Psychische Erkrankungen können den Eindruck erwecken, als hätten fremde Mächte einen Menschen in Besitz genommen. Die Bibel spricht immer wieder von Dämonen als Ursache für verschiedenste Erkrankungen. Heilsame Seelsorge nimmt solche Redeweise ernst, die die Erfahrungen schildert, dass Menschen sich wie fremd- und ferngesteuert fühlen. Heilsame Prozesse haben etwas von Dämonenaustreibungen, wenn innere Auseinandersetzungen zum Guten führen, Bewusstwerdung von Unbewusstem geschieht, Selbstwirksamkeit wiedergewonnen wird, das Leben sich wieder freier, heller, fröhlicher anfühlt. »Seelsorge wird notwendig immer an den Rändern des Lebens, dort wo Brüche die bisherige Kontinuität irritieren und das Weitermachen-wie-bisher fragwürdig machen. Es sind Grenzsituationen, die durch biographisch bedingte Erfahrungen wie Krankheit, Tod, persönliches Scheitern und Versagen ebenso aufbrechen wie durch sozial vermittelte Gefährdungen der bergenden Gemeinschaft mit anderen.« (H. Luther, 231f)

Der Besessene aus Gerasa war einer, der am Rand der Gesellschaft vegetierte:»Und als Jesus ans Land trat, begegnete ihm ein Mann aus der Stadt, der war von Dämonen besessen; er trug seit langer Zeit keine Kleider mehr und blieb in keinem Hause, sondern in den Grabhöhlen.« (Lk 8,27) Dies beschreibt, wie ein Mensch ein von Uraltem seltsam in Besitz Genommener geworden ist; wie es ist, Seiten in sich zu haben, die es einem nicht erlauben, Konventionen zu erfüllen, bei sich nicht zu Hause zu sein. Dann erscheint einem das Leben wie in Grabeshöhlen. Halbtot sieche ich dahin. An den

Rändern des Lebens können sowohl die Psychotherapie als auch die Seelsorge an ihre Grenzen gelangen. Heilsame Seelsorge als Sorge um den ganzen Menschen versucht, Angeschlagene, deren Weitermachen-wie-bisher fragwürdig geworden ist, unter die Räuber Gefallene und wie von Dämonen Besessene mit einem anderen Blick zu betrachten und Beistand zu leisten mit Gespräch, Gebet, konkreter Hilfe und einer im Glauben begründeten Hoffnung auf bessere Zeiten. Hätte heilsame Seelsorge nicht den österlichen Horizont der Auferstehungskräfte im Gepäck, würden Furcht und Zittern herrschen.

6. Bedürfnisse

Der Mensch ist ein zutiefst bedürftiges Wesen. Nach der Abnabelung von der Mutter bleibt er ein Leben lang auf die Stillung seiner Bedürfnisse angewiesen. Unzufriedenheit, innere Unruhe kommen auf, wo dies nicht geschieht. Vier Grundbedürfnisse wollen je nach Lebensphase unterschiedlich intensiv gestillt werden. Werden sie nicht befriedet, kann der Mensch zum unzufriedenen, pampig-nörgelnden Kleinkind werden, zum anstrengenden Suppenkasper.

Für manche gehört es zum Drama ihres Lebens, nie gelernt zu haben, »Ich« zu sagen, nie deutlich machen zu können, was »Ich« brauche, um zufrieden leben zu können. Würde sich unsere Betrachtung des Menschen nur auf Fragen der Bedürfnisbefriedigung reduzieren, teile ich Viktor Frankls Skepsis, dass der Mensch aus mehr besteht als aus Trieben und Bedürfnissen. »In Wirklichkeit ist der Mensch nicht ein von Triebhaftem getriebener, sondern er wird von Werthaftem gezogen ... Für die Verwirklichung von Werten entscheide ich mich in Freiheit und Verantwortlichkeit, zur Verwirklichung von Werten entschließe ich mich ... In diese geistige Wertstrebigkeit geht die seelische Triebhaftigkeit, gehen die Triebe ein als ›speisende Energie.‹« (Frankl, zit. nach: Lukas, 39)

Bedürfnis nach Bindung

Der Wunsch nach Bindung, Zugehörigkeit und Gemeinschaft macht uns Menschen zum Menschen. Pandemische Zeiten haben offenbart, was alles fehlt, wenn soziale Distanz unsere Mitmenschlichkeit auf Abstand hält, wenn Berührungen ein Sicherheitsrisiko sind mit tödlicher Gefahr. Digitale Kommunikation kann den Wert analoger Begegnungen nicht in der Tiefe menschlicher Bedürftigkeit nach Bindung dauerhaft ersetzen, höchstens überbrücken. Gelingende Kommunikation lebt von ganzheitlicher Begegnung und auch von Körpersprache, die sich nicht auf digitale Kachelgröße reduzieren lässt. Wir können im digitalen Netz nicht mit Berührungen trösten. Digitale Kommunikation kann sogar eher dazu führen, Konflikte zu verschärfen und Missverständnisse zu befördern, statt sie zu klären und zu befrieden.

Wie wir von klein auf Bindungen erlebt haben, beeinflusst unser Selbstwertgefühl zu jeder Zeit unseres Lebens. Erste Bindungserlebnisse können da gegensätzliche Bedürfnisse ausgelöst haben; von der Vermeidung enger Beziehungen bis zur Sehnsucht nach symbiotischem Miteinander. Beide Extreme haben ihre Risiken, wie jedes Zuviel und Zuwenig Kipppunkte in sich trägt, die ein gutes Leben erschweren.

Das Wort ›Re-ligion‹ (lat.) bedeutet seinem Wortsinn nach »Rück-bindung«. Religionen tragen ein uraltes Erfahrungswissen in sich, wie die Rückbindung des Menschen an den Schöpfer und seiner Schöpferkraft gelingen kann. Der prägendste Theologe des 19. Jahrhunderts, Friedrich W. Schleiermacher, sprach davon, dass uns ein »Gefühl schlechthinniger Abhängigkeit« innewohne und dass der Mensch »Sinn und Geschmack fürs Unendliche« habe. Selbst ein von seinen religiösen Gefühlen entfremdeter Mensch trägt unbewusst ein Grundbedürfnis, eine Sehnsucht nach Sinn in sich. Heilsame Seelsorge ist davon überzeugt, dass ein Leben ohne das Gefühl spiritueller Heimat uns ungehaltener, unruhiger und unverbundener in dieser Welt leben ließe. Das Erleben spiritueller Obdachlosigkeit schwächt Körper, Geist und Seele. Ein Mensch, der sich unverbunden fühlt mit der Quelle göttlicher Schöpferkräfte, die uns nähren wollen, ist wie ein Kind, das die stillende Brust seiner Mutter nicht findet. »Wie der Hirsch schreit nach frischem Wasser, so schreit meine Seele, Gott, zu dir. Meine Seele dürstet nach Gott, nach dem lebendigen Gott.« (Ps 42,1f)

Der Psalmbeter beschreibt hier eindrücklich, welches Grundbedürfnis auch nach religiöser Bindung in uns gestillt sein will. Und Gott antwortet auf die Anrufung des Beters durch den Mund des Propheten: »Ich will Wasser gießen auf das Durstige und Ströme auf das Dürre. Ich will meinen Geist auf deine Kinder gießen und meinen Segen auf deine Nachkommen.« (Jes 44,3) Und Jesaja steigert die Bildkraft dieser Zusage noch, indem er Gott sagen lässt: »Denn nun dürft ihr saugen und euch satt trinken an den Brüsten ihres Trostes; denn nun dürft ihr reichlich trinken und euch erfreuen an dem Reichtum ihrer Mutterbrust ... Ich will euch trösten, wie einen seine Mutter tröstet.« (Jes 66, 11+13a)

Im 20. Jahrhundert verlieh der Theologe Paul Tillich der Rede von der ›schlechthinnigen Abhängigkeit‹ eine neue Gestalt. Tillich sprach von dem Gefühl, »im Letzten gehalten[zu] sein«. Er sah Gott vor allem an den Grenzen des Lebens wirksam. Hier hat auch heilsame Seelsorge ihren natürlichen Ort. Unser Leben ist zu komplex geworden, als dass wir es nur mit reiner Vernunft entschlüsseln könnten. Einseitige Sichtweisen erfassen das Ganze nicht. Der moderne Mensch irrt sich zu glauben, als nur autonomes, rationales und vor allem selbstbezogenes Wesen sein Leben allein meistern zu können. Wir bleiben bei allem technischen Fortschritt seelisch auf verlässliche Bindungen, auf ein Leben in Gemeinschaft, mit Anerkennung und der Befriedung unserer leiblichen Bedürfnisse angewiesen. Die Seele lebt nicht vom Brot allein. Sie bedarf des Ein- und Ausatmens geistvoller, inspirierender, heilsamer Kräfte genauso wie des täglichen Brots. Heilsame Seelsorge versucht, solche Sichtweise zum Wohl des Menschen kritisch in manch leere Versprechen der Moderne einzutragen.

Bedürfnis nach Autonomie

Im Gegensatz zu unserem Bindungsbedürfnis scheint unser Drang nach Selbstständigkeit zu stehen. Schon als kleines Kind erforschen wir unsere Umgebung, wir wollen raus aus dem Laufstall. Erwachsenwerden heißt, zunehmend autonomer zu werden. Das Ziel von Erziehung sollte ein selbstständiges, von elterlicher Fürsorge immer mehr unabhängiges Wesen sein, damit aus Hänschen ein Hans werden kann.

Ein starkes Bedürfnis nach Autonomie geht nicht selten mit einem ausgeprägten Kontroll- und Sicherheitsbedürfnis Hand in Hand. Je eigenständiger wir uns entwickeln, umso stärker kann das Bedürfnis sein nach Macht, Kontrolle und Sicherheit, um möglichst meiner selbst sicherer zu sein. »Wir sind von Geburt an bestrebt, einem gewissen Einfluss auf unsere Umgebung auszuüben und Hilflosigkeit und Ohnmacht zu vermeiden.« (Stahl, 37) Eine Schattenseite davon kann ein zwanghaftes Kontrollbedürfnis sein, der Wunsch, möglichst alles im Griff haben zu wollen.

Da kann es geschehen, dass von Angst Getriebene eine hundertprozentige Sicherheit anstreben und dafür unsinnige Kon flikte vom Zaun brechen, um ein Bedürfnis durchzusetzen, das keine Kompromisse erlaubt, sondern totale Lösungen anstrebt. Pandemische Zeiten sind der ideale Nährboden für solche Konflikte. Da spielt so mancher verrückt, dreht durch, wenn nicht mehr zwischen einem begründeten Autonomie- und einem totalitären Kontrollbedürfnis unterschieden wird. Weil unser Schattenkind – wie bei Michael mit der vergessenen Wurst – zutiefst verunsichert ist, führt sein Bestreben nach fehlerfreien Lösungen zu unlösbaren Konflikten. Das kann zum Bruch von Beziehungen führen; um sich selbst zu behaupten, vermeiden wir das Risiko der Verunsicherung durch einen anderen.

Zwischen dem Bedürfnis nach Bindung und dem nach Autonomie können Zielkonflikte entstehen. Das macht das Leben spannungsreich und spannend zugleich, weil Gegensätzliches erstrebt wird. Heilsame Seelsorge versucht, in den Polaritäten unseres Lebens eine Balance zu finden und zu halten, ähnlich dem benediktinischen »Ora et Labora«, welches ebenfalls bemüht ist, einen Ausgleich zu finden zwischen Kontemplation und Aktion. Es geht also sowohl um ein Für-Sich- als auch um ein Mit-Anderen-Sein. Es ist sinnlos, in der Spannung zwischen zwei Bedürfnissen Entweder-Oder-Lösungen anzustreben. Im Idealfall erfüllen Eltern beides: Sie gewährleisten die kindliche Bedürfnisbefriedigung nach stabiler Bindung und die Unterstützung einer freien Entfaltung erwachsener Eigenständigkeit. Gelingt dies, wächst im Kind ein Urvertrauen, welches zur Kraftquelle für die Aufrechterhaltung verlässlicher Beziehungen und zugleich für ein mutiges, fröhliches In-die-Welt-Ziehen wird.

Der werktätige Mensch irrt, wenn er glaubt, seines eigenen Glückes Schmied sein zu müssen. Immer wieder kommen wir an den Punkt, an dem wir erkennen müssen, dass wir fast nichts im Griff haben. Das sehen wir z.B. an unseren Kindern. Wie wenig haben wir Eltern da wirklich im Griff? Wir können sie nicht vor allem beschützen. Eher können wir ihr Selbstwertgefühl stärken, damit sie mit ›Stock und Hut‹ gesegnet aufbrechen. Für nichts, was wesentlich ist, für kein Gelingen gibt es Garantiescheine, lassen sich Versicherungen abschließen, die am Ende das absichern, was echte Sicherheit verspricht. Umso mehr hilft ein Glaube, dessen Haltung sich nicht auf sich allein verlässt. Gelassenheit ist eine Lebens- und Glaubenskunst, die uns lehrt loszulassen, nicht alles festhalten zu müssen und andere machen zu lassen.

Bei aller Autonomie und Unabhängigkeit, die uns die moderne Welt als das eigentliche Paradies verkaufen möchte, brauchen wir einen Glauben, der uns hält, in dem wir uns gehalten wissen können. Welcher Glaube hält und trägt mich auf meinem Bildungsweg zum Erwachsenwerden? Und was zählt am Ende wirklich, wenn zum Schluss abgerechnet wird? »Lehre uns bedenken, dass wir sterben müssen, auf dass wir klug werden.« (Ps. 90,12) Bei der Beantwortung letzter Fragen verlässt heilsame Seelsorge sich nicht auf selbstgestrickte Antworten. Sie hat kein Interesse, die Irrtümer der Moderne zu wiederholen, den Himmel zu entleeren oder Gott als bloße Projektionsfläche meiner Bedürfnisse zu diffamieren. Denn: »Wo keine Götter sind, walten Gespenster« (Novalis).

Der Psalmist bringt das unverblümt auf den Punkt: »Wohl dem, der nicht wandelt im Rat der Gottlosen, noch tritt auf den Weg der Sünder, noch sitzt, wie die Spötter sitzen, sondern hat Lust am Gesetz des Herrn und sinnt über seinem Gesetz Tag und Nacht! Der ist wie ein Baum, gepflanzt an den Wasserbächen, der seine Frucht bringt zu seiner Zeit, und seine Blätter verwelken nicht. Und was er macht, gerät wohl. (Ps 1,1-3) Der Baum steht hier für das Bild eines Menschen, der sich tief verwurzelt und gut verbunden weiß mit Gott und seinen Verheißungen. Gerade deshalb steht er selbst- und eigenständig gut da am Fluss des Lebens.

Muss das Schicksal uns erst weichklopfen, bis alte Sinnfragen in uns ein neues Interesse wecken? Alle Religionen lehren uns, wie mit dem Spannungsverhältnis zwischen Bindung und Autonomie sich ein guter Umgang finden lässt. Die Entdeckung solcher Glaubensschätze braucht Zeit, wie auch das Erwachsenwerden Zeit braucht, bis es aus seinen Fehlern die richtigen Lehren gezogen hat. »Irret euch nicht! Gott lässt sich nicht spotten. Denn was der Mensch sät, das wird er ernten. Wer auf sein Fleisch sät, der wird von dem Fleisch das Verderben ernten; wer aber auf den Geist sät, der wird von dem Geist des ewigen Lebens ernten. Lasst uns aber Gutes tun und nicht müde werden; denn zu seiner Zeit werden wir auch ernten.« (Gal 6,7f) Fangen wir an, unsere Häuser auf Stein und nicht auf Sand zu bauen. Lassen wir uns begeistern von Gottes Geist und nicht in die Irre führen, indem wir auf Vergängliches setzen. Lasst uns mehr wesentlich und weniger verweslich werden. Kein Mensch kann ernsthaft das religiöse Fragen für beendet erklären und dafür die Autonomie ins Feld führen. Der Mensch ist mehr als seine Prägung durch das Elternhaus und die Gene seines Genpools. Ohne die fruchtbaren Böden der Kulturen, auf denen der Mensch aufwächst, ohne die alten Wurzelwerke religiösen Verbundenseins wäre der Mensch nicht der, der er auch ist. Wer will schon eine verwelkende Schnittblume sein, deren Schein ohne Wurzeln und Bodenhaftung nur auf absehbare Zeit leuchtet? Der Mensch ist mehr als die Ansammlung vergänglicher Zellen. Er ist beseelt und wird beatmet von einem Geist, der uns ins Leben rief und ewig in uns atmen will. Gotteskinder sind genügsame Wesen, die sich nicht selbst genügen. Das Klöppeln am eigenen Glück, das Löffeln nur aus eigenen Suppen, sättigt sie auf Dauer nicht. Gehen wir in die Kleiderkammer Gottes. Lassen wir uns wärmen von dem Mantel seiner Gnade. Binden wir uns zurück an den, der sich uns als freie und zugleich mit ihm verbundene Wesen wünscht, denn: »Zur Freiheit hat uns Christus befreit.« (Gal 5,1)

Unsere Freiheit gerät an ihre Grenzen, wo die elementaren Bedürfnisse des Leibes und unserer Lust nicht befriedet werden. »Lust und Unlust stehen in ganz engem Zusammenhang mit unseren Emotionen und sind ein wesentlicher Bestandteil unseres Motivationssystems. Einfach ausgedrückt, streben wir ständig danach, Lust zu gewinnen und Unlust zu vermeiden.« (Stahl, 40) Wir schwanken zwischen vielerlei Polen, auch zwischen Bedürfnisbefriedigung und Bedürfniskontrolle, zwischen Geist und Fleisch. Jesus bat in Todesangst seine Jünger, mit ihm zu wachen und zu beten. Weil sie schwächelten, stellte er nüchtern fest: »Der Geist ist willig; aber das Fleisch ist schwach.« (Mt 26,41) Im Fahrwasser solcher Aussagen formulierte Paulus: »Wenn ihr durch den Geist die Taten des Fleisches tötet, werdet ihr leben.« (Röm 8,13) Jesus war ein Wanderradikaler und Paulus ein Extremist. Paulus ging es um ein kompromissloses Leben im Licht des Evangeliums. Er sorgte sich darum, dass das Verlangen des ›Fleisches‹ uns unser Licht auspusten könnte. Hier hat die dem Christentum unterstellte Leibfeindlichkeit ihren problematischen Ursprung. Paulus war darin Kind seiner Zeit. »Paulus Auslegung der Bedeutung des Todes Jesu und seiner Auferstehung kreist um nichts anderes als um das Absterben des alten Menschen, das Mitsterben mit Jesu Tod und das daraus erwachsene ›neue‹ Leben (Röm 6). Umkehr, Buße, Tod des toten Lebens, des alten Menschen, sozialer Tod – auf nichts weniger als auf diesen kritisch-transzendierenden Punkt zielt das nicht-banale Interesse der Seelsorge.« (H. Luther, 230) Der Theologe Henning Luther verbindet die Anliegen des Paulus mit den Herausforderungen aktueller Seelsorge. Er macht darauf aufmerksam, dass es bei Seelsorge und damit auch bei heilsamer Seelsorge um Leben und Tod geht. Solche Seelsorge ignoriert nicht, was auf dem Spiel steht, wenn der Geist willig und das Fleisch schwach ist.

Sie weiß um die Schönheiten eines lust- und freudvollen Lebens. Heilsame Seelsorge kennt aber auch die Schattenseiten einer Lust, die zur Gier wird und in Maßlosigkeit versinkt. Sie weiß um unsere Abgründe und um die Dämonen, die unser Dasein versklaven, wenn wir dem ›Fleisch‹ ohne Einhaltung der Gebote und moralischen Leitplanken folgen. »Überlebenswichtig ist, dass der Mensch lernt, sein Lust- und Unlustempfinden zu regulieren. Das heißt, er muss die Fähigkeit zur Frustrationstoleranz, zum Belohnungsaufschub und zu Triebverzicht erwerben.« (Stahl, 40)

Schon in der Erziehung heißt das, Kindern einen angemessenen Umgang mit diesen Polaritäten zu vermitteln. Verwöhnte Kinder haben es als Erwachsene durchaus schwer, ihre Bedürfnisse zu bremsen. Disziplin und Selbstbeherrschung sind jedoch unerlässliche Tugenden für ein gelingendes Leben. Wer glaubt, allein auf der Sonnenseite des Lebens froh zu werden, bekommt irgendwann Sonnenbrand oder Schlimmeres. Ein zu einseitiges, lustgetriebenes Leben macht krank, führt in Teufelskreisläufe und Süchte, beraubt uns der Autonomie und verlässlichen Bindungsfähigkeit. Weniger ist da oft mehr. Das gilt fürs leibliche Wohl wie auch für eine Gesellschaft in der Klimakrise. Ohne eine Balance im Kleinen wie im Großen kann kein gesundes, glückliches und gerechtes Miteinander gelingen.

Bedürfnis nach Anerkennung

Unser Bedürfnis nach Bindung ist unmittelbar mit dem Bedürfnis nach Anerkennung verbunden. Im Säuglingsalter lesen wir es an den Blicken der Eltern ab, ob wir geliebt und willkommen sind. Wir sind darauf konditioniert, »unseren Selbstwert durch den Spiegel der anderen zu erfahren ... Menschen mit einem labilen Selbstwertgefühl, die also häufig mit ihrem Schattenkind identifiziert sind, sind zumeist stärker abhängig von äußerer Anerkennung als Selbstsichere, deren Sonnenkind gut entwickelt ist.« (ebd., 41) Hier liegt der Schlüssel für vieles, vor allem für die Abhängigkeit unseres Selbstwertgefühls von anderen. Wer von uns hungert nicht auf der Bühne seines Lebens nach Applaus? Auch wenn die Bühne bei unserer Geburt schon längst besetzt ist und die Regie andere führen, will jeder von uns eine Rolle einnehmen, die von anderen gesehen und wertgeschätzt wird. Dabei kommt es, wie so oft, auf Maß und Mitte an. Der Wunsch, gesehen, anerkannt, geliebt und geachtet zu werden, ist ein nachvollziehbares Bedürfnis, solange er nicht unersättlich ist und die Balance stimmt. Fallen und Fettnäpfchen stehen vor allem für den Typus des Narzissten überall herum. Sein verunsichertes Ich ist in einem narzisstischen Teufelskreislauf gefangen, der sich der Illusion hingibt, Unerfülltes in der Kindheit könnte durch mehr Wertschätzung im Erwachsenenalter kompensiert werden. Jesus formuliert: »Wer sein Leben lieb hat, der verliert es; und wer sein Leben auf dieser Welt hasst, der wird's bewahren zum ewigen Leben.« (Joh 12,25) Dieser Koan des johanneischen Jesus führt nur scheinbar in Widersprüche. Wer allein auf diese Welt fixiert ist, nur auf Erden sein Glück sucht, wird sein Leben verlieren. Wer seinen Hunger nach Anerkennung allein mit irdischen Lebensmitteln stillen will, wird auf der Langstrecke verhungern. Unsere unstillbare Ruhmsucht hetzt von einem Fast-Food-Event zum anderen und führt nicht ins Reich Gottes, sondern in Teufelsküche.

»Und als Jesus getauft war, stieg er alsbald herauf aus dem Wasser. Und siehe, da tat sich ihm der Himmel auf, und er sah den Geist Gottes wie eine Taube herabfahren und über sich kommen. Und eine Stimme aus dem Himmel sprach: Dies ist mein geliebter Sohn, an dem ich Wohlgefallen habe.« (Mt 3,16f) Zweimal ist von einem Sehen die Rede; vom offenen Himmel, vom herabfahrenden Geist in Form einer Taube. Dieses doppelte Sehen bereitet die Adoption des Sohnes durch seinen himmlischen Vater vor. Liebevoll blickt der Himmlische auf den Irdischen. Der Sohn fühlt sich vom Vater gesehen und anerkannt. Was für ein Glück! Jesu Dasein sorgt für Wohlgefallen beim Vater. Solch ein besonderer Augenblick kann ein Leben lang zur Quelle eines gesunden Selbstbewusstseins werden. Nach seiner Taufe zieht Jesus als geliebter Sohn in die Welt, als Botschafter der grenzenlosen Liebe Gottes. Aus seinem wohlgefälligen Angesehenwerden schöpft der Gesalbte seine Kräfte, um Menschen zu heilen, aufzurichten und in die Nachfolge zu rufen. Mit diesen Kräften eines heilvollen Geistes will heilsame Seelsorge das eigene Erwachsenwerden fördern und der Sehnsucht nach einer Heimat, die nicht von dieser Welt ist, eine Richtung geben, ein Ankommen fördern, das in dieser wertschätzenden Gottesbeziehung zu Hause ist.

»Und wenn ihr betet, sollt ihr nicht viel plappern wie die Heiden: denn sie meinen, sie werden erhört, wenn sie viele Worte machen. Darum sollt ihr ihnen nicht gleichen. Denn euer Vater weiß, was ihr bedürft, bevor ihr ihn bittet.« (Mt 6,7f) Heilsame Seelsorge meidet frommes Geplapper und trägt gegenüber dem Selbstdarstellungsbedürfnis in der Welt eine gesunde Skepsis in sich. Sie misstraut dem äußeren Schein, lässt aus aufgeblasenen Worten die Luft heraus und entlarvt jede übersteigerte Selbstbezogenheit. Sie will, dass wir unsere Bedürfnisse dem anvertrauen, der weiß, wessen wir bedürfen. Heilsame Seelsorge redet Gott als Vater, Abba, Papa an, wissend, dass Gottes Name heilig ist. Darin liegen Heil und Segen, mein Leben unter Gottes Angesicht angenommen, weil angesehen zu wissen. Mehr Anerkennung geht nicht. Hilde Domin dichtet: »Dein Ort ist, wo Augen dich ansehen. Wo sich Augen treffen, entstehst du ... Augen fangen dich auf. Es gibt dich, weil Augen dich wollen, dich ansehen und sagen, dass es dich gibt.« (Domin, 208) Von Gott gesehen zu werden ermöglicht im alltäglichen Wettbewerb um Anerkennung einen gesunden Abstand. Fühlt mein Leben sich von Gott und den Menschen gesehen, gewollt und gebraucht, ist es ein erfülltes. Da muss nicht mehr um goldene Kälber getanzt, auf falsche Pferde gesetzt, dem Mammon gedient werden. Wer hingegen ungesehen, unerkannt und ungeliebt durchs Leben hetzt, wird von ungestillter Sehnsucht und unheilbaren Süchten geplagt. Heilsame Seelsorge greift hier vorsorglich ein, stellt unbequeme Fragen, formuliert unangenehme Diagnosen, weist auf babylonische Gefangenschaften hin. Im Notfall ist sie konfrontativ, nennt sie die Dinge beim Namen, berührt sie wunde Punkte, auch mit dem Risiko, Ablehnung zu erfahren. Bis ins Persönliche hinein kann sie eine notwendige, Not wendende, geradezu prophetische Rolle einnehmen, die Heil und Unheil zuspricht. Wie ein Rebstock regelmäßig zu beschneiden ist, um gute Frucht zu bringen, braucht auch unser Erwachsenwerden ein Zurechtgestutztwerden, das offene Wort zur rechten Zeit, mehr Bodenhaftung, wenn unser Anerkennungsbedürfnis abzuheben droht.

Als Lebenskünstler haben wir uns unsere eigenen Überlebensstrategien zurechtgelegt, wenn es eng wird und die Aussichten düster sind. Die bekanntesten fünf lauten: betäuben, ablenken, abreagieren, kompensieren, wegrationalisieren. All diese Mechanismen weichen inneren Wahrheiten aus, suchen die Schuld bei anderen, halten sich die wahren Gefühle vom Leib. Jesus bittet im Vaterunser ums tägliche Brot. Einer Frau am Jakobsbrunnen verspricht Jesus, ihren Lebensdurst für immer zu stillen. »Wer aber von dem Wasser trinkt, das ich ihm gebe, den wird in Ewigkeit nicht dürsten, sondern das Wasser, das ich ihm geben werde, das wird in ihm eine Quelle des Wassers werden, das in das ewige Leben quillt.« (Joh 4,14f) Jesus weiß um eine Quelle in uns, die uns ein Wasser spendet, das unseren Durst nach einem erfüllten Leben stillt, auch den nach Anerkennung. Was hindert mich, zurück zur Quelle zu gehen, gegen den Mainstream zu schwimmen, den Anerkennungs- spielchen die Gefolgschaft zu verweigern? Wann fange ich an, aus der Quelle zu schöpfen, aus der ein Leben sprudelt, das für immer meine innere Unruhe stillt? »Das Selbstwertgefühl ist das Epizen- trum unserer Psyche; aus ihm speisen sich psychische Ressour- cen, aber auch diverse Probleme, wenn es lädiert ist.« (Stahl, 42) Ressource ist das französische Wort für Quelle. Wenn das Selbstwertgefühl das Epizentrum meiner Seele ist, um wie viel wertvoller könnte sich mein Leben anfühlen, wüsste es sich als Kind Gottes angesehen und angenommen? Was wäre das für ein Selbstwert, der sich nicht nur von mir selbst bestimmt und in mir begründet weiß, sondern von Gott?

Heilsame Seelsorge macht auf den anderen Blick aufmerksam, der mir gilt, mich anblickt und meint. Unter Gottes Antlitz ent- scheidet sich mein Leben nicht an der Fähigkeit zum Selbstma- nagement, nicht an Likes und Klicks, nicht an den Aktienkursen meiner Beliebtheitswerte. Gottes Liebe rechnet anders. Unter sei- nem gütigen Blick zählen andere Werte. Der Mensch ist mehr, als er zu sein glaubt. Sich allein mit menschlicher Anerkennung zu begnügen ist bei Weitem nicht alles. Der Mensch lebt von einem Gesegnetwerden, dass wir uns selbst nicht geben können, und auch meine Selbstliebe stößt hin und wieder an ihre Grenzen. Mein theo- logischer Lehrer, Fulbert Steffensky, hat einmal formuliert. »Wie alt muss man werden, um zu erkennen, dass die Beschäftigung mit sich selbst, die Verwirklichung seiner selbst nichts abwirft, wovon man leben kann? Man müsste eine alte Tugend erlernen: die Demut. Sie ist das realistische Eingeständnis, dass wir für uns allein kein spannendes Programm sind.« (Steffensky, Feier des Lebens, 31)

Als spätmoderne Zeitgenossen bleiben wir Sinnsuchende, ansprechbar auf die Heimathöhle Religion. Hunger und Durst,

Sehnsucht nach Sinn, der Wunsch ein gehaltvolles und gehaltenes Leben zu führen, wohnt uns inne, wie das spirituelle Grundbedürfnis nach himmlischem Wohlgefallen und letzter Heimat. Der Schriftsteller Arno Geiger sinniert über seinen an Demenz erkrankten Vater: »Und erst Jahre später begriff ich, dass der Wunsch, nach Hause zu gehen, etwas zutiefst Menschliches enthält. Spontan vollzog der Vater, was die Menschheit vollzogen hatte: Als Heilmittel gegen ein erschreckendes, nicht zu enträtselndes Leben hatte er einen Ort bezeichnet, an dem Geborgenheit möglich sein würde, wenn er ihn erreichte. Diesen Ort des Trostes nannte der Vater Zuhause, der Gläubige nennt ihn Himmelreich.« (zit. nach: Andere Zeiten e.V. [Hg.], 18)

II. PRÄGENDE KINDHEIT

»Papier zum Einwickeln von Räucherwerk duftet nach Räucherwerk, und eine Schnur zum Einwickeln von Fisch riecht nach Fisch. Ob es uns gefällt oder nicht, wir werden ganz natürlich von unserer Umgebung beeinflusst.« (Sunim, 126) Unsere Umgebung, unser familiäres Umfeld färben auf uns ab. Jeden Tag füllt sich ein weiteres weißes Papier unseres Tagebuches und auch unsere Seele wird beschrieben, ob wir es fühlen wollen oder nicht. Was mich geprägt hat, lässt sich nicht löschen, kennt keinen Reset-Knopf. Ich kann Gewicht abnehmen, Sport treiben, an meiner Fitness arbeiten, aber die Ansammlung alter Ängste, die reißenden Ströme aus Sorgen und Schrecken lassen sich nicht ungeschehen machen. Was war, muss abfließen dürfen. Meine Tränen, meine Enttäuschungen, meine Prägungen sind Teil meiner Geschichte. Im besten Falle lässt sich Vergangenes relativieren oder neu einordnen, solange mein Fluss des Lebens weiterfließt.

Heilsame Seelsorge stellt sich dem wechselhaften Verlauf unseres Lebens in drei Dimensionen: der Erinnerung, dem Moment und der Hoffnung auf bessere Zeiten. Der schwedische Literaturnobelpreisträger Tomas Tanström dichtet: »In meinem Schatten werde ich getragen wie eine Geige in ihrem schwarzen Kasten. Das einzige, was ich sagen will, glänzt außer Reichweite wie das Silber beim Pfandleiher.« (zit. nach: Seidel, 104) In scheuer, mystisch-lyrischer Weise umschreibt Tanströmer, was nach Gottvertrauen riecht und nach Geborgenheit für mein Schattenkind klingt: »In meinem Schatten werde ich getragen.« Ich werde getragen und aufgefangen von einem unsichtbaren Fänger; bin ein Trapezkünstler, der springt und nicht ins Nichts fällt. Wer oder was der »schwarze Kasten« ist, in dem ich »wie eine Geige getragen werde«, mag unterschiedlich sein. Am Ende ist es der Sarg, in dem ich ans andere Ufer getragen werde. Und das, was »außer Reichweite glänzt wie das Silber beim Pfandleiher«, tönt von Ferne wie ein altes Versprechen: Heimat, Ankommen, zu Hause sein. Mit den

Schatten meiner Vergangenheit werde ich in eine neue Zeit getragen. In der Gegenwart Gottes darf ich erfahren, dass alles, was war, ist und sein wird, von Gott umfangen ist. Solch eine Haltung, solch ein Gehaltenwerden, erlaubt es mir, mit meinen Prägungen einen entspannteren Umgang zu finden.

Erwiesenermaßen sind es die ersten sechs Lebensjahre, die sich in unser Gehirn besonders tief eingraben. In dieser Zeit ist es am formbarsten, bilden sich Nervenbahnen neu; Weichen werden gestellt, auf denen die Züge unseres Lebens fahren. Was in dieser Zeit geschieht, hat prägende Kraft für die weitere Entwicklung eines ganzen Lebens. Man denke nur an Kinder, die durch die Corona-Zeit schmerzlich geprägt wurden. Werden in der Eröffnungsphase eines Menschenlebens die Grundbedürfnisse nicht genügend gestillt, wird es schwerer, gesund erwachsen zu werden. Dann nistet sich ein latenter Hunger des Zukurzgekommenseins ein, der nach Kompensation verlangt.

Von Klein auf entwickeln wir Strategien, unsere Bedürfnisse zu stillen. Wir tun nahezu alles, was den engsten Bezugspersonen gefällt. Nicht wie es uns, sondern wie es ihnen gefällt, heißt das Überlebensmotto der frühen Jahre. Der Anpassungsdruck kann so weit gehen, dass wir meinen, unsere Eltern bis an die Grenze der Selbstverleugnung zufriedenstellen zu müssen – ein gefährlicher ›Mussismus‹. Dabei unterdrücken wir unsere elementarsten Gefühle, packen wir unsere Enttäuschungen und Wutausbrüche, ohne sie gefühlt zu haben, in unseren emotionalen Rucksack. »Wut hat den lebensgeschichtlichen Sinn, dass wir uns selbst behaupten und unsere Grenzen verteidigen können.« (Stahl, 44) Kinder, die an der Übermacht ihrer Eltern leiden, wenn sie um ihre Aufmerksamkeit buhlen, internalisieren *deren innere Glaubenssätze*. Sie können lauten: »Ich darf mich nicht wehren!«, »Ich darf nicht wütend sein!«, »Ich muss mich anpassen«, »Ich darf keinen eigenen Willen haben« oder »Ich genüge nicht.«

Es ist nie zu spät, sich in der Pubertät oder im Erwachsenenalter gegen solchen Anpassungsdruck aufzulehnen. Leider haben es viele Menschen in ihrem Leben nie gelernt, erfolgreiche Gegenstrategien zu entwickeln, was sie dann zu lebenslänglichen Gefangenen ihrer kindlichen Programmierungen macht. Solche Glaubenssätze haben das Potenzial, mich jederzeit zum Getriebenen zu machen. Nie kann ich mir sicher sein, was mich triggert und unverhältnismäßig reagieren lässt. Das ist ein fragiler Zustand. Die Vulkane der Vergangenheit können jederzeit und ohne Vorankündigung ausbrechen. Ich kenne das gut, wenn meine Wut hochkocht und alles in mir mich aushebelt, wenn ich unsinnige Schlachten schlage, mir etwas falsch oder ungerecht erscheint. Blicke ich auf mein Schattenkind, steht dann der kleine Sigi vor mir, der seit Kindheitstagen den Aufstand probte, besonders gegen die als unfair empfundenen Maßnahmen der Eltern. Wut ist eine hilfreiche Kraft. Nur hilft sie nicht weiter, wenn sie Ausdruck innerer Fremdbestimmung und nicht innerer Freiheit ist. »Wut ist eine Kraft, die Großes schaffen und ebenso Großes zerstören kann. Wut ist Handlungskraft Nummer eins ... Unmögliches wird möglich gemacht oder Unliebsames aus dem Weg geräumt.« (Dittmar, Gefühle, 32)

Die Propheten vermochten, mit Wut und Sprachgewalt Unglaubliches anzusagen, Unliebsames zu benennen, in Gottes Namen gegen den Strom zu schwimmen. Aber nicht immer ist es der Prophet in mir oder der Luther, der in Worms stand und sagte: »Ich stehe hier und kann nicht anders.« Viel zu oft sind es nicht verheilte Wunden aus der Kindheit, die mich wie ein HB-Männchen hochgehen lässt. »Wut entsteht als die Reaktion auf die Interpretation ›Das ist falsch‹. Ich kann die Interpretation ›Das ist falsch‹ nur dann treffen, wenn ich eine klare Position habe, da es im absoluten Sinn kein Richtig oder Falsch gibt.« (ebd.) Die

Lebensphase der Pubertät, die Ablösung von elterlichen Prägungen und Einflüssen, trägt explosives Potenzial in sich. Jugendliche gehen absichtsvoll auf Distanz zu ihren Eltern, testen aus, wie es sich anfühlt, auf eigenen Füßen zu stehen. »Wut ist dann die Kraft, die es mir ermöglicht, für diese bezogene Position einzustehen und sie bei Bedarf auch zu verteidigen. Wut ist damit die Kraft der Klarheit. Ihr Feuer befähigt mich zu handeln. Durch sie gebiete ich jenen Einhalt, die meine Grenzen überschreiten, und durch sie stehe ich für meine Bedürfnisse ein.« (ebd., 34) Je erwachsener wir werden, umso mehr gehört es dazu, selbst Verantwortung für die Befriedung meiner Bedürfnisse zu übernehmen. Dazu braucht es Wut und Mut. Heilsame Seelsorge schätzt die Wutkraft. Sie freut sich an Menschen, in denen ein leidenschaftliches Herz brennt, das auch die Zwangsjacke der Konvention zu sprengen weiß. Sie ermutigt dazu, dem nachzufolgen, der nicht nur gekommen ist, Friede, Freude und Harmoniesucht zu verbreiten. »Ihr sollt nicht meinen, dass ich gekommen bin, Frieden zu bringen auf die Erde. Ich bin nicht gekommen, Frieden zu bringen, sondern das Schwert.« (Mt 10,34). In der Menschheitsgeschichte waren es die Mutigen und Unangepassten, die Veränderungen anstießen, den wahren Unterschied machten, auch durch ihren heiligen Zorn, die Wut über Unrecht und Lüge. Jesu klare Botschaft trennte die Spreu vom Weizen. »Salz der Erde«, sagte er, sollen wir in den Wunden der Welt sein. Das kann brennen und weh tun. Was geschmack-, wirkungs- und bedeutungslos ist, wird von den Leuten eh aussortiert. Heilsame Seelsorge will geschmackvoll und kraftvoll sein. Das kann schmerzhaft sein, wenn der Finger in offene Wunden gelegt wird, gerade wenn Prägungen der Kindheit berührt werden. Aber es führt zu Freiheit und Selbstbestimmung, gibt Hoffnung und Mut für die Zukunft.

1. Elterliche Empathie

»Eltern, die sich schlecht in ihre Kinder einfühlen können, haben einen schlechten Zugang zu ihren eigenen Gefühlen, denn der Kontakt zu den eigenen Gefühlen ist die Voraussetzung für Mitgefühl.« (Stahl, 45) Meine Generation der geburtenstarken Jahrgänge ist umzingelt von traumatisierten Vätern und Müttern. Die Umstände der Kriegs- und Nachkriegszeit erlaubten es ihnen nicht, Zugänge zu ihren Gefühlen zu finden. Darüber ist viel geschrieben und geforscht worden. Diese Mitgift, für die keiner etwas kann, wirkt bis in die vierte Generation nach. Historisches Hintergrundwissen, das Verwobensein in kulturelle Kontexte, den Einfluss des Weltgeschehens auf unsere Gefühls- und Lebenswelten unterschätzt eine heilsame Seelsorge nicht. Viel Verdrängtes, viele Gefühlsblockaden und emotionale Dramen haben hier ihre Ursachen. Die Kriegsgenerationen zweier Weltkriege mussten hart sein, um zu überleben, den Wiederaufbau zu bewerkstelligen, im Wirtschaftswunder die Grundbedürfnisse der Sippe zu befrieden. Eltern, die andere Schicksalsschläge erfahren haben, blieb ebenfalls oft nichts anderes übrig, als ihre Gefühle zu verkapseln oder zu unterdrücken. Wie viele Beerdigungsgespräche kreisen um diese Themen? Warum waren meine Eltern so, wie sie waren? Als größter Schmerz an den Gräbern der Eltern erweist sich neben der Endgültigkeit des Todes die Erkenntnis, Unausgesprochenes nun nicht mehr für sie hörbar aussprechen oder klären zu können. Elterliches Mitgefühl und Verständnis sind nun endgültig nicht mehr zu erwarten. Mit ihrem Tod ist die Chance zu letzten Klärungen oder zum Dank verstrichen.

In den großen und kleinen Lebensgeschichten gibt es leider viel zu oft solche Momente. »Es gibt diesen Moment, in dem ein Leben kippt. All die Jahrzehnte danach läuft man weiter auf dieser schiefen Ebene, versucht hochzuklettern und rutscht doch wieder ab.« (Illies, 73) Heilsame Seelsorge kann kein Kippen rückgängig machen, die Traurigkeit über verpasste Chancen nicht nehmen. Aber sie kann darüber ins Gespräch kommen, Wege bahnen, sich mit der eigenen Geschichte und den verpassten Ausfahrten auszusöhnen. Im besten Falle gelingt es ihr, für versöhnte Verhältnisse im Rückblick auf Geschehenes zu sorgen, im Erleben des Augenblicks achtsam zu sein, Chancen nicht zu verpassen und eine andere, aufmerksamere Haltung für das Jetzige und Zukünftige zu gewinnen.

Als Kinder haben wir (Babyboomer) unsere Eltern als hilflos und überfordert im Umgang mit ihren Gefühlen erlebt. Harsche Worte, abweisende Gesten gehörten zum Alltag, wenn es hieß: »Stell dich nicht so an!« – »Das wird schon wieder!« – oder »Reiß dich zusammen!« Die Unfähigkeit elterlicher Empathie verunsichert Kinder massiv und gräbt sich tief in ihre Gefühlswelt ein. Fatale Glaubenssätze tun ihr Übriges: »Ich muss mich zusammenreißen.« – »Ich darf nicht stören« – »Ich darf keine Belastung sein« – »Ich muss lieb sein.« Solche Sätze schärfen einem Kind ein, was es zu tun und unterlassen hat, um in den Augen seiner Eltern okay zu sein. Dabei könnte alles so anders sein. »Durch das einfühlsame Handeln seiner Eltern lernt das Kind, seine Gefühle zu unterscheiden und zu benennen. Und weil seine Eltern ihm signalisieren, dass seine Gefühle grundsätzlich okay sind, lernt es auch, mit ihnen umzugehen und sie auf eine angemessene Weise zu regulieren.« (Stahl, 46)

Das Neue Testament kennt eine großartige Beispielgeschichte für ein erfülltes Leben: die Erzählung vom verlorenen Sohn (Lk 15,11-32). Zwischen Autonomie und Bindung geriet der Jüngere der beiden Söhne bei seinem Aufbruch aus dem Vaterhaus in diverse Zielkonflikte. Wenn elterliche Empathie versagt, klafft ein unstillbares Loch im Herzen des Kindes. Heilsame Seelsorge bietet behutsame Wege an, mitfühlend das eigene Leben mit der nötigen Distanz zu betrachten, erlittenen Mangel mit Methoden der Imagination und Relativierung von Erlittenem in ein anderes

Licht zu rücken. Sie stärkt die Selbstwirksamkeit, um weniger zurückzublicken und mehr nach vorne zu gehen. Sie versucht, ein Ziel der Sehnsucht in den Blick zu nehmen, das neu motiviert, Erlebtes und Erlittenes verblassen lässt und sich an der eigenen Gestaltungskraft freut. Es gibt vieles in uns, was erwachsen werden und Heimat finden will, was eines Ortes des Schutzes, der Geborgenheit und bedingungslosen Akzeptanz bedarf. In Gottes Gegenwart herrscht kein Muss; es regieren keine destruktiven Glaubenssätze. Unter seinem Antlitz gilt: Du darfst! Du bist okay! Du wirst so geliebt und angenommen, wie du bist! Du bist willkommen in einem Raum einer grenzenlosen Liebe. Insbesondere dort, wo diese Botschaft der Liebe, die wir bei Gott erfahren, von kindlichen Prägungen überdeckt wird, dürfen wir neue Wege gehen und Bisheriges hinter uns lassen. Sören Kierkegaard hat einmal formuliert: »Man kann das Leben nur rückwärts verstehen, aber leben musst du es vorwärts.«

2. Vorprogrammiert

»Heute weiß man, dass die Gene ganz wesentlich über die Charaktereigenschaften und die Intelligenz eines Menschen bestimmen.« (Stahl, 47) Die Wissenschaft bestätigt, was die Bibel schon seit jeher wusste: Sie redet von Heimsuchungen bis ins dritte und vierte Glied. Und sie spricht von dem Bund Gottes mit Israel, der bis ins tausendste Glied hält (Deut 7,9). Der Mensch existiert längst vor seiner Geburt als Gedanke Gottes. Glücklich ist, wer sagen kann: »Ich danke dir dafür, dass ich wunderbar gemacht bin; wunderbar sind deine Werke; das erkennt meine Seele.« (Ps 139,14) Solche Dankbarkeit und solch ein Bewusstsein überschreiten die Zeiträume unseres irdischen Daseins: »Deine Augen sahen mich, da ich noch nicht bereitet war, und alle Tage waren in dein Buch

geschrieben, die noch werden sollten und von denen keiner da war.«
(Ps 139,16)

Heilsame Seelsorge ist offen für all das, was Menschen ohne
eigene Verdienste ausmacht, was ihnen geschenkt ist an Genen,
Gaben und Gnade. Für sie ist jeder Mensch ein Geschöpf Gottes,
ausgestattet mit einer eigenen Würde und Seele. Jeder Mensch
ist mit einem einzigartigen Körper, eigenem Geist und eigener
Willenskraft unterwegs in der Welt. Die gute Nachricht ist: Was
immer den Menschen geprägt hat, er wird von einer Dynamik
beseelt und begeistert, die sich nicht nur auf die Vergangenheit
festnageln lässt. Es gibt im Leben unzählige Spielräume und Möglichkeiten, um Einfluss auf die Zukunft zu nehmen. Wir sind mehr
als das, was uns in die Wiege gelegt wurde.

»Unsere Sensibilität und unsere Angstbereitschaft sind schon in
unseren Genen angelegt und bestimmen mit darüber, wie sich
unser Selbstwertgefühl entwickelt.« (ebd., 48) Obwohl sie mit
darüber bestimmten, müssen sie nicht alles dominieren! Was es
für mein Erwachsenen-Ich bedeutet, mein genetisch bedingtes
und durch das Erleben geprägtes Schattenkind anzunehmen,
lässt sich mit keiner Übung, Therapie und heilsamen Seelsorge
rezeptartig beantworten. Vielmehr geht es darum, all das, was
mich ausmacht, prägt und unbewusst in mir wirkt, als meine Geschichte anzunehmen. Es hilft an dieser Stelle nicht, Kämpfe mit
dem Unabänderlichen, Gewesenen und genetisch in mir Veranlag-
ten zu führen. Diese Schlachten sind längst geschlagen. Wege zu
einer inneren Akzeptanz können mir jedoch helfen zu entdecken,
welche Potenziale in mir stecken, die es mir bisher ermöglicht haben, einen Umgang mit meiner Vergangenheit zu finden. Solche
Prozesse berühren erneut sensible Themen von Versöhnen und
Verzeihen und bringen die Kraft der Trauer mit ins Spiel, die uns
helfen kann, Unabänderliches anzunehmen. Eine angemessene

Sorge um mein Selbst, eine Art Selbst-Seelsorge, kann ihren Beitrag leisten für mehr eigene Wertschätzung und einen gnädigeren Blick auf meine Ressourcen. Im besten Falle führt solche Seelsorge ins Schweigen und Loslassen, in eine Stille und Annahme, die sich dem Größeren, Höheren, Unverfügbaren anvertraut. Sie führt zu weniger Selbstablehnung und findet Zugänge zu den eigenen Möglichkeiten und Grenzen.

Die Trauma-Forschung bei Holocaustüberlebenden hat eine ›sozialgenetische Vererbungstheorie‹ entwickelt. Ähnliches ließ sich bei Kindern von Geflüchteten nachweisen, dass sich das elterliche Erleben von Flucht, Vertreibung und Heimatlosigkeit auf ihr Lebensgefühl überträgt. All das sind zwar Aspekte, die sich im Ungefähren bewegen und Raum für Spekulationen offenlassen. Einmal mehr zeigen sie aber, dass zwischen Himmel und Erde, Vergangenheit, Gegenwart und Zukunft vieles mitschwingt, dessen Woher und Warum sich nie vollends bewusst machen lässt. Der Anspruch auf restlose Aufklärung und Hundertprozentlösungen wäre hier fehl am Platz. Heilsame Seelsorge versteht sich als Kontrapunkt gegen zu starke Erklärungsbedürfnisse, unproduktive Grübelzwänge und Selbsterforschungs-Expeditionen. Dietrich Bonhoeffer dichtete auf der Suche nach seiner fragmentierten Identität in der Gefängniszelle: »Bin ich das wirklich, was andere von mir sagen, oder bin ich nur das, was ich selbst von mir weiß ... Wer bin ich, der oder jener? Bin ich denn heute dieser oder morgen ein anderer? Bin ich beides zugleich ... Wer ich auch bin, Du kennst mich, Dein bin ich, o Gott!« (Bonhoeffer, Gedichte, 33) Die Frage seiner Identität und Geschichte war für Bonhoeffer zur Frage nach Gott geworden und mündete in ein Bekenntnis: »Dein bin ich, o Gott!« Seine Identität geht letztlich in seiner Verwurzelung in Gott auf. Selig ist, wer solches von sich und seinem Gott sagen kann.

Elisabeth Lukas, Schülerin des Begründers der Logotherapie, Viktor E. Frankl, fasst das Anliegen ihres Lehrers einmal so zusammen: »Was also bist du, o Mensch? Ein dependentes, abhängiges Geschöpf? Eindeutig ja. Abhängig von allen Arten deiner ›Mitgift‹, wie den elterlichen Chromosomen plus den zahllosen weltlichen Einflüssen, denen du ein Leben lang ausgesetzt bist, seien sie erwünscht oder nicht. Armer Mensch! Oder bist du ein autonomes, freies Geschöpf? Eindeutig ja. Denn du bist frei, aus deiner ›Mitgift‹ zu ›bauen‹, was immer du willst: Gefängnis oder Sternwarte, Bordell oder Kathedrale ... Begnadeter Mensch! ... Du bist der Baumeister deines Lebens. Das Material macht dir keine Vorschriften. Es zwingt dich in keinerlei Richtung. Es lässt sich von dir be- und umarbeiten. Du gibst ihm seine endgültige Form. Und in dieser ›Endgültigkeit‹ wird dereinst nicht mehr zählen, was es ursprünglich gewesen ist, sondern einzig und allein, was du daraus gemacht hast, dessen sei gewiss!« (Lukas, 35f) Dem Menschen ist viel gegeben, mitgegeben und aufgegeben. Doch Rätsel werden bleiben. Wer ich war und hätte sein wollen? Warum ich diese Abzweigung genommen habe und jene nicht? Welcher Glaube mir Gewissheit schenkt oder mich verzweifeln ließ? Wir sind also nicht nur »Opfer« unserer Voraussetzungen, sondern auch Gestalter unserer Möglichkeiten. Beides gilt es anzusehen und zu bejahen.

3. Glaubenssätze

»Ich glaube an Gott, den Vater, den Schöpfer des Himmels und der Erde.« So beginnt unser Glaubensbekenntnis. Glaubenssätze können Leuchttürme, Leitplanken und Wegweiser sein. In postmoderner Zeit, die meint, ohne Gott besser auszukommen, übernahmen andere Glaubenssätze das Kommando. Während Mose auf dem Gottesberg die Zehn Gebote erhielt, formte das ungeduldige Volk am Fuße des Berges seine Ersatz-Gottheit. Bis heute kommen unsere Tänze um goldene Kälber nicht ohne Glaubenssätze aus. Von religiösen Ursprüngen entwurzelte Versprechen haben in der Werbung Hochkonjunktur. Sie verheißen Wohlstand, Erfolg, Macht, Sicherheit, Schönheit und Gesundheit. Und es sind gerade unsere verinnerlichten Glaubenssätze aus Kindheitstagen, die damit in engem Zusammenhang stehen können. »Wenn wir unsere Probleme in unserem heutigen Leben lösen möchten, dann müssen wir auf einer tieferen Ebene verstehen, worin unser eigentliches Problem besteht ... damit wir erkennen, wo unsere Schwachpunkte, unsere sogenannten Trigger sind.« (Stahl, 49)

Stahl diagnostiziert als seelischen Knackpunkt, die versperrten Zugänge zu den unbewussten Anteilen unserer Persönlichkeit. Damit plädiert sie für einen Rückblick, um sich die möglichen Ursachen unserer Probleme bewusst zu machen. Vivian Dittmar sieht in der Flucht vor unserer Vergangenheit einen Mechanismus am Werk, der alles tut, um Gefühle nicht fühlen zu müssen. Wir verdrängen sie als verkapselte Emotionen in unser Unbewusstes, packen sie in unseren ›emotionalen Rucksack‹ und schleppen sie mit uns mit. Warum? Weil wir unsere inneren Verletzungen und Ängste nicht spüren, nicht bewusst machen wollen. Verdrängen und Wegpacken ist der älteste Schutzmechanismus der Seele. Nur auf Dauer hilft das nicht, wenn wir wie auf Knopfdruck in die Luft gehen und die Kontrolle verlieren. Wie vom Unbewussten ferngesteuert, führen solche Reaktionen zu unangemessenen Nebenwirkungen, die Konflikte verschärfen, anstatt sie zu befrieden. Auf offener Bühne stehe ich dann blamiert da, obwohl Souveränität, mehr Coolness und Führungsqualität gefragt gewesen wären. Stattdessen werde ich angreifbar und leichte Beute für Menschen, die mir ihre Stöckchen hinhalten oder mich ausnutzen wollen.

Erinnern wir uns an Michael und seine Überreaktion auf die vergessene Wurst. Das Problem des Schattenkindes ist: »Sie betteln umso mehr um Aufmerksamkeit, desto weniger Beachtung man ihnen schenkt.« (ebd., 50) Da haben wir den Salat. Uralte Verletzungen, Ängste, Kränkungen oder Schamgefühle wirken als Schwelbrände im Unbewussten weiter, bis sie unerwartet auf offener Bühne ausbrechen und meine Welt in Brand setzen und schließlich verbrannte Erde in Beziehungen hinterlassen. Heilsame Seelsorge kann ein Frühwarnsystem sein, indem sie Verdrängtes rechtzeitig wahrnimmt, zwischen der Entladung berechtigten Unbehagens in der Gegenwart und angestauten Unmut aus vergangenen Zeiten zu unterscheiden lernt. Bleiben wir darüber im Unklaren, verlagern wir durchaus begründete Konflikte auf Nebenkriegsschauplätze, weil uns nicht bewusst ist, was uns wirklich antreibt. So können Banalitäten wie vergessene Wurstscheiben zum Scheidungsgrund werden.

Stahl definiert Glaubenssätze als »eine tief verankerte Überzeugung, die etwas über unseren Selbstwert und unsere Beziehungen zu anderen Menschen aussagt.« (ebd., 50) Diese Glaubenssätze der Kindheit sitzen tief und wirken lange nach. Wir übernehmen sie bis ins Erwachsenenalter als psychische Programme, Grundstimmungen des Herzens, die uns jeden Tag neu auf die Palme bringen können. Unerfüllte Bedürfnisse aus vergangenen Tagen melden sich dann in altbekannten Glaubenssätzen tagesaktuell zu Wort: »Ich komme zu kurz.« – »Keiner versteht mich.« – »Ich muss brav sein.« oder »Ich muss es allen recht machen.« Treffen im realen Leben unsere Schattenkinder aufeinander, geht es nicht wie in der Mathematik zu – Minus mal Minus ergibt dann gerade nicht Plus. Stattdessen kracht es gewaltig. »So einfach und simpel sie auch lauten mögen, üben sie eine ungeheure Macht auf uns aus – im Guten wie im Schlechten, also im Sonnen – wie im Schattenkind. Glaubenssätze sind die Brille, durch die wir die Wirklichkeit sehen.« (ebd., 52) Verwöhnte wie vernachlässigte Kinder können dann mit ihren Schattenseiten von jeder Seite vom Pferd fallen. Nur wer fängt sie auf?

Solche Glaubenssätze spielen schon in der Bibel eine Rolle. In der Mitte des Markusevangeliums stellt Jesus seinen Jüngern die Gretchenfrage: »Wer, sagen die Leute, das ich sei?« (Mk 8,27) Es folgen erwartbare Antworten. Von Elia bis Johannes dem Täufer geht die Bandbreite der Erwartungen. Schließlich kommt es zum Schwur, zum Petrusbekenntnis auf Jesu Frage: »Ihr aber, wer sagt ihr, dass ich sei? Da antwortete Petrus und sprach zu ihm: Du bist der Christus!« (Mk 8,29) Petrus – der Kleingläubige trotz der Erfahrung des Seewandels, der Verleugner Jesu, den das dreimalige Krähen eines Hahnes überführte, der Fels, auf dem die Kirche gebaut werden sollte – lässt hier keinen Zweifel aufkommen. Er markiert seinen Glaubenssatz voller Gewissheit: ›Du trocknest die Tränen, du suchst das Verlorene, du heilst Kranke, du verkörperst Gerechtigkeit und Barmherzigkeit auf Erden. Du bist der Christus!‹

Für mich ist ein Glaubenssatz des Theologen Dietrich Bonhoeffer wesentlich geworden. Er schreibt: »Ich glaube, dass Gott aus allem, auch aus dem Bösesten, Gutes entstehen lassen kann und will. Dafür braucht er Menschen, die sich alle Dinge zum Besten dienen lassen.« Wenn dies gilt, müsste das dann nicht auch auf mein Schattenkind zutreffen? Auch aus seinem Schatten kann Gutes entstehen. Auch aus weggepackten Emotionen kann die Kraft des Gefühls erwachsen. Heilsame Seelsorge ist bemüht, sich alle Dinge zum Besten dienen zu lassen. Niemanden gibt sie auf. Keinen schreibt sie ab. Sie legt niemanden einseitig auf seine Schattenseiten fest oder gibt ihn ans Böse verloren. Das ist das tiefe Geheimnis der Feindesliebe. Heilsame Seelsorge glaubt an das Gute im Menschen und sie weiß um die Sünde, die selbstzerstörerischen Kräfte des Menschen. Wendet sich das Blatt zum Guten, braucht es verantwortungsbewusste Menschen, »die sich alle Dinge zum Besten dienen lassen«. Das geht nicht mit Däumchendrehen. In der Welt gibt es viel zu viel Krankheit, als dass sie sich einfach gesundbeten ließe. Gott braucht uns, damit es mitfühlend und menschenwürdig zugeht. Dazu sind Vorbilder, Glaubenssätze und Traditionen hilfreich, aus denen wir die Kraft schöpfen können, für unser Erwachsenwerden. Und wir brauchen einander. Wer nur sich selbst sieht und liebt wird einsam und bitter.

Wir sind wunderbar gemacht, weltoffen, sozial, kooperativ, mitfühlend und lernfähig. Der Mensch lebt von Sinn- und Glaubensangeboten, Hoffnungsworten und guten Glaubenssätzen, die unseren Elternhäusern entstammen und im kollektiven Gedächtnis der Menschheit lagern. Deshalb braucht es für uns die Bonhoeffers, Mutter Theresas, Martin Luther Kings, Gandhis, die für ihre Zeit Glaubenssätze formulierten. In ihren Worten und Taten liegen Prägestempel für uns bereit, damit nicht allein die kindlichen Prägungen das Sagen haben. Ja, ich glaube, dass Gott aus allem, auch meinen dunkelsten Schatten, Helles entstehen lassen kann und will. Heilsame Seelsorge glaubt an den göttlichen Funken in jedem Menschen. Nichts ist unmöglich, um unsere Potenziale zum Leuchten zu bringen. Heilsame Seelsorge sieht im Anderen, was noch nicht ist, aber demnächst sein könnte. Sie ist eine Potenzial-Pfadfinderin. Sie weiß um die Prägungen der Vergangenheit und rechnet mit dem Konjunktiv, den Möglichkeiten der Zukunft. Darin ist sie utopisch und optimistisch zugleich. Denn: »Es ist aber noch nicht offenbar geworden, was wir sein werden.« (1 Joh 3,2) Und im Hier und Heute liegt die Quelle, um für das Gelingen Kraft zu schöpfen, wie es der Liederdichter Gerhard Tersteegen 1729 formuliert: »Du durchdringest alles; lass dein schönstes Lichte, Herr, berühren mein Gesichte. Wie die zarten Blumen willig sich entfalten und der Sonne stillehalten, lass mich so still und froh deine Strahlen fassen und dich wirken lassen.«

Leider genügen wenig negative Ereignisse, um Spuren in uns zu hinterlassen, die tiefer gehen als alle guten Erfahrungen. Das hat evolutionäre Gründe. Im Laufe der Menschheitsentwicklung lernten wir, angenehme Erlebnisse schnell zur Seite zu schieben, wenn der Säbelzahntiger um die Ecke kam. Unser Überlebenstrieb musste in Bruchteilen von Sekunden in der Lage sein, in den Angstmodus zu schalten. Von einem Moment auf den anderen kann unser Gehirn vom Glücks- in den Angstkreislauf wechseln. Angst bedeutet Überleben; je schneller, desto besser. Deshalb achten wir stärker auf Fehler, Defizite, Risiken und drohende Gefahren, statt selbstvergessen in der Sonne möglicher Chancen zu baden. Bekommt aber das alarmgestählte Schattenkind in mir die Oberhand, bewegt es sich in ständiger Habachtstellung und Risikoabschätzung. Dieser Modus ist anstrengend. Er erschöpft uns, lässt uns ausbrennen, im Meer von Sorgen und phantasierten Ängsten kein Land mehr in Sicht sehen. Das Bedürfnis ist groß, endlich Ruhe und Entspannung, Sicherheit und Schutz zu erfahren. Trotzdem prägen schmerzhafte Geschehnisse sich tiefer ein als schöne, weil »eine negative Erfahrung mit einem Menschen hunderte von positiven aufheben kann.« (Stahl, 58)

Diese Macht des Negativen führt dazu, dass wir unsere Antennen ausfahren, um möglichst frühzeitig auf Gefahren reagieren zu können. Wie davon loskommen? »Um Angebranntes vom Pfannenboden zu lösen, gieß einfach Wasser in die Pfanne und warte. Nach einer Weile lösen sich die Essensreste von allein. Kämpfe nicht, um deine Wunden zu heilen. Gieß einfach Zeit in dein Herz und warte. Wenn deine Wunden bereit sind, heilen sie von allein.« (Sunim, 29)

Die Zeit bringt manches, doch nicht alles, mit sich. Sie heilt nicht alle Wunden, aber manche. Sich Zeit lassen hilft, um sich nicht zu verkämpfen und zu verkrampfen. Wundheilungsprozesse dauern und haben ihre eigene Zeit. Vieles in uns ist angebrannt. In vielem sind wir gebrannte Kinder. Es braucht Zeit, um es zu lösen, abzulösen, mit Wasser und Warten, hörendem Herzen und offenen Ohren. Es braucht Zeit, bis die Heilkräfte, die in uns stecken, und Gottes heilsamer Geist als wunderbarer Wunden-Heiler wirken. »Als ich in den sechziger Jahren auf die Universität ging, betrachtete man den Sinn von Krankheiten als etwas Irrelevantes. Damals wussten wir nicht, dass es eine gesunde Weise gibt, krank zu sein, eine Weise, diese schwierige Erfahrung dazu zu nutzen, uns selbst besser kennenzulernen und herauszufinden, was wichtig für uns ist. Wir waren auf das reine Kurieren einer Krankheit und nicht auf Heilung ausgerichtet. Wissenschaft und das von ihr vermittelte Wissen kurieren, aber oft ist es der Sinn, der uns heilt ... Mit der Zeit heilt Sinn sehr viele Dinge, die sich nicht kurieren lassen.« (Remen, 36)

Genau das trifft das Anliegen der heilsamen Seelsorge, die wenig Sinn sieht, an Symptomen herumzukurieren, sondern sich dem Wesentlichen, dem Sinnvollen, dem Heilvollen zuwendet. Dabei hilft es, meine Sichtweise zu verändern, um zu sehen, dass ich gesegnet bin, dass mein Glas mindestens halb voll ist.

4. Perspektivwechsel

»Im Übrigen soll man nicht geringschätzig davon sprechen, dass so manchen Menschen die ›Not beten lehrt‹. Wie oft sind es erst die Ruinen, die den Blick freigeben auf den Himmel!« (Frankl, zit. nach: Lukas, 193) Geht es um Glaubenssätze, kommen wir um die Frage nach der Perspektive nicht herum. Wie sehe ich die Welt? Eine Fünftklässlerin muslimischen Glaubens sollte im Religionsunterricht meiner Frau ein Gottesbild malen. Clever zog sie sich aus der Affäre. »Da ich Gott nicht malen darf, habe ich mir überlegt, wie ich trotzdem wissen kann, wie groß und heilig er ist. Da kam mir eine Idee: Es gibt einen ganz großen Unterschied zwischen Gucken und Sehen. Gucken ist, wenn ich mir eine Mandarine in die Hand nehme und einfach sage: ›Oh ja eine Mandarine, die nehme ich und schlucke sie runter.‹ Und sehen ist, wenn ich mir die Mandarine angucke und sage: ›Toll, Gott hat extra, damit sie nicht dreckig wird, eine Schale drum gemacht.‹ Und wenn ich sie geschält habe, sehe ich, dass Gott sie für mich in kleine Stücke schon halbiert hat. Dann nehme ich sie in den Mund und die ganzen Vitamine flitzen sofort in mein Gehirn, in meine Arme und Beine und diese Vitamine sind sehr nützlich für meinen Körper. Und Gott kann man nicht gucken, aber sehen.«

Ich finde es bezaubernd, wie sie aus ihrer kulturellen Perspektive das Bilderverbot umgeht und uns trotzdem die Augen öffnet, dass eine kleine Mandarine zum Gleichnis für Gottes Schöpferkraft werden kann. Glaubenssätze sind davon abhängig, ob ich gucke oder sehe – ob ich Gottes Gegenwart am Wirken sehe oder nicht. Der Theologe und Psychiater Manfred Lütz hat einmal formuliert, dass wir Menschen denken, die Dinge seien es, die uns unglücklich machen. Aber das ist es nicht, was uns unglücklich macht, sondern wie wir die Dinge sehen. Wir können vieles nicht ändern. Aber wir können vieles anders sehen. Das ist mit den

Glaubenssätzen meines inneren Kindes nicht anders. Stahl ist davon überzeugt: »Je bewusster wir uns dieser ganzen Vorgänge und Zusammenhänge werden, desto leichter können wir unsere Sicht auf die Dinge, unsere Gefühle und schließlich unser Verhalten verändern.« (Stahl, 59).

Das Schlüsselwort lautet ›Veränderung‹ und die frohe Botschaft heißt: Verhaltensänderung ist möglich, solange Perspektivwechsel nicht unmöglich sind. Unser Kopf ist rund, damit er die Richtung des Denkens ändern kann. Umkehr ist möglich. Es ist möglich, die Welt als Gottes Schöpfung und mich als ein von Gott geschaffenes Wesen anzusehen. »Kehret um und ihr werdet leben«, so die Botschaft Jesu. Perspektivwechsel ist möglich! Jesus heilte Blinde und Lahme, öffnete ihnen die Augen und stellte sie auf eigene Beine. Den Menschen lud er ein, die Welt durch die gütigen Augen Gottes zu betrachten. Solange ich, wie das Kaninchen auf die Schlange starre, alte Schatten mich bannen, ich in Schockstarre verharre, werde ich mich nicht vom Fleck bewegen. Es macht keinen Sinn zu warten, dass sich die Welt ändert. Ich kann auch die anderen nicht verändern. Aber ich kann mich bzw. meinen Blickwinkel verändern. Vieles ist Ansichtssache. Das gilt auch für Konflikte, die nie nur einen Schuldigen kennen. Eine Psychotherapeutin sagte mir einmal: »In einem Konflikt haben immer alle Beteiligten zu 100 Prozent Anteil, weil jeder zu 100 Prozent aus seiner Perspektive den Konflikt sieht und führt. Veränderung gelingt nur, wo ich bereit bin, an meinen Anteilen zu arbeiten und ich mir der Begrenztheit meiner Perspektive bewusst bin.«

Ein Beispiel für einen Perspektivwechsel erzählt der katholische Diakon und Kabarettist Willibert Pauels. Er berichtet von der Begegnung mit einem Atheisten. Pauels konfrontiert dabei seinen Gesprächspartner mit der Konsequenz seiner Position. Im Gespräch mit seinem Kind müsse dieser doch zugestehen: »Kind, du bist letztlich nichts anderes als ein Zellhaufen, der biochemisch reagiert. Und wenn ich dich liebe, ist das letztlich nichts anderes als ein elektromagnetischer Prozess des Gehirns im limbischen Hirnlappen. Und wenn du stirbst, Kind, gehst du den Weg aller Materie in die Verrottung, in den kosmischen Abfallhaufen des Nichts.« Anschließend nahm er Stellung, wie er die Dinge sieht. »Wenn meine Mama mir in die Augen schaute, dann hat sie mir immer gesagt: Kind, Willibert, du hast ne Seele Jung. Und die Seele ist kostbarer als das ganze Universum. Nichts kann deine einmalige Seele zerstören, auch nicht der Tod. Deshalb brauchst du keine Angst zu haben, wenn ich sterbe. Wir werden uns wiedersehen.« Die Moral der Geschichte lautet: Die Perspektive einer atheistischen-materialistischen Weltsicht ist abgrundtief trostlos. Die Perspektive von Mama vermochte ihn zu trösten: »Geborgenheit im Letzten gibt Gelassenheit im Vorletzten.«

Heilsame Seelsorge strebt solchen Perspektivwechsel an. Es geht ihr um Sichtweisen, die trösten, Veränderung möglich machen, eine Haltung anstreben, die sich gehalten weiß, die Festlegungen durch Prägungen hinterfragt, den Ballast des Unbewussten aufklärt und die Glaubenssätze in unserem Rucksack eher skeptisch betrachtet, als sie für sakrosankt zu halten. Und in allem darf der Humor nicht fehlen. Paulus hat sich als Narr um Christi willen bezeichnet: »Denn ich meine, Gott hat uns Apostel als die Allergeringsten hingestellt, wie zum Tode Verurteilte. Denn wir sind ein Schauspiel geworden der Welt und den Engeln und den Menschen. Wir sind Narren um Christi willen.« (1 Kor 4,9f)

Einen ähnlichen Ansatz verfolgt die Salutogenese, die Aaron Antonovsky entwickelt hat. In deren Mittelpunkt steht die Aktivierung unserer gesunden Anteile. Salutogenese fragt danach, wie wir unsere Gesundheit erhalten, wie wir Widerstandskräfte gegen das Krankmachende und Geschädigte in uns bilden. Ein verwandter Ansatz ist die von C.G. Jung entwickelte Methode der aktiven Imagination. Sie wird von der Überzeugung getragen, dass Symbole und Bilder auf die Seele heilsam wirken. Bei der Imagination – imago (lat.) = Bild – geht es um unsere Ein-Bild-ungs-Kraft, unser Vorstellungsvermögen. Der Mensch kann vor seinem geistigen Auge innere Bilder entwickeln. Die aktive Imagination lässt ihn mit seiner Einbildungskraft bewusst in Vorstellungswelten eintreten. Sie bringt Unbewusstes mit imaginierten Bildern in Verbindung. Solche Vorstellungskraft entzieht sich äußeren Welten und Konventionen. Sie lässt uns eigene Welten entwerfen, Hoffnungsbilder in hoffnungslosen Zeiten imaginieren. Träume und Traumtherapien helfen hier weiter. Kompensationsträume führen uns vor Augen, was in der Wirklichkeit fehlt. Ziele werden imaginiert, Sehnsüchte darin formuliert, auf Bedürfnisse wird hingewiesen, die gestillt werden wollen.

Eine heilsame Seelsorge, die für Salutogenese und aktive Imagination offen ist, lindert Ängste und öffnet Türen aus der Enge in die Weite. Biblische bildreiche Worte, wie die Psalmen, können Hilfestellung bei den Imaginationsübungen leisten, wenn wir in unserer Vorstellung unsere ›Füße auf weiten Raum stellen‹ und aus der ›babylonischen Gefangenschaft‹ herausgeführt werden.

Jeanne Achterberg lud bei ihren Imaginationsübungen Patienten ein, sich heilende Orte vorzustellen. Wer reif für die Insel war, aber kein Geld für Sylt hatte, konnte immerhin durch Imagination Traumorte des Wohlgefühls aufsuchen. Anderen gelingt das durch die Vertiefung in musikalische Werke. »So manche seelische Not hat etwas mit Mangelerscheinungen zu tun. Unsere Seele kann – nicht anders als unser Leib – nur dann gedeihen, wenn sie Nahrung bekommt, die ihr guttut. Zu den Grundnahrungsmitteln unserer Seele gehören heilende Hoffnungsbilder ... Augustinus sagt: Die Seele nährt sich von dem, woran sie sich freut.« (gef. bei Goes, zit. nach: Möller, 122)

Oder der Zen-Mönch Sunim sagt dazu: »Wenn du eine schlimme Situation selbst nach vielen Versuchen nicht zu ändern vermochtest, dann solltest du deine Sichtweise ändern. Nichts ist an sich gut oder schlecht. Gut oder schlecht ist immer relativ. Vergleiche deine Situation mit der eines Menschen in einer noch schlimmeren Lage. Nun erscheint dir deine doch nicht mehr so schlimm.« (Sunim, 30) Diese Sichtweise, die ich die ›Relativitätstheorie des Lebens‹ nenne, setzt mein Schicksal ins Verhältnis zu anderen. Auch wenn es makaber klingt – schlimmer geht immer. Gerade, wenn ich im eigenen Schmerz zu versinken drohe, hilft es mir, wenn ich mir vor Augen führe, dass es Menschen gibt, die viel schlimmeres Leid erdulden müssen als ich. Das rückt meine Perspektive zurecht, insbesondere wenn mein Mitgefühl sich regt und meine Mithilfe gefragt ist.

5. Jenseits der Vernunft

Bei einem Coaching zum Umgang mit Konfliktsituationen hörte ich einmal: »Unsere Entscheidungen werden zu 80 Prozent von Emotionen gesteuert und zu 20 Prozent vom Verstand.« Das leuchtete mir ein. Glücklich war ich darüber nicht, weil ich vernünftige Lösungen bevorzuge, insbesondere wenn Gefühle Achterbahn mit uns fahren. Trotzdem zeigt es, dass vermeintlich sachliche Fragestellungen das Zeug haben, wildeste Emotionen auszulösen. Gruppenprozesse kommen selten allein um einer Sache willen zu guten Ergebnissen. Stellvertreterthemen schwelen ständig mit, weil wir alle mit unseren vollgepackten emotionalen

Rucksäcken an runden oder eckigen Tischen sitzen. An wie vielen Sitzungstüren müsste ein Schild hängen: »Wegen Überfüllung an unterdrückten Themen geschlossen«? Ein falscher Unterton, eine unpassende Geste oder besserwisserisches Gehabe und plötzlich geht die Post ab. Keiner lässt sein Schattenkind im Laufstall der Kindheit zurück. Wir schleppen es ständig mit uns herum, solange nicht Licht in unser Dunkel kommt. »Die Erfahrung, die sie als Kind mit ihren Eltern gemacht haben, fühlt sich einfach wahrer an als jede vernünftige Überlegung.« (Stahl, 62)

Übernehmen alte Glaubenssätze das Kommando, werden unsere Wahrnehmungen verzerrt, was Kommunikationsstörungen im Alltag zur Folge hat. Wir verstehen einander nicht, weil jeder das Gehörte und Gesehene für sich anders hört und sieht. Ich hatte eine Mitarbeiterin, der sagte ich sinngemäß: »Der Himmel ist weiß.« Und sie behauptete steif und fest, der Pfarrer habe gesagt, der Himmel sei rot. Es wird kompliziert, wenn wir einander nicht verstehen und gar nicht in der Lage sind, aufeinander zu hören. Darin identifiziert Stahl das Problem: »Situationen und Begegnungen können in uns blitzschnell Gefühle auslösen, die uns quasi ›kapern‹ und unser Denken und Handeln steuern.« (ebd., 65)

Welche Macht die Dämonen der Vergangenheit ausüben, erzählt in archaischer Weise die Heilung eines Besessenen, von der schon die Rede war. Es ist eine gruselige, lehrreiche und heilsame Erzählung. Alles fängt damit an, dass Jesus in einem Boot das Ufer und damit seinen Standort wechselt. »Und als er aus dem Boot stieg, lief ihm alsbald von den Gräbern her ein Mensch entgegen mit einem unreinen Geist.« (Mk 5,2) Wir treffen auf die typische Szenerie eines heimatlosen Schattenkindes. Es lebt in Gräbern, in der Todeszone eines verbitterten Lebens. Dieser Erkrankte wird mit Wucht von Dämonen umgetrieben. »Der hatte seine Wohnung in den Grabhöhlen. Und niemand konnte ihn mehr binden, auch nicht mit einer Kette; denn er war oft mit Fesseln an den Füßen und mit Ketten gebunden gewesen und hatte die Ketten zerrissen und die Fesseln zerrieben; und niemand konnte ihn bändigen.« (Mk 5,3-5) Bar jeder Vernunft, gebeutelt von inneren Besatzungsmächten war er völlig außer sich. Ihm wuchsen in solchen Ausnahmezuständen Kräfte zu, die niemand bändigen konnte. Ein Tropfen genügte und das Fass lief über.

Wer kennt das nicht? Mit einem Mal reitet dich eine grenzenlose Wut oder ein unbändiger Hass. Die Konfrontation mit Jesus sorgt für die Begrenzung der Urgewalten und führt zur Befreiung. »Es war aber dort am Berg eine große Herde Säue auf der Weide. Und die unreinen Geister baten ihn und sprachen: Lass uns in die Säue fahren! Und er erlaubte es ihnen. Da fuhren sie aus und fuhren in die Säue, und die Herde stürmte den Abhang hinunter ins Meer, etwa zweitausend, und sie ersoffen im Meer.« (Mk 5,11-13)

Es ist schon unheimlich, wie anschaulich und realistisch die Wucht von Schattenenergien hier illustriert wird. Manche Ausraster von Alkoholkranken, von herrschsüchtigen Narzissten und gekränkten Egozentrikern haben das Zeug, ähnlich zerstörerisch zu wirken. Da knallen Türen, fliegen Flaschen, geht es unvernünftig und bösartig zu. Da erschlägt der eifersüchtige Kain seinen Bruder Abel. Umso erstaunlicher ist es, wie einer, der außer Rand und Band war, wieder zur Vernunft kommt: »Und die Leute gingen, um zu sehen, was da geschehen war, und sie kamen zu Jesus und sahen den Besessenen, der den Geist ›Legion‹ gehabt hatte, wie er dasaß, bekleidet und vernünftig«. (Mk 5,14f)

Heilsame Seelsorge weiß um die Sprengkraft unserer emotionalen Altlasten. Trotzdem will sie auch Anwältin der Vernunft und unseres Sachverstandes sein. Sie ist bereit, sich auch mit den Dämonen unserer Vergangenheit anzulegen, emotionale Entladungen zu ermöglichen, den Druck aus dem Kessel zu nehmen. Ihr sind Kräfte und Muster nicht fremd, die uns wie Besessene ausrasten lassen. Davon lässt sie sich nicht beeindrucken. Wo es möglich ist, jagt sie zerstörerische Kräfte vom Hof und notfalls den Abhang hinunter. Ihr ist nicht an der Schaffung illusionärer Welten gelegen, vielmehr an Schutzräumen vor selbstzerstörerischen Umtrieben. Kritische Rückfragen gehören zu den Schlüsselinstrumenten in ihrem Werkzeugkasten. Heilsame Seelsorge ist davon überzeugt, dass die Wahrheit frei macht, auch wenn das Eiterblasen zum Platzen bringt, die zum Himmel stinken können. Keiner von uns wird mit dem Garantieschein geboren, nie vereinsamt in Grabeshöhlen zu landen.

Auch unser Glaube bewegt sich in einem Auf und Ab zwischen Anfechtung und Gewissheit, wie Petrus, der hin- und her pendelte zwischen dem Übers-Wasser-Gehen und im Kleinglauben versinken. Wir sind Schatten- und Sonnenkinder, in dunklen Tälern wie auf sonnigen Höhen unterwegs. Doch der Untergrund, auf dem wir gehen, bleibt unsicher. Wir wissen heute nicht, was morgen sein wird. Dennoch haben wir eine Zuflucht, die Blaise Pascal wunderbar beschreibt: »Es ist nicht auszudenken, was Gott mit den Bruchstücken unseres Lebens anfangen wird, wenn wir sie ihm ganz überlassen.«

6. Schattenkind

In jedem von uns ist ein Schattenkind verborgen. Sabine Naegeli skizziert die Haltung einer heilsamen Seelsorge im Umgang mit meinem Schattenkind: »Die Nachtwolken an deinem Himmel kann ich nicht vertreiben, deinen Schmerz kann ich dir nicht nehmen, das Verlorene nicht wiederbringen. Lass mich dennoch, arm wie ich bin, an deiner Seite bleiben, bis das Leben die zarte Spur der Hoffnung in dein Herz zeichnet.« Nachtwolken lassen sich am Himmel des anderen nicht vertreiben; Schmerzen nicht stellvertretend erleiden. Verlorenes ist unwiederbringlich verloren. Heilsame Seelsorge will jedoch, wie der Auferstandene auf dem Weg nach Emmaus, seine Jünger unerkannt begleiten, bis das Leben wieder Spuren der Hoffnung ins Herz zeichnet. Manchmal heilt Zeit Wunden. »Während stark verunsicherte Menschen eine Art Dauerwunde in sich tragen, die auch schon brennen kann, wenn nur ein Körnchen Salz hineingerät.« (Stahl, 67).

Die Möglichkeiten der Resilienz sind unter uns unterschiedlich verteilt, wie Gaben und Talente auch. Nicht jeder ist ein Steh-auf-Männchen. Unser Verstand trägt einen Teil dazu bei, wie wir mit unseren Schattenseiten umgehen, unsere verletzlichen Seiten verdrängen. »Andere hingegen sind voll identifiziert mit ihrem Schattenkind – sie fühlen und denken, dass sie nicht genügen. Sie können sich also auch mithilfe ihres erwachsenen Verstandes kaum von den Gefühlen des Schattenkindes lösen.« (ebd.) Für Stefanie Stahl geht es Schritt für Schritt vom Schatten- zum Sonnenkind; für Vivian Dittmar führt der Weg über eine bewusste Entladung in innere Räume, die mit Mitgefühl ausgestattet sind und eines vertrauensvollen Gegenübers zum Aussprechen bedürfen.

Als Lot, ein Neffe Abrahams, Sodom und Gomorra verlassen musste, lautete Gottes Anordnung, niemand möge zurückblicken, keiner den sündigen Ort des Geschehens erneut aufsuchen. Ein Engel sprach zu Lot: »Rette dein Leben und sieh nicht hinter dich, bleib auch nicht stehen in dieser ganzen Gegend. Auf das Gebirge rette dich, damit du nicht umkommst.« (Gen 19,17) Darin stecken gleich mehrere Imperative: Rette sich, wer kann! Blicke nicht zurück! Such einen erhöhten Ort auf! Wechsel die Perspektive! Gewinne Abstand zum Alten! Steh über den Dingen, damit du nicht in ihnen untergehst. Lass dich nicht binden und bannen vom

Verlassenen und Vergangenen. »Da ließ der Herr Schwefel und Feuer regnen vom Himmel und herab auf Sodom und Gomorra und vernichtete die Städte und was auf dem Lande gewachsen war. Und Lots Frau sah hinter sich und ward zur Salzsäule.« (Gen 19,24-26)

Im übertragenen Sinne bedeutet dies: Je schlimmer das Gewesene war, je tiefer ein Trauma geht, umso vorsichtiger sollen wir mit Rückblicken und den Versuchen der Bewusstwerdung sein. Manches macht Sinn. Anderes gehört zum Selbstschutz der Seele, die für vieles ihre Zeit braucht, bis es ihr möglich ist, in den Blick zu nehmen, was sie verletzt, gekränkt und gedemütigt hat. Heilsame Seelsorge hat von sich aus kein Interesse, in offene Wunden Salz zu streuen, verkrustete Narben neu aufzureißen. Was nützt es, wenn die Wahrheit zwar frei macht, aber die Seele für immer daran zerbricht?

»Und ein andrer sprach: Herr, ich will dir nachfolgen; aber erlaube mir zuvor, dass ich Abschied nehme von denen, die in meinem Hause sind. Jesus aber sprach zu ihm: ›Wer die Hand an den Pflug legt und sieht zurück, der ist nicht geschickt für das Reich Gottes‹.« (Lk 9,61f) Manchmal reicht die Zeit nicht mehr für Rückkehr und notwendige Abschiede. In Gottes Reich gelten andere Zeiten. Drängt die Zeit, verschieben sich die Prioritäten. Dann sollen Tote ihre Toten begraben und wir Lebenden uns um das Wesentliche im Leben kümmern. Heilsame Seelsorge achtet auf Takt und Timing. Nicht immer ist für alles Zeit. Da fehlt die Zeit für Rückblicke, für die Aufarbeitung der Vergangenheit in ganzer Tiefe. Idealtypische Situationen bilden in der Seelsorge eher die Ausnahme als die Regel. Umso wichtiger bleibt der Respekt vor der Selbststeuerung unserer Seele. Sie weiß besser als jeder Seelsorger, was dran ist, was zielführend ist, was ihr in Beziehungen dient. »Damit Beziehungen gleichwertig gelebt werden können,

müssen sie auf einem Fundament von Respekt stehen – im Idealfall auf einem Fundament bedingungslosen Respekts.« (Dittmar,
beziehungsweise, 205)

In den indigenen Kulturen Nordamerikas ist Respekt das erste
Gebot. »Respekt ist laut dieser Weisung eine Grundhaltung, mit
der wir als Menschen jedem und allem begegnen können und sollen, was wir nicht selbst geschaffen haben – und zwar bedingungs-
los. Das bedeutet, dass wir zwar anderer Meinung sein können
oder auch wütend werden können, ein Fundament von Respekt
die Beziehung jedoch weiterhin trägt.« (ebd., 205f) Heilsame Seelsorge arbeitet an einer Haltung des Respekts, gerade im Blick auf
die langen Schatten, die unser Leben begleiten, auch im Umgang
mit unseren Eltern, die im Regelfall die prägendsten Personen unserer Kindheit waren. Denn gerade hier gilt für unser Thema: »Du
sollst deinen Vater und deine Mutter ehren, wie dir der HERR,
dein Gott, geboten hat, auf dass du lange lebest und dir's wohl-
ergehe in dem Lande, das dir der HERR, dein Gott, geben wird.«
(Deut 5,16)

Trotzdem bleibt ein seelsorgerischer Vorbehalt. Es kann
not-wendig, die Not wendend sein, mir bewusst zu machen,
woher ich komme, warum mein Boden so wenig Ertrag bringt,
warum manches schiefgelaufen ist. Da kann ein Blick auf die
eigene Geschichte hilfreich sein. – Ein junger Mann fragte Jesus,
was er tun solle, um das ewige Leben zu haben. Nach kurzem
Zwiegespräch über das Gute und die Gebote erwiderte der reiche
Jüngling, alles dafür getan zu haben. »Jesus sprach zu ihm: Willst
du vollkommen sein, so geh hin, verkaufe, was du hast, und gib's
den Armen, so wirst du einen Schatz im Himmel haben; und
komm und folge mir nach! Da der Jüngling das Wort hörte, ging
er betrübt davon; denn er hatte viele Güter.« (Mt 19,21f) Das Gepäck, das der junge Mann in der Vergangenheit erworben hatte,

seine Verwicklungen mit seinem Eigentum hinderten ihn, den Weg der Nachfolge zu beschreiten. Der Jungunternehmer blieb Gefangener seiner alten Besitzverhältnisse, der Erbschaft seiner Eltern und ihrer Glaubenssätze. Manchmal kommen wir nicht umhin, uns mit den Glaubenssätzen unserer Kindheit auseinanderzusetzen, die nicht selten zu Gitterstäben unseres inneren Gefängnisses geworden sind.

Glaubenssätze

Um den Glaubenssätzen meines inneren Kindes auf die Spur zu kommen, gibt es viele Wege. Entscheidend ist, den Einfluss meines Rucksackes aus Kindheitstagen ernst zu nehmen. Welche Mitbringsel beeinflussen und vergiften mich bis heute? Wie haben meine Eltern mich geprägt? Welche Nachwirkungen haben ihr Verhalten, ihre Erwartungen und Belohnungssysteme auf mein Leben? Welche Rolle habe ich als Kind auf der Bühne meines Lebens gespielt: den Vermittler, Friedensstifter, Zufriedensteller, Ersatzpartner, Freund, Mülleimer, Blitzableiter? Welche ihrer Sprüche prägen mich weiterhin? Welche Ratschläge haben mich getroffen? Welche Wirkungen hat so ein Satz: Wo viel Licht ist, ist viel Schatten? Wie viel Einfluss hatte ihre Ehe auf mein Eheleben? Wo haben sich ihre Kommentare in meinem Gewissen, meiner Moral, meinem Schamgefühl als verinnerlichte Glaubenssätze eingelagert?

Viele Glaubenssätze übernehmen wir von unseren Eltern aus kindlichem Verantwortungsgefühl. Als bedürftiges, abhängiges Kind tue ich alles, um meine Versorger zufriedenzustellen, um von ihnen Anerkennung zu erhalten, um es ihnen recht zu machen. Verinnerlichte Glaubenssätze beginnen mit: Ich bin ... Ich bin nicht ... Ich kann ... Ich kann nicht ... Ich darf ... Ich darf nicht ...

Ihr bewertender Charakter graviert sich in meine Seele ein wie die Zehn Gebote in Moses Steintafeln. Was tun gegen die Macht solcher Sätze, wie: Frauen sind das schwache Geschlecht? Liebe macht blind? Ein Indianer spürt keinen Schmerz?

Gefühle sind noch keine Glaubenssätze. Aber sie können dazu werden. Stahl spitzt zu: »Deine negativen Glaubenssätze sind die Ursache für die Probleme, die du im Leben hast, sofern es sich um Probleme handelt, zu denen du einen eigenen Anteil mit beiträgst, und das sind alle Probleme, außer Schicksalsschläge.« (ebd., 76) Vor jedem Gefühl, vor jeder Zu- und Einordnung durch den Verstand reagiert mein Körper intuitiv. Neueste Forschungen zeigen, dass im Magen-Darm-Bereich eine Art zweites Gehirn residiert, in dem Unbewusstes, Gefühle, intuitive Reaktionen ihren Ursprung haben sollen. Ein Kosmos an Bakterien und Mikroben soll zudem wie ein weiteres Gehirn wirken, über unser Wohl und Weh mitentscheiden. Nicht nur Liebe geht durch den Magen, auch unser Urteilsvermögen. Untersuchungen zeigten, dass Richter vor dem Mittagessen unbarmherziger Urteile fällen. Rast dein Herz, werden Knie weich, regen sich Schmetterlinge im Bauch, schlägt dir etwas auf den Magen, verspürst du Beklemmungen in der Brust, steht dir der Schweiß auf der Stirn, hast du Rücken- oder Kopfweh, steht dein Kreislauf unter Hochdruck, heißt es: Nimm deine Körpersignale als innere Botschaften ernst! Es sind Boten deines Gefühlshaushaltes, die Auskunft geben über alte Vorgeschichten und Glaubenssätze.

Heilsame Seelsorge achtet auf Körpersignale, die mehr sagen, als wir ahnen. Der Körper lügt nicht. Es ist gut, wenn geschulte Blicke sich um Seele, Geist und Körper mitsorgen, um ihren Botschaften auf die Schliche zu kommen.

Gefühlssteuerung

Um unsere Glaubenssätze zu orten, hilft es, sich bewusst zu machen, was mich unangemessen reagieren lässt? Was kränkt mich leicht? Was beschämt mich schnell? Was lässt mich aus der Haut fahren? Was triggert mich? »Die Auffassung, man müsse seine Gefühle voll ausleben, um sie zu verarbeiten, hat sich als falsch erwiesen. Im Gegenteil, es ist nicht gut, sich negativen Gefühlszuständen zu lange hinzugeben.« (Stahl, 78)

Das unbegrenzte Ausleben von Schattengefühlen ist auf Dauer unbekömmlich. Verhängnisvoll ist es, Gefühle depressiv Verstimmter verständnisvoll zu verstärken, mit ihnen tiefer in die Grube ihrer dunklen Stimmungslage hinabzusteigen. Das befördert Abwärtsspiralen und endet oft unheilvoll. Mitleid hat übrigens ebenfalls das Potenzial, den Sog nach unten zu verstärken. Vivian Dittmar unterscheidet daher zwischen Mitgefühl und Mitleid: »Anteilnahme oder Mitgefühl ist eine ›Herzensfähigkeit‹. Sie zeichnet sich im Wesentlichen durch das Vermögen und die Bereitschaft aus, den anderen mit dem Herzen zu sehen ... Anders als beim Mitleid fügt es uns jedoch keinen Schmerz zu ... Während wir also beim Mitleid buchstäblich mit dem anderen leiden und ihn somit bekräftigen, sich in sein eigenes Leid hineinzuschrauben, schenkt unser Mitgefühl uns selbst und anderen Trost.« (Dittmar, Rucksack, 125)

Ablenkungsversuche sind da die üblichste Strategie, um auf der Fahrt ins Tal der Tränen die Kurve zu kriegen. Das Gehirn verfügt nicht über unbegrenzte Kapazitäten, um mehreres gleichzeitig zu tun. Es ist stets daran interessiert, möglichst ein Minimum an Energie aufzuwenden. Sich ablenken, Freunde zum Essen einladen, ein gutes Buch lesen, ins Kino gehen sind gute Möglichkeiten, den Strudel der Selbstumkreisung, Abwärtsspiralen, Grübelzwänge auf andere Bahnen zu lenken. Soziale Aktivitäten sind die beste Form der Ablenkung. Selig ist, wer sich in schlechten Zeiten in guter Gesellschaft befindet. Selig ist, wer nicht in Angst erstarrt, sondern sich körperlich bewegt. Selig ist, wer seine Grube verlässt und über den Tellerrand seiner Sorgen sieht, um neue Horizonte für sich zu entdecken. Ziel ist es, auf der Rutschbahn des Lebens Veränderungen anzustreben. Gerade bei depressiver Verstimmtheit darf nicht alles beim Alten bleiben. Mit meinen Ablenkungsversuchen ist noch kein Problem gelöst, kein Glaubenssatz entzaubert. Trotzdem werde ich gelöster, wenn Negatives mich nicht länger bannt und mir Kraft raubt.

Tauchen Ängste auf, wird es eng in meiner Brust, stockt mir der Atem, hilft es, sich helfen zu lassen von Menschen, die Übungen anleiten können, um meine Aufmerksamkeit in andere Richtungen zu lenken. Im Bereich körperlicher Reaktionen lässt sich einiges regulieren. Es gibt Blitzableiter, die dafür sorgen, Energien umzuleiten, destruktive Kräfte ins Leere laufen oder Schweineherden in den Abgrund stürzen zu lassen. Anders sieht die Welt aus bei den weggepackten Emotionen im Rucksack, die sich nicht dauerhaft ablenken lassen. Kurzfristige Ablenkungsmanöver können nur für kurzfristige Entspannung sorgen. Wer seine verpackten Gefühle nicht fühlen will und nur die Ablenkung sucht, übersieht jedoch: Die Altlasten, die uns das Leben aufgebürdet hat, bergen auch Potenziale eines Reichtums in sich, der Veränderungen ermöglicht. Das setzt voraus, sich seinem diffusen Unbehagen, unterschwelligen Ängsten, Sorgen vor Kontrollverlust zu stellen.

Nicht selten sind Männer die geübteren Verdränger. »Die männliche Sozialisation war über Jahrtausende darauf ausgerichtet, dass Männer keine Gefühle der Schwäche zeigen dürfen ... Insofern bringen Männer schon eine gewisse genetische Disposition zur Versachlichung mit auf die Welt, während Frauen es leichter haben, sich in ihre Mitmenschen einzufühlen.« (Stahl, 82f) Ich will keine Genderdebatte lostreten, aber es könnte etwas dran sein, dass wir durch tradierte Geschlechterrollen unterschiedliche genetische Strukturen in unserem Reisegepäck mitschleppen, deren Ausblendung nicht weiterhilft. Gerade Männern sei gesagt: Das Fühlen von Gefühlen ist überlebenswichtig! Gefühle geben Orientierung, sind innere Stimme, ein Kompass im Leben. Gefühle machen das Leben lebenswert. Sie führen heraus aus der Erstarrung, sind unser innerer Motor. Gefühle bewegen uns, wohin auch immer. Gefühle sind die Laternen auf meinem Weg, Ankerpunkte der Seele.

Das Gefühl der Angst gehört zum vornehmsten Alarmsystem des Menschen. Ursprünglich diente es dazu, Gefahren abzuwenden. In Bruchteilen von Sekunden konnte die Angst einschätzen, ob Angriff oder Flucht die bessere Verteidigung ist. Länger anhaltende Angstzustände hingegen erfordern Veränderung. Darin zu verharren ist nicht nur unerträglich, sondern regelrecht schädlich, weil sie zu viel Energie verbrauchen. Die Angst ist unsere engste Gefährtin, sich mit dem Status quo nicht abzufinden. Wo sie das vorherrschende Gefühl ist, drängt sie danach aufzubrechen, weil auf Dauer sich das Leben mit ihr nicht aushalten lässt.

Die Trauer hingegen signalisiert, wenn uns im Leben etwas Wesentliches verloren, bzw. nicht in Erfüllung ging. Sie gibt uns die Kraft, Geschehenes anzunehmen und den Realitäten ins Auge zu sehen. Sie hilft, was sich nicht ändern lässt, zu akzeptieren.

Das reflexive Gefühl der Scham ist Indiz dafür, wo kollektive Normen verletzt wurden, ich beschämt wurde oder andere beschämt habe. Die Scham verfügt über die Kraft der Selbstreflexion. Sie signalisiert mir, warum mich etwas unangenehm berührt. Ihr Unbehagen kann zum Warnsystem werden, wenn etwas nicht stimmt, in mir nicht stimmig ist. Die Kraft der Scham leistet einen Beitrag, meine Grenzen kennenzulernen, indem ich Beschämendes vermeide.

Gefühle der Freude sind Indikatoren dafür, worauf ich Lust habe, was ich als schön, gut, wohltuend und sinnvoll erlebe. In ihnen drückt sich eine Lebenskraft aus, die mich meine Lebendigkeit bis in die letzte Zelle spüren lässt. Freude kann zur Quelle tiefer Dankbarkeit werden für das Nichtselbstverständliche, für all das, was mir geschenkt ist.

Wut wiederum ist eine wunderbare Kraft, um Grenzen zu ziehen. Sie hat ein Gespür für das, was sich falsch und ungerecht anfühlt. In ihr wohnt ein enormes Energiepotenzial, das Großartiges ermöglicht, aber ebenso Großes zerstören kann. Vivian Dittmar sieht in diesen fünf Gefühlen (Trauer, Freude, Angst, Wut, Scham) Kraftquellen für ein Leben, das gelingen kann, wenn wir von diesen Gefühlen nicht zu viel und nicht zu wenig fühlen, sondern mit ihnen in Balance sind (vgl. Dittmar, Gefühle, 32-71).

Wer keinen Kontakt zu seinen Gefühlen hat, dem fehlt der Zugang zu seinen Bedürfnissen. Spüre ich sie nicht, erzeugt dies einen Mangel, der zu seltsamen Stellvertreterkriegen führen kann. Viele Konflikte stehen in einem unmittelbaren Zusammenhang mit verdrängten Gefühlen und unerfüllten Bedürfnissen. Du legst im Beruf mit außergewöhnlichen rationalen Fähigkeiten eine steile Karriere hin und bezahlst es im Privaten mit dem Preis der Einsamkeit. In der Familie irrst du als Fremdkörper umher, erlebst dich als Gefühlskrüppel, kommst nicht in Kontakt mit deinen engsten Bezugspersonen. Glücklichste Momente vermögen, dich nicht zu berühren.

All das hat Ursachen, die nicht gleich offensichtlich sind. Wer Gefühle unter Verschluss hält, kompensiert dies mit Verhaltensweisen, die krankmachen können und Kraft kosten, weil die Potenziale nicht angezapft werden, die in unseren Gefühlen stecken. Heilsame Seelsorge ist eine große Sympathisantin unserer Gefühle. Sie versteht es, mit deren Schwankungen umzugehen. Sie bemüht sich, Wege zu bahnen, Schleusen zu öffnen, damit in Fluss gerät, was den Fluss unseres Erlebens ausmacht. Von Jesus wird erzählt, dass ihn seine Gefühle rütteln und schütteln konnten. Es heißt: »Als er das Volk sah, jammerte es ihn.« (Mt 9,36; 14,14; 15,12; Mk 6,34; 8,2) Der Menschensohn, der den Einzelnen genauso wie sein Volk in den Blick nehmen konnte, hatte Zugang zu seinen Gefühlen. Das machte ihn als Heiland zum Prototyp eines heilsamen Seelsorgers.

In unseren Breiten leiden 10 Prozent am Phänomen der ›Gefühlskälte‹. Es ist ihnen nicht möglich, ihre Gefühle zu empfinden. Das muss grausam sein, wenn einem Menschen die Welt wie hinter Panzerglas erscheint und man mit einem erfrorenen Herzen emotionslos und unberührbar in ihr unterwegs ist.

Ein Indiz für unterdrückte Gefühle kann eine flache Atmung sein. Körperübungen können helfen, für die Bewusstmachung unseres Atems zu sorgen. Yoga oder andere Techniken der Meditation sind gut geeignet, Zugänge zur zentralsten Lebensquelle freizulegen. Seit Anbeginn der Schöpfung kam es auf den Atem an. Er belebt und beseelt alles in uns. Wer nicht frei atmen kann, erstickt irgendwann. Sauerstoffmangel ist ein Lebensmangel, der alles gefährden kann. »Da machte Gott der Herr den Menschen aus Staub von der Erde und blies ihm den Odem des Lebens in seine Nase. Und so ward der Mensch ein lebendiges Wesen.« (Gen 2,7)

Der Atem und das Herz sind unsere beiden Lebenszentren. Gerät hier etwas ins Stocken, kommt unser Leben aus dem Tritt, herrscht Lebensgefahr. Heilsame Seelsorge hat ein Gespür für die Lebendigkeit und Lebensgefährdungen des Menschen. Sie nimmt die Ausstrahlung eines Menschen ernst, kann an seiner Körpersprache innere Botschaften ablesen. Sie unterstützt, was aufatmen lässt, und kämpft gegen innere wie äußere Luftverschmutzungen an. Heilsame Seelsorge achtet auf unseren Atem und unser Herz, ob es zur Ruhe kommt, frei schlägt und hörend unterwegs ist. Ein tiefer Atem und ein intaktes Herz sind Indizien eines erwachsenen, gereiften, in Balance befindlichen Lebens. Hört das Herz zu schlagen auf, hauche ich den letzten Atemzug aus, ist ein Anderer am Zug. Dann heißt es wie bei Jesus am Kreuz: »Vater, ich befehle meinen Geist in deine Hände!« (Lk 23,46)

Projektion und Wirklichkeit

Der Zen-Mönch Haemin Sunim, einst Professor am »Liberal-Arts-College« in Massachusetts, beobachtet: »Im Vergleich zur riesigen Außenwelt kann sich der Geist innerhalb der Grenzen des Körpers klein, verletzlich und mitunter machtlos fühlen. Nach der Lehre des Buddha ist die Grenze zwischen dem Geist und der Welt jedoch dünn, porös und letztendlich eine Illusion. Nicht die Welt ist objektiv heiter oder traurig und ruft entsprechende Gefühle in uns hervor, sondern Gefühle entstehen, weil der Geist seine subjektive Erfahrung auf die Welt projiziert.« (Sunim, 21)

Was sind Projektionen? Was ist Realität? Kann der Mensch seine Umwelt objektiv wahrnehmen? Ist doch alles subjektiv? Sind meine Wahrnehmungen nur Konstrukte? Verstellen Verzerrungen der Wahrnehmung meinen Blick auf die Wirklichkeit? Siebzig Prozent der Menschen sollen einer Normalitätsverzerrung erliegen. Sie sind nicht in der Lage, die Wirklichkeit so zu sehen, wie sie ist. Und achtzig Prozent sind mit einer Optimismusverzerrung unterwegs. Sie gehen davon aus, dass einem selbst nicht passiert, was anderen geschieht. Unzählige Experimente haben belegt, wie manipulierbar unser Wahrnehmungsvermögen ist.

»Alles, was du verstehen musst, dass es sich bei deinen negativen Glaubenssätzen nicht um die Wahrheit handelt, sondern um deine subjektive Wirklichkeit«. (Stahl, 86) Stahls Blick auf Glaubenssätze führt bei ihr dazu, Negatives den Eltern in die Schuhe zu schieben. Mir scheint das etwas zu einfach. Auch Eltern sind nicht frei von gesellschaftlichen Einflüssen und selbst erlebten Prägungen. Und in den ersten Lebensjahren üben ebenso andere Bezugsgrößen Einfluss auf unser Wahrnehmungsvermögen aus. Unser Erwachsenen-Ich verfügt über Fähigkeiten, wo auch immer meine internalisierten Glaubenssätze herkommen, zur Einsicht zu gelangen, dass diese nicht alles sind und über mich und meinen Wert nicht alles aussagen. »Die meisten Fehler, die wir im Leben machen, sind ja bereits ein Resultat unserer negativen Glaubenssätze.« (ebd.) Mit Dietrich Bonhoeffer ergänze ich: »Ich glaube, dass auch unsere Fehler und Irrtümer nicht vergeblich sind, und dass es Gott nicht schwerer ist, mit ihnen fertig zu werden als mit unseren vermeintlichen Guttaten.« (Bonhoeffer, Widerstand, 22) Was die einen mit Bewusstwerdung und therapeutischer Fehlerbearbeitung versuchen, hat Bonhoeffer in seiner Gefängniszelle Gott anbefohlen. Auch das ist eine legitime Möglichkeit, gerade wenn sonst niemand in der Nähe ist.

Heilsame Seelsorge ist gnädig und fehlerfreundlich. Sie weiß um die Fehlbarkeit des Menschen, seine Sündhaftigkeit und die Begrenztheit des freien Willens. Sie versucht, ihren Beitrag zu leisten, die Überforderung unseres Gewissens zu lindern, besonders bei denen, die sich alles zu Herzen nehmen.

Lutz Beisel, Gründer von »terres des hommes«, antwortete dem Soziologen Harald Welzer, auf dessen Frage nach der Ursache seines Herzinfarkts: »Ach wissen sie Herr Welzer, ich nehme mir eben alles zu Herzen.« Und Welzer, der selbst einen Infarkt knapp überlebte, resümiert: »Es ist wirklich erstaunlich, welche Gefühle einen überfallen, wenn man sein Herz sieht. Was das für ein unglaublich filigranes Organ ist, das unseren Lebensprozess von Anfang bis Ende begleitet.« (Welzer, 121) Es ist gut, sich vieles, auch seine Fehler, zu Herzen zu nehmen. Besser ist es, wenn der Mensch weiß, wohin er mit dem gehen kann, was ihm zu Herzen geht und auf der Seele lastet. Eine transzendente Sichtweise erhält hier eine eigene, therapeutische Qualität. Darin schlummern ungenutzte Heilungschancen und eröffnen sich neue Horizonte.

Heilsame Seelsorge will vor einer Selbstvergiftung der Seele, eine sich und andere überfordernde Fehlerunfreundlichkeit bewahren. »Ein Kind kommt grundsätzlich unschuldig auf die Welt, und wenn die Eltern ihm dann vermitteln, auch wenn dies nicht in ihrer Absicht liegt, dass es nichts wert sei, dann kann das Kind nichts dafür.« (Stahl, 86f) Mit Stefanie Stahl möchte ich die alten Zöpfe kirchlicher Erbsündenlehre abschneiden. Auch wenn Kinder, je nach Kulturkreis, strukturell in ungleiche Wirtschaftssysteme eingebunden sind, kommen sie »grundsätzlich unschuldig auf die Welt«.

»Mit der Projektion ist das ohnehin so eine Sache. So projizieren wir unser Selbstbild, das ja wesentlich durch unsere Glaubenssätze mitbestimmt ist, in die Köpfe der anderen.« (ebd., 87) Wer sich selbst okay findet, ist der Meinung, die Umwelt müsste das auch so sehen. Finden wir uns hingegen nicht okay, projizieren wir dieses Urteil ebenfalls in die Köpfe der anderen und gehen davon aus, von ihnen mit gleichem missbilligenden Blick ins Visier genommen zu werden. Wie wir in den Wald hineinrufen, so schallt es heraus. Damit entstehen Teufelskreisläufe aus Projektionen, die wir nur durch Bewusstwerdung, Stärkung des Erwachsenen-Ichs und der Veränderung meiner Selbstwahrnehmung verlassen können. »Irgendwie geht es doch meistens nur darum, was wir denken, was die anderen denken. Mit unseren Projektionen in die Köpfe der anderen machen wir uns dann selbst fertig. Dahinter steht der

Mechanismus des gespiegelten Selbstwertempfindens.« (ebd., 88) Wie viel freier könnte ich leben, würde ich mich gnädiger ansehen. Wie viel wertvoller könnte mein Leben sein, würde ich mich als wertvoll und geliebt ansehen.

Aaron gelang dies, als er dem Volk Israel in der Wüste als Mittler Gottes zusprach: »Der Herr segne dich und behüte dich; der Herr lasse sein Angesicht leuchten über dir und sei dir gnädig; der Herr hebe sein Angesicht über dich und gebe dir Frieden.« (Num 6, 24-26) Heilsame Seelsorge denkt nicht darüber nach, was die anderen über einen denken. Sie blickt mit einem wertschätzenden Blick auf sein Gegenüber, projiziert auf jeden Menschen die segensreiche Sicht, ein Kind Gottes zu sein. Wie anders würde es auf der Welt aussehen? Wie freier könnte ein multikulturelles Miteinander gelingen? Wie menschwürdiger würde es zugehen, wenn wir uns einander durch die Brille eines segnenden und behütenden Gottes als seine Kinder ansehen könnten?

Wie ich die Welt sehe, welches Bild ich von mir auf andere projiziere, wie ich mich angesehen fühle, bestimmt mein Wohlbefinden. Doch was sehe ich schon? Viktor E. Frankl sah die triebbezogene Sichtweise Sigmund Freuds als zu verengend an. »Was sieht ein Kanalräumer als solcher ... von der Stadt? Er sieht nichts als Rohre für Gas und Wasser sowie Kabel für elektrischen Strom. Das ist alles, was er von der Stadt sieht, solange er sich in der Welt seiner Kanäle befindet. Kennt er nicht die Universitäten, die Kirchen und Tempel, die Theater und Museen der Stadt.« (Frankl, zit. nach: Lukas, 39) Eine Fixierung auf unsere Kanalsysteme, auf kindliche Prägung und unser Unbewusstes ist zu wenig. Frankl bohrt tiefer: »Die Eltern geben bei der Zeugung eines Kindes die Chromosomen her – aber sie hauchen nicht den Geist ein. Die Chromosomen bestimmen einzig und allein das Psychophysikum, aber nicht den Geist; sie bestimmen jeweils den psychophysischen Organismus, aber nicht die geistige Person. Mit einem Wort: durch die überkommenen, von den Eltern her übernommenen Chromosomen wird der Mensch nur darin bestimmt, was er ›hat‹, aber nicht darin, was er ›ist‹.« (Frankl, zit. nach: Lukas, 55).

Heilsame Seelsorge unterstützt die ›Prozesse des Werdens‹. Ihr Anliegen ist es, dass der Mensch werde, was er ist. Er darf frei werden von seinen Vergiftungen und Verwundungen, einseitigen Sichtweisen und Vorurteilen. Er darf frei werden von all dem, was das Leben eng und den Atem flach macht. Sie vertraut auf Gottes Verheißungen: »Auch die Schöpfung wird frei werden von der Knechtschaft der Vergänglichkeit zu der herrlichen Freiheit der Kinder Gottes.« (Röm 8,21) Erneut Frankl: »Tatsächlich konnten ausgedehnte empirische Studien ... unabhängig voneinander nachweisen, dass ungünstigen frühkindlichen Erfahrungen keineswegs jener schicksalshaft entscheidende Einfluss auf das spätere Leben zukommt, den man ihnen früher zugeschrieben hatte.« (Frankl, zit. nach: Lukas, 97) Es besteht begründete Hoffnung, dass wir nicht Gefangene unserer Vergangenheit und des genetischen Erbes bleiben müssen. Aus der Praxis meiner Beerdigungsgespräche kann ich nur bestätigen: Trotz schwierigster Startbedingungen gelingt dem Menschen viel Schönes, Gutes und Wesentliches. Was immer auch war, was immer wir auch mitbringen, nach vorne raus geht noch was, sogar Erstaunliches, Wunderbares, Segensreiches ist noch möglich!

III. SCHUTZSTRATEGIEN

Auch wenn vieles nach vorne hin noch offen ist und sich erst zeigen wird, tragen wir unzählige Geschichten in uns, die uns geprägt haben, tragen wir Schatten der Vergangenheit in uns, die uns unbewusst bestimmen. Über die Jahre hat unser Schattenkind Schutzstrategien entwickelt, um seiner Schatten, Schmerzen und Gefühle nicht ansichtig zu werden. Es versucht, nicht nur sich, sondern auch seine Außenwelt hinters Licht zu führen, nicht merken zu lassen, wie verunsichert es in der Welt steht. Nicht selten sind die Verletzung von Grundbedürfnissen oder ihr tief empfundener Mangel Ursache unseres Schutzverhaltens.

Unsere Muster bilden sich in der Kindheit und können bis ins Erwachsenenalter eine Fortsetzung erfahren, wie bei der Flucht in Suchtverhalten. »Wenn ein Mensch beispielsweise den geheimen Glaubenssatz ›Ich genüge nicht!‹ in sich trägt, dann wird er entweder (unbewusst) viel dafür tun, um ihn zu entkräften, oder er hat resigniert und tut (unbewusst) viel dafür, um ihn zu bestätigen.« (Stahl, 89f) Heilsame Seelsorge unterstützt die inneren Prozesse, unseren unbewussten Schutzstrategien auf die Schliche zu kommen, um Licht ins Dunkel unserer Schattenwelt zu tragen. Sie wird geleitet von der Annahme, dass die Bewusstmachung und Aufklärung unserer Schatten einen Menschen freier machen, sein Sonnenkind zu entdecken. Der Heiland aus Nazareth lädt uns ein, seinem Wort, seinen Glaubenssätzen mehr zu vertrauen als den Glaubenssätzen unserer Kindheit: »Wenn ihr bleiben werdet in meinem Wort, so seid ihr wahrlich meine Jünger und werdet die Wahrheit erkennen und die Wahrheit wird euch frei machen.« (Joh 8,31f)

Bewusstwerdung, das Erkennen unserer Muster und Schutzstrategien, will in eine neue Freiheit, eine andere Heimat führen, die am Ende uns auch ankommen lässt: bei uns selbst.

1. Verdrängung

Einen durchaus überraschenden Blick auf unser Leben beschreibt Max Frisch: »Jeder Mensch erfindet eine Geschichte, die er für sein Leben hält.« Es mag zunächst befremdlich wirken, aber tatsächlich braucht der Mensch Erfindungsreichtum, um sich und sein Leben auszuhalten. Dazu hat er Techniken entwickelt, die ihn und seine Erfindung schützen. Wir erfinden Geschichten, fügen uns in Erzählungen der Menschheitsgeschichte ein, in Narrative, die versuchen, uns das Leben und die Welt zu erklären. Der Philosophieprofessor Alexander Prescott-Couch stellt fest: »Wir Menschen erzählen uns Geschichten, weil sie wichtig für unsere Identität sind. Sie machen es einfacher für uns, mit dem Leben zurechtzukommen. Und wir liefern uns damit selbst Erklärungen, warum bestimmte Dinge funktionieren oder eben nicht. Wenn wir uns Geschichten erzählen, ist es für uns oft einfacher, schnelle Entscheidungen zu treffen.« (in: Zeit-Magazin, 30.9.21, No 40, 122)

Die Bibel ist voll von solchen Geschichten, die erzählen, wie Leben gelingen oder scheitern kann, oder wie es sich in Treue aushalten lässt. Heilsame Seelsorge ist interessiert an den Lebensgeschichten der Menschen und ihrem Erfindungsreichtum. Sie spielt die biblischen Geschichten als Horizonterweiterung mit ein, als Bereicherung und Korrektur eigener Erzählungen, als Sinn- und Deutungsangebote, die uns manchmal einen Spiegel vorhalten oder uns herausfordern, uns nicht in Muster oder sogar Opferrollen zurückzuziehen, sondern bewusst für Befreiung zu kämpfen. Prescott-Couch betont in diesem Zusammenhang: »Doch das Geschichten erzählen kann auch problematisch sein, gerade wenn man in seinen Erzählungen immer das Opfer ist. Denn wer will mit jemanden zusammen sein, der sich bei jedem Streit als Opfer fühlt?« (ebd.)

Hier liegt nun eine entscheidende Wendung. Glaubenssätze zu identifizieren ist ein wichtiger Meilenstein, doch nicht das Ziel der Reise. Stefanie Stahl ist überzeugt, »dass wir uns den meisten Ärger nicht mit unseren negativen Glaubenssätzen einhandeln, sondern mit dem Selbstschutz, den wir aufgrund unserer Glaubenssätze installieren.« (Stahl, 88) Wenn also mein Schattenkind die Instanz im Hintergrund ist, die mein Handeln bestimmt, dann wird es alles tun, die finsteren Seiten meiner Geschichten zu verdrängen. Ich verhalte mich so, dass ich die Wirkung meiner verinnerlichten, negativen Glaubenssätze möglichst nicht empfinden muss. Zwischen Sonnen- und Schattenkind brechen dann Kämpfe wie in einem schlechten Western aus. Es geht hin und her zwischen Gut und Böse, zwischen schwarzem gegen weißen Cowboyhut; es finden seelische Duelle von großer Tragweite statt. Kulissen werden unter großem Stress hin- und hergeschoben. Die Außenwelt soll nicht mitbekommen, wie zwiegespalten ich innerlich bin. Je älter wir werden, umso schneller flüchten wir uns in solches Abwehrverhalten. Der Soziologe Hartmut Rosa hat in seinen Arbeiten darauf aufmerksam gemacht, dass unser individuelles Verhalten von kollektiv-gesellschaftlich verursachten Einflüssen mitgesteuert wird. Es lässt sich nicht nur aus den Folgen kindlicher Prägungen erklären. Trotzdem können Legionen von Glaubenssätzen aus frühen Tagen uns in die Resignation, Lebensfeindlichkeit und Gegenreaktionen führen.

Negative Glaubenssätze können mitunter Auswirkungen haben, die eigentlich gar nicht so negativ aussehen: »Perfektionsstreben entsteht in seltenen Fällen aus einer leidenschaftlichen Hingabe an eine Tätigkeit, aber meistens aus der unterschwelligen Angst, zu versagen und abgelehnt zu werden.« (ebd., 90) Mein Schattenkind ist bemüht, alles richtig zu machen. Gelingt das nicht, und etwas wird als falsch erlebt, löst dies Versagensängste, Scham- und

Minderwertigkeitsgefühle aus: »Das ist wieder typisch.« – »Habe ich immer schon gewusst.« – »Von dir habe ich auch nichts anderes erwartet.«

So oder ähnlich lauten die Glaubenssätze eigener Selbstdemontage. Ihre verinnerlichten, negativen Bewertungen wirken sich im Beruf, in Beziehungen und in sozialen Kontexten nachteilig aus. Sie werden zu selbsterfüllenden Prophezeiungen und bilden langfristig Muster des fortwährenden Scheiterns aus. »Manche haben aber auch eine Schutzstrategie entwickelt, die in der Fachsprache als ›narzisstisch‹ bezeichnet wird. Das heißt, sie überkompensieren ihr labiles Schattenkind durch ein besonders selbstherrliches Auftreten, mit dem sie sich und anderen vormachen, dass sie die oder der Größte sind.« (ebd.) In einer von Performance und Selbstdarstellung dominierten Welt ist die narzisstische Strategie der Verdrängung durch Selbstüberhöhung weiter auf dem Vormarsch. Bloß keine Schwäche zeigen! Besser sich aufplustern, wichtig nehmen, Pfauenräder schlagen, das unsichere Schattenkind mit dem Kulissenaufbau überzogener Bedeutsamkeit schützen. Lieber falsche Entscheidungen mit Gewalt durchboxen, als Fehler zuzugeben. Nur nicht Verwundbarkeit zeigen, sondern die Wahrheit bestmöglich verdrängen.

In einer Krise des Paulus, die nach eigenen Worten wie »ein Pfahl in seinem Fleisch« steckte, tröstete Gott ihn mit der Zusage: »Lass dir an meiner Gnade genügen; denn meine Kraft vollendet sich in den Schwachen.« (2 Kor 12,9) Heilsame Seelsorge hält angesichts eines sich ausbreitenden Narzissmus ein Gegenprogramm an Fehlerfreundlichkeit und Ehrlichkeit bereit, das mit Schwächen und Scheitern sachdienlicher umgeht. Sie weiß um die Endlichkeit des Lebens, um schwache Momente und kann Krisen als Umkehrpunkte für Veränderungen sehen.

»Meine Kraft ist in den Schwachen mächtig« – das ist ein kraftvoller Satz, eine herrliche Einladung Gottes, unsere Gefühle und

Bedürfnisse zu spüren, statt sie zu verdrängen. Schattenkinder, die in ihrem Bedürfnis nach Eigenständigkeit und Kontrolle unterversorgt blieben, kompensieren empfundene Unterlegenheit mit erhöhtem Kontroll- und Machtstreben. Auf Teufel komm raus wollen sie die Oberhand behalten, sich nie mehr als unterlegen erleben müssen. Erschwerend kommt hinzu: »Nicht wenige leiden unter Bindungsangst, weil das Kind in ihnen liebende Nähe mit ausgeliefert sein verknüpft.« (ebd., 91) Sie weichen daher nahen Beziehungen aus. Wie fremdbestimmt brechen sie Freundschaften zum Teil schlagartig ab, wenn ihnen jemand im Laufe der Zeit zu nahe gekommen ist. Sie können auf die Anziehungskräfte der Zuneigung wie Magneten reagieren und kippen dann von einem Moment auf den anderen ins genaue Gegenteil, verlassen fluchtartig die Beziehung, als hätte es sie nie gegeben.

Auf der anderen Seite kann unser Schattenkind seine Kämpfe der Selbstbehauptung irgendwann aufgeben, was dazu führt, dass es sich eng, geradezu symbiotisch an Menschen bindet, sich ihnen gar freiwillig unterwirft. Dadurch wiederholt es leidvolle Konstellationen, die in früher Kindheit eingeübt und somit als ›natürlich‹ wahrgenommen wurden. Kinder, deren Bedürfnis nach verlässlicher Bindung nicht erfüllt wurde, die sich mutterseelenallein fühlten, entwickeln ein geradezu aufdringliches Klammerverhalten. Sie werfen sich dem anderen an den Hals, sorgen um jeden Preis für Harmonie; Hauptsache, die Nähe zur erwählten Bezugsperson wird nicht gefährdet, koste es, was es wolle – notfalls die Aufgabe des eigenen Willens. Auch das ist eine Strategie der Verdrängung. Heilsame Seelsorge wird in solch einem Kontext zur Anwältin des verloren gegangenen Willens sowie einer Würde und eines Selbstwertgefühles, das sich niemandem unterwerfen braucht. Sie ist bemüht, verunsicherte Selbsteinschätzungen nicht durch Übertreibungen zu kompensieren, sondern zu stabilisieren, und zwar durch eine

Haltung der Selbstakzeptanz, des Mitgefühls und eines parteiischen Handelns als Anwältin der Schwäche.

Auch das Gefühl von Freude kann Unbehagen auslösen, was zur Vermeidung von Lustempfinden führen kann. Menschen, die lustfeindlich, geradezu rigide mit sich und ihrer Umwelt unterwegs sind, weil sie als Kind wenig Fröhliches erlebten, neigen dazu, sich bis ins hohe Alter ein genussvolles Leben zu untersagen. Anstatt den hart erarbeiteten Wohlstand zu genießen oder gar aus dem Vollen zu schöpfen, werden sie von ihrem hohen Pflichtbewusstsein geknechtet und flüchten in ein ausuferndes Arbeitspensum. Freizeit wird als Horror der Leere zur Bedrohung. Nur im Liegestuhl liegen und Nichtstun werden als ein Vakuum erlebt, das Angst macht. Sie haben es nie gelernt, eigenverantwortlich ihre Zeit zu gestalten. Zeit ist nicht Geld. Sondern eine einzigartige Chance, Wesentliches und Sinnvolles zu entdecken. Kehrt Stille im Leben ein, kommen wir eher zur Besinnung. Dann haben auch Beziehungen bessere Rahmenbedingungen, um zu reifen und zu wachsen. Die Betriebsamkeit des Arbeitslebens lässt dafür keine Zeit. Deshalb ist Freizeit so wertvoll für mich und die, mit denen ich in Beziehung bin.

Das Sabbatgebot zu halten, Feiertage zu heiligen und in Urlauben die Seele baumeln zu lassen, ist die beste Therapie gegen Einsamkeit und Sinnlosigkeit und der Vorhof zu einem lust- und freudvolleren Leben. Unter solchen entspannteren Rahmenbedingungen kann sogar die Zuwendung zu Gott Lust bereiten: »Habe deine Lust am Herrn« (Ps 37,4), fordert der Psalmbeter. Eine solche »Lust am Herrn« wirkt heilsam und trägt den »Geschmack fürs Unendliche« genussvoll auf den Lippen. Sie hält Ausschau nach besinnlichen, sinnvollen Zeiten, um in der ›Gemeinschaft der Heiligen‹ eine gute, wohlgefällige Heimat zu finden. Momente der Ruhe und der Besinnung sind unerlässlich auf dem Weg zur inneren Heimat. Die Stille ist die größte Schatzkammer, um bei sich anzukommen und das eigene Leben mit einem größeren Ganzen, mit Gott, in Beziehung zu setzen und zu spüren zu bekommen.

Die Verletzung unserer Gefühle und Bedürfnisse führt zu drei unterschiedlichen Schutzstrategien: Anpassung, Rückzug und Überkompensation (vgl. Stahl, 92). Stahl zieht daraus ein erstaunliches Fazit: »Die meisten Probleme, die wir haben, resultieren also letztlich aus unserem Selbstschutz.« (ebd.) Wir versuchen krampfhaft, uns selbst zu beschützen, und verursachen damit noch größeren Schaden.

Jesu Passionsgeschichte führt uns vor Augen, was es bedeuten kann, auf den Selbstschutz zu verzichten. Schutz- und wehrlos lieferte der Menschensohn sich seinen Henkern aus. Wunden wurden ihm geschlagen, Demütigungen ihm zugefügt. Den römischen Soldaten in ihren Rüstungen stand der vermeintliche König der Juden wehrlos gegenüber. »Die Männer aber, die Jesus gefangen hielten, verspotteten ihn und schlugen ihn, verdeckten sein Angesicht und fragten: Weissage, wer ist's, der dich schlug?« (Lk 22,63f) Der Menschensohn ließ Unmenschliches über sich ergehen. Er weiß, wie salzig unsere Tränen schmecken, wie sich Verlassenheit anfühlt, wie es ist, beschämt zu werden. Sein Mitgefühl mit allen Menschen geht tief bis unter seine Haut. Er geht mit uns durch das dunkle Tal der Einsamkeit und reicht uns die Hand auf dem Weg zur inneren Heilung. Vivian Dittmar fordert: »Emotionale Heilung braucht Anteilnahme.« (Dittmar, Rucksack, 115) Dem wird Jesus gerecht, indem er Anteil hat an dem Leid, das Menschen erleben.

Ohne Anteilnahme, ohne Mitgefühl fällt es schwer, einen guten Umgang auch mit unseren weggepackten Altlasten zu finden. »Und als wahres Kind unserer Zeit hatte ich den Anspruch, das möglichst allein hinzubekommen.« (ebd.) Damit benennt Dittmar die Falle des modernen Menschen. In Therapien, in denen

Klienten es allein hinbekommen wollen, erlebt Dittmar: »Was dort geschah, war nur begrenzt heilsam für mein emotionales Leid.« (ebd.) Daraus folgert sie: »Die Erkenntnis, dass emotionale Heilung Anteilnahme braucht, war deshalb so zentral, weil sie mir einerseits aufzeigte, wie ich selbst anders mit meinen Emotionen in Kontakt treten konnte, und andererseits die Grenzen dieser Do-it-yourself-Masche verdeutlichte. Und sie zeigte mir auch, dass emotionale Heilung etwas Grundmenschliches ist, ein natürlicher Teil des Lebens und nicht, wie es zuweilen erscheint, ein hochkomplexes Spezialgebiet einiger Akademiker.« (ebd.) Was für eine wunderbare Ermutigung zu einer grundmenschlichen, heilsamen Seelsorgepraxis, die innere Räume bereithält, um sich mit Mitmenschen als Gegenüber und nicht Do-it-yourself bewusst emotional zu entladen. Alles unter einer Voraussetzung: dass Mitgefühl und Verständnis spürbar sind.

Neben humaner Mitmenschlichkeit und therapeutischer Kenntnis schöpft heilsame Seelsorge auch aus den Erzählungen vom mitfühlenden Menschensohn und einer Theologie, die eine Schwäche für unsere Schwachheiten hat, neue Kraft. Dabei geht es nicht um hochkomplexes Expertentum, sondern um ein brennendes, mitfühlendes Herz auf dem rechten Fleck. Dittmar weiter: »Doch die Idee, dass jeder, der emotionale Heilung braucht, diese nur durch einen Therapeuten erfahren kann, ist in meinen Augen vergleichbar mit der Annahme, dass Bewegungsmangel sich nur durch Engagement eines persönlichen Fitnesstrainers beheben lässt.« (ebd.) Kurzum: Um innerlich heil zu werden, braucht es keine Expertokratie.

Alles braucht seine Zeit – auch das in der Kindheit Erlebte nicht länger zu verdrängen. Es braucht Zeit, bis wir uns dem stellen können, was im Schlamm unseres Unbewussten gehrt. »Es ist schwierig, ein starkes negatives Gefühl schnell unter Kontrolle zu bringen. Je mehr wir es versuchen, umso heftiger wird das Gefühl und umso schneller dringt es wieder an die Oberfläche. Selbst wenn wir meinen, es kontrollieren zu können, haben wir es am Ende doch nur unterdrückt, sodass es später wieder zum Vorschein kommt. Stell dir vor, ein starkes negatives Gefühl sei wie aufge-wirbelter Matsch in einem Aquarium. Wenn du erreichen willst, dass der Schlamm auf den Aquariumboden sinkt, damit du die Fische deutlich erkennen kannst, dann ist das Letzte, was du tun wirst, die Hände ins trübe Wasser zu tauchen und den Schlamm nach unten zu drücken, denn je heftiger du ihn nach unten drückst, umso mehr wirbelst du ihn auf.« (Sunim, 54) Viele unserer Schutz-strategien versuchen, den Schlamm nach unten zu drücken. Zur Ruhe kommen, die Dinge mit ihrer je eigenen Schwerkraft auf den Boden herabsinken zu lassen und sich Zeit, auch freie Zeit für sol-che Prozesse zu gönnen, kann ein Weg sein, mein Leben klarer zu sehen und mich meiner Wirklichkeit zu stellen.

2. Wirklichkeit

Mit der Wirklichkeit ist es ja immer so eine Sache. Mit einer Prise Humor drückte es Woody Allen treffend aus: »Ich hasse die Wirklichkeit, aber es ist der einzige Ort, wo man ein gutes Steak bekommt.« (Grueso, 69) Die Schutzstrategien unserer Kindheit halfen uns, die erste Lebensphase zu überstehen. Wir haben mit ihnen gelernt, uns den Herausforderungen anzupassen oder gegen sie zu rebellieren. Das Erwachsene-Ich braucht neue Verhaltens-weisen. Ebenso muss mein Schattenkind lernen, mehr Verantwor-tung zu übernehmen und stärker auf seine Bedürfnisse zu achten. Je älter wir werden, umso notwendiger wird es, nicht im Vergan-genen zu verharren. Mein Leben in Schockstarre zu verbringen, aus Angst, der Säbelzahntiger käme um die Ecke, hilft nicht weiter.

Angstfantasien über das, was alles passieren könnte, sind die größten Bremsklötze für jedes Erwachsen werden. Dass Schwarzmalen der Zukunft, die Konjunktive von dem, was passieren könnte, sorgen für Lähmungserscheinungen. Manche Dinge hemmen uns schon aus der Ferne, wie Hunde, die unsere Angst vor ihnen über weite Entfernungen hinweg riechen können. »Die Verdrängung unangenehmer oder auch unerträglicher Realitäten ist ein ganz grundlegender Schutzmechanismus, ohne den wir kaum funktionieren könnten.« (Stahl, 93) Verdrängungskünste schaffen es, selbst eine schwere Kindheit rückblickend in ein mildes Licht der Verklärung zu tauchen. »Verdrängung ist die ›Mutter aller Schutzstrategien‹, weil letztlich der gesamte Selbstschutz darauf hinausläuft, die Dinge zu verdrängen, die wir nicht spüren beziehungsweise die wir nicht wahrhaben wollen.« (ebd., 94)

Daran können Beziehungen zerbrechen, wenn unabsichtlich wunde Punkte berührt werden, die Kruste verdrängter Vergangenheit durch eine schlichte Frage aufgekratzt wird. Sorgsam unter Verschluss gehaltene Eiterblasen platzen dann ungewollt auf. Mit einem Mal stürzt das Kartenhaus der Verdrängung ein. Dominoeffekte führen zu weiteren, unbeabsichtigten Kollateralschäden. Für Außenstehende mag das unerklärlich sein, warum Beziehungen Knall auf Fall zerbrechen, Ehen scheitern, glühende Drähte unter Freunden zerreißen. Heilsame Seelsorge kann dabei zur Trauer-, Sterbe- und Trennungsbegleiterin werden. Sie versucht zu helfen, Wunden zu verarzten, im Notfall mit dem Erste-Hilfe-Koffer aus Zeit, Mitgefühl und Anteilnahme. Sie hält mit aus, was geschehen ist, und vermeidet, das Geschehene nicht mit ›positiv thinking‹ zuzukleistern. Sie sieht den Realitäten ins Auge.

Die meisten Schutzstrategien dienen einem einzigen Zweck: dem Verdrängen der Wirklichkeit. Damit entstehen die eigentlichen Probleme. Denn was verdrängt wird, lässt sich nicht bearbeiten, lösen und löschen. Irgendwann eskaliert die Lage, die Bombe platzt und das Feuer springt unkontrollierbar auf das Nachbargrundstück über. Dann können wir die Augen nicht mehr davor verschließen oder es vertuschen. Menschen in einflussreichen Positionen neigen dazu, zuerst Schaden in ihrem beruflichen Umfeld anzurichten. Angestellte oder Mitarbeiter bekommen dann Verdrängtes zu spüren, bevor diejenigen, die in erster Linie davon betroffen sind, damit konfrontiert werden. Es kann Situationen geben, da hat heilsame Seelsorge sich auch arbeitsrechtlichen Wirklichkeiten zu stellen und Betroffene zu unterstützen, ihre Rechte zu wahren.

Auch dieses Phänomen kennt schon die Bibel: »Wer Böses tut, der hasst das Licht, damit seine Werke nicht aufgedeckt werden. Wer aber die Wahrheit tut, der kommt zu dem Licht, damit offenbar wird, dass seine Werke in Gott getan sind.« (Joh 3,20f) Der johanneische Jesus wusste um das Ende der Verdrängung. Irgendwann wird offenbar, was war, ist und sein wird. Nicht zuletzt, weil es Gott spricht: »Die Rache ist mein, ich will vergelten.« (Deut 32,35) Das klingt bedrohlich und verheißungsvoll zugleich. Irgendwann wird Gott zurechtrichten, vergelten, was an Unrecht geschah, für seinen Täter-Opfer-Ausgleich sorgen, seinen Frieden durchsetzen. Hier kann heilsame Seelsorge entlastend wirken. Nicht alles, was mir geschehen ist, muss ich selbst aus der Welt schaffen. Ich muss nicht allein dafür sorgen, dass mir Gerechtigkeit widerfährt. Ein von meiner Rache vergiftetes Leben hilft keinem. Auch dieses Gefühl darf ich Gott überlassen, damit es in mir zur Ruhe kommt. »Wenn du Rache willst, weil deine Gefühle verletzt worden sind, ist alles, was du siehst, dein eigenes Leid. Wenn du dich aber beruhigst und tiefer hinschaust, erkennst du, dass die Person, die dich verletzt hat, ebenfalls leidet.« (Sunim, 59)

3. Projektionen

Von Kurt Tucholsky ist der schöne Satz überliefert: »Immer suchen ist nicht schön. Man möchte auch mal nach Hause.« Als Gemeindepfarrer habe ich verschiedene Rollen zu erfüllen: Geistlicher, Hirte, Seelsorger, Heiliger, Vaterfigur, Chef, Prophet, Prediger ... Jede Rolle ist eine dankbare Projektionsfläche. Die Fixierung auf eine Rolle kann jedoch zur Überhöhung, zu irrigen Erwartungen und Enttäuschungen führen. Eigene Unsicherheit und ein unreflektiertes Anerkennungsbedürfnis können auf meiner Seite Verunsicherungen und Verzerrungen hervorrufen.

Unzählige Gründe lassen uns unsere Erwartungen auf andere projizieren. Sie werden enttäuscht, müssen sogar ent-täuscht werden, um Täuschendes zu entlarven und Täuschungen zu entzaubern. Das Bilderverbot der Bibel sollte deshalb auf Gott und seine Ebenbilder Anwendung finden. »Du sollst dir kein Bildnis machen in irgendeiner Gestalt, weder von dem, was oben im Himmel, noch von dem, was unten auf Erden, noch von dem, was im Wasser unter der Erde ist. Du sollst sie nicht anbeten noch ihnen dienen.« (Deut 5,8f)

Warum fällt es nur so schwer, uns kein Bildnis zu machen in irgendeiner Gestalt von Menschen wie von Göttern? »Projektion ist ein psychologischer Fachausdruck und er besagt, dass ich andere Menschen durch die Brille meiner eigenen Bedürfnisse und Gefühle wahrnehme.« (Stahl, 95) Projektionen werden in mir befeuert durch ungeklärte Gefühle und unerfüllte Bedürfnisse. Fühle ich mich minderwertig und unterlegen, geschieht es leicht, dass ich meine nichtempfundene Dominanz auf mein Gegenüber übertrage. Wer unter einer dominanten Mutter litt, muss sich nicht wundern, wenn dies auf das eigene Frauenbild und die Partnerin übertragen wird. Gleiches gilt für einen dominanten Vater. Erwachsen werden heißt, herauswachsen aus

Projektionen, die alte Brille absetzen, die durch nicht gefühlte Gefühle und unerfüllte Bedürfnisse im Lauf des Lebens entstanden ist. Wahrnehmen ist der erste Schritt zum Loslassen von Enttäuschungen und zur Annahme der Wirklichkeit, wie sie für mich ist.

Aus eigener Erfahrung kenne ich das Phänomen, meine Schwachstellen auf andere zu projizieren. Hinzu kommt: Je ähnlicher mir Andere erscheinen, umso kritischer sehe ich sie. Ich kenne auch das Gefühl, wenn Erwartungen enttäuscht werden und ich im Anderen bekämpfe, was ich an mir selbst nicht leiden kann. Abwertendes projiziere ich besonderes auf die Personen, die ich zuvor auf ein Podest gehoben habe. Das geschieht Sonnen- wie Schattenkindern. Beide sind nicht frei, ihre Welt zu schwarz oder zu weiß auszumalen.

Bei Licht betrachtet, geben unsere Projektionen mehr Auskunft über unsere eigenen Licht- und Schattenseiten, Allmachts- und Ohnmachtsfantasien als über die Objekte unserer Überzeichnung. Im Irrgarten unserer Projektionen gelingt keine Verständigung. Wir sind dann nicht in der Lage, einander vorurteilsfrei anzusehen, um uns mit freien, realistischen und gnädigen Blicken wahrzunehmen. Tragischerweise gehören nicht selten zwei dazu, die gegenseitig sich in Projektionsnetzen verheddern. Wer sich Bildnisse von seinem Gegenüber macht, landet nicht selten im Sklavenhaus eines verzerrten Selbstbildnisses. Die Verehrung anderer Götter, die Tänze um goldene Kälber, Projektionen von einem paradiesischen Leben führen in die Irre. Sie suggerieren, die Kirschen in Nachbars Garten seien die Besten, und übersehen, was im eigenen Gefilde wächst und gedeiht.

Ent-täuscht werden kann ein Befreiungsakt sein, wenn Illusionen wie Seifenblasen platzen und wir die Welt so sehen, wie sie wirklich ist. Max Frisch hat einmal das göttliche Bilderverbot auf die Liebe übertragen. Wir sollen uns keine Bildnisse von unserem Partner machen, ihn oder sie nicht nach unseren Bildern im Kopf formen, wenn Beziehung gelingen soll. Hinzu kommt, dass Projektionen durch die Brille meines Schatten- oder Sonnenkindes, meiner Glaubenssätze und Absolutheitsansprüche die eigenen blinden Flecken außer Acht lassen. Beziehungskrisen werden nicht selten durch den Zusammenbruch von Projektionen ausgelöst, die einen Schneeballeffekt hervorrufen können und die illusionären Bilder eines zu schönen Seins unter der Wucht der Ernüchterung begraben.

Wenn wir uns auf heilsame und gnädige Weise selbst ansehen könnten, ließe sich Gewesenes aus eigener Perspektive neu erzählen, Desillusionierungen und Enttäuschungen offen aussprechen, eigene Fehleinschätzungen ohne Gesichtsverlust offenbaren. Die alte Form der Beichte hilft dabei, eigene Irrungen und Wirrungen nicht nur mit sich selbst abmachen zu müssen oder es unausgesprochen mit ins Grab zu nehmen. Es tut gut, den emotionalen Rucksack, mitgeschleppte Fehleinschätzungen zu entladen, um vergnügter, erlöster und befreiter meines Weges zu ziehen. Wie das gehen könnte, erzählt das Ende der Geschichte von Josef und seinen Brüdern: »Josef aber sprach zu ihnen: Fürchtet euch nicht! Stehe ich denn an Gottes statt? Ihr gedachtet, es böse mit mir zu machen, aber Gott gedachte, es gut zu machen, um zu tun, was jetzt am Tage ist, nämlich am Leben zu erhalten ein großes Volk.« (Gen 50,19f) Allen Beteiligten fiel es im Rückblick ›wie Schuppen von den Augen‹, was an Ungutem angerichtet wurde und wie gut es Gott mit allen meinte: »am Leben zu erhalten ein großes Volk«.

Diese lebenserhaltende Maßnahme galt zuerst Josef und seinen Brüdern, aber auch denen, die in ihren Projektionen und Vorurteilen verstrickt waren. Im weltlichen Kontext wäre zu erwarten gewesen, dass Josef als »Opfer« ins Recht gesetzt wird. Im Reich Gottes ticken die Uhren aber anders. Es ergeht Gnade vor Recht, Gottes Wahrheit macht alle frei. Sein Täter-Opfer-Ausgleich wird durch das Gelingen von Verzeihen möglich. »Wir Menschen sind im Unterschied zu den Tieren mit der Fähigkeit ausgestattet, uns selbst zu reflektieren. Allerdings gibt es himmelweite Unterschiede, in welchem Ausmaß Menschen von dieser Fähigkeit Gebrauch machen.« (Stahl, 96) Zur Selbstreflexion kann es gehören, mit dem Vaterunser zu beten: »Vergib uns unsere Schuld, wie auch wir vergeben unsern Schuldigern.« (Mt 6,12) Und zum Erwachsenwerden gehört es dann, den Schritt vom Gebet zur eigenen Tat zu gehen, den ersten Schritt in Richtung eines Verzeihens zu wagen, wie es Josef mit seinen Brüdern gelang.

In Partnerschaften können unterschiedliche Reflexionsfähigkeiten hemmend wirken. Wer sich vor kritischer Selbsterkenntnis drückt, verweigert den Kontakt mit seinen eigenen Verletzungen, Kränkungen oder Minderwertigkeitsgefühlen. Gelingt eine solche innere Selbstannäherung nicht, können gefühlte Feindseligkeiten gegenüber dem vermeintlich Stärkeren zu unerwarteten emotionalen Ausbrüchen führen. Dann nimmt das Drama-Dreieck seinen Lauf und erfolgen Täter-Opfer-Retter-Perversionen. »Wir brauchen einen Bösen, der einen Unschuldigen etwas antut, und dann brauchen wir einen Helden, der diesen Unschuldigen errettet.« (Dittmar, Rucksack, 82) So entbrennt ein Katz-und-Maus-Spiel mit verschiedenen Rollenwechseln und Zuschreibungen, Projektionen und Retourkutschen, bei dem letztlich alle verlieren. Dem vermeintlich Bösen werden alte Schuldscheine zugeschoben; Hauptsache, man ist selbst kein Täter. Und notfalls wird der vermeintliche Retter mit in die Pfanne gehauen und verbrannt. »Blitzschnell und ohne mit der Wimper zu zucken, werden Rollen vergeben und entsprechende

Skripte improvisiert, nach denen wir die Realität wahrnehmen ... anders als im Film stimmen diese Skripte nicht überein, da jeder für sich entweder die Rolle des Opfers oder des Retters beansprucht, während er geschickt versucht, dem anderen die des Täters in die Schuhe zu schieben.« (ebd., 84f)

Die Psychologie empfiehlt ein selbstkritisches Bewusstmachen eigener Anteile. Das Christentum redet von Versöhnung und Fehlerfreundlichkeit. »Da trat Petrus hinzu und sprach zu ihm: Herr, wie oft muss ich denn meinem Bruder, der an mir gesündigt hat, vergeben? Ist's genug siebenmal? Jesus sprach zu ihm: Ich sage dir: nicht siebenmal, sondern siebzigmal siebenmal.« (Mt 18,21f) Das Gebot der Feindesliebe dient dabei sowohl dem Selbstschutz als auch dem Schutz des Feindes. Heilsame Seelsorge versucht, Gefechtslagen zu entschärfen, Selbstkritik anzubahnen und Täter-Opfer-Retter-Zuschreibungen kein Vertrauen zu schenken.

Im Neuen Testament illustriert eine eindrückliche Begegnung Jesu mit einer Ehebrecherin solche Umgangsformen: Rechtsgelehrte versuchten in ihren Spielen der Erwachsenen, Jesus auf die Probe zu stellen: »Mose hat uns im Gesetz geboten, solche Frauen zu steinigen. Was sagst du? ... Aber Jesus bückte sich nieder und schrieb mit dem Finger auf die Erde. Als sie ihn nun beharrlich so fragten, richtete er sich auf und sprach zu ihnen: Wer unter euch ohne Sünde ist, der werfe den ersten Stein auf sie. Und er bückte sich wieder und schrieb auf die Erde.« (Joh 8,4ff) Alle Steinsammler und Angefragten machten sich aus dem Staub. Der tödliche Wurf blieb aus. Die Rechtsgelehrten spielten nicht weiter Scharfrichter. Und Jesus? Er nennt die Sünde beim Namen. Er beschönigt nichts. Nur kommt er zu einem anderen Urteil und zum Täter-Opfer-Ausgleich: »So verdamme ich dich auch nicht, geh hin und sündige hinfort nicht mehr.« (Joh 8,11) Heilsame Seelsorge greift dem Rad in die Speichen, schützt vor Todesurteilen, hält allen den Spiegel vor, sucht nach Auswegen aus tödlichen Eskalationsspiralen. Sie weiß um das Dilemma von Opfer-Retter-Täter-Dreiecken und sieht darin die Fortsetzung uralter Dramen von in sich gefangenen Schattenkindern.

»So werden auch Schuldgefühle gern auf diese Weise abgewehrt. Man selbst will sich nicht eingestehen, dass man Mist gebaut hat, und projiziert die Schuld deswegen auf einen Sündenbock ... es gibt Menschen, die eine sehr starke, geradezu aggressive Abwehr von Selbsterkenntnis aufweisen.« (Stahl, 96f) Gerüchteküchen schüren, bösartige Meinungsmache betreiben, Selbsterkenntnis verweigern und Sündenböcke ausmachen – dies alles gehört zu den bösen Spielen der Erwachsenen. »Ich bin immer wieder erschüttert, wie verzerrt und ungerecht scheinbar ganz normale Menschen denken und handeln können, wenn sie nicht bereit sind, ihre eigenen Anteile an einer Situation zu reflektieren.« (ebd., 97) Solche Projektionen lenken den Blick von sich selbst weg, vertuschen eigene Schwächen. Sie zerstören Beziehungen und hindern vor allem eines: das Ankommen bei sich selbst.

4. Perfektionismus

Mangelnder Selbstwert ist oft nicht auf den ersten Blick sichtbar, sondern kommt in erstaunlichen Gewändern daher: »Die meisten Menschen, die in ihrem Selbstwert verunsichert sind, vollziehen ihr Leben aus der Defensive. Sie wollen keinerlei Angriffsfläche bieten. Perfekt heißt: fehlerfrei.« (ebd., 98) Für Stefanie Stahl lauern hier weitere Dramen, wenn mangelndes Selbstwertgefühl uns dazu antreibt, perfekt zu sein oder perfekt zu erscheinen. Hauptsache, keine Kritik auf sich ziehen. Möglichst eine Bella

Figura abgeben. Solche Performance muss scheitern, weil kein Mensch fehlerfrei ist. Wir sind auch nicht Jesus, der unschuldig zum Sündenbock wurde, um unsere Sündenbockspiele ›für uns‹ zu beenden. Erlösung ist nötig gerade von den Zwängen unseres Perfektionismus. »Perfektionisten laufen Gefahr, sich total zu verausgaben – von innen sieht das Hamsterrad wie eine Karriereleiter aus.« (ebd.) Selbst der Perfektionismus ist eine Frage der Perspektive. Wer sein Hamsterrad als Fortschritt ansieht, hat ein Problem. »Das Problem bei dieser Strategie ist, dass es sozusagen kein ›genug‹ gibt. Es gibt immer ein Höher, Weiter, Besser. Die Betroffenen rennen ständig hinter ihren eigenen Ansprüchen hinterher ... Die erzielten Erfolge verschaffen nur kurzfristig Erleichterung.« (ebd.)

In einer solchen individuellen Steigerungs- und Beschleunigungslogik sieht der Soziologe Hartmut Rosa krankmachende globale Phänomene einer vom Kapitalismus angetriebenen Welt am Wirken. Individuell brennen unsere Seelen aus. Kollektiv steuern wir auf einen Klima- und Demokratiekollaps zu. Burn-Out, Rücken, Herzinfarkt oder Schlaganfall sind die größten Volkskrankheiten und es stellt sich die Frage: Warum?

Selbst wenn wir alles zu haben scheinen, bringt uns das eigentlich nicht weiter. »Der äußere Erfolg heilt nicht die tiefen Verletzungen des Schattenkindes.« (ebd.) Varianten solchen Perfektionismus sind der Schönheitswahn und Körperkult. Die im Inneren tief Verunsicherten versuchen, in perfekten Erscheinungsformen Halt zu finden. Auf den Bildoberflächen sozialer Netzwerke wird um Likes gebuhlt. Wer hungrig und durstig in seiner Sehnsuchtsfalle nach Anerkennung festsitzt, für den gibt es kein Genug. Keine noch so hohe Prämierung als Topmodell oder Verkäufer des Jahres wird diesen unstillbaren Durst für immer löschen. Ein nach Perfektion strebendes Anerkennungsbedürfnis wird von einer nach oben offenen Steigerungslogik und Selbstwerterhöhung angetrieben. Dahinter lauert ein fragiles Bindungsbedürfnis mit großer Angst vor Ablehnung. Wie Lemminge strampeln wir uns in lärmenden Fitnessstudios ab, um fit, gestählt und gut auszusehen. Angespannte Mundwinkel signalisieren, wie verkrampft solch ein Lebenskampf ist. Heilsame Seelsorge erfreut sich an Menschen, die sich auch auf halber Treppe wohlfühlen, es nicht mit den Vollkommenheitsansprüchen übertreiben.

Ein perfekt inszeniertes Leben, ein scheinbar makelloser Körper sind vergängliche Hüllen eines Daseins, das im Innersten nach erfüllter Liebe hungert. Heilsame Seelsorge entzaubert solchen Fitnesswahn und verlässt den Lärm neonerleuchteter Fitnessstudios, um sich an frischer Luft zu bewegen, im Wald, den Bergen, am Meer oder im Kloster eine nährendere Geborgenheit, Zufriedenheit und Ruhe zu finden. Intuitiv wissen wir es, wo die wahren Tankstellen unserer Seele zu finden sind. Wir gehen ihnen nur leider viel zu oft aus dem Weg und suchen stattdessen eine Abkürzung. Heilsame Seelsorge hält Schmerzen aus, findet einen angemessenen Umgang mit Niederlagen, nimmt eigenes Scheitern ernst, verweilt am Kreuz, fühlt den Schmerz und flüchtet nicht voreilig, sondern harrt aus im Vertrauen auf die nahende Auferstehung. Am Kreuz zerbrachen alle Allmachtsfantasien und jeglicher Versuch von Makellosigkeit. Und doch heißt es vom Kreuz: »durch seine Wunden sind wir geheilt.« (Jes 53,5b)

5. Harmoniesucht

Auch die Sehnsucht nach vollkommener Harmonie bringt uns an den Rand unserer Kräfte. Perfektionismus wie Harmoniesucht wurzeln in der Angst vor Ablehnung und der Sorge, nicht zu genügen. Wer immer ein liebes Kind sein wollte, sich mit allen scheinbar verstand und ›Everybodys Darling‹ war, hat früh gelernt, sich anzupassen und eigene Bedürfnisse zurückzustellen. Es anderen recht machen lautet das Lebensziel des Harmoniebedürftigen, um dafür Anerkennung und Sicherheit zu erhalten. Wer ohne Rücksicht auf eigene Grenzen und Bedürfnisse der Harmoniesucht verfällt, hat es verlernt, mit seinen Aggressionen umzugehen. »Auf persönliche Grenzverletzungen und Kränkungen reagieren sie eher mit Trauer als mit Wut.« (Stahl, 100) Aus solcher Trauer können depressive Verstimmungen entstehen, die sich in Selbstaggressionen äußern. Anstatt die Wut und Aggression (lat. aggredi = heraus-gehen) zu entladen, fressen aggressionsgehemmte Menschen, die Dinge in sich hinein, leiden oft an Magengeschwüren, innerer Unruhe, Schlaflosigkeit und körperlichen Verspannungen. Im Laufe der Jahre ticken hier seelische Zeitbomben, in denen sich viel aufgestaut hat. Unterdrückte Emotionen verwandeln sich dann »in eine Art kalter Wut, die häufig im passiven Widerstand mündet«. (ebd., 101)

Harmoniebedürftige Persönlichkeiten meiden das Austragen von Konflikten. Ihr Schattenkind fühlt sich unterlegen, nimmt sein übermächtig erscheinendes Gegenüber aus der Froschperspektive wahr und fügt sich verstärkt in Opferrollen. Und die von ihnen Überhöhten werden zu Tätern stilisiert. Um sich selbst zu schützen, reagieren Harmoniebedürftige mit Rückzug. »In der Regel erhält der scheinbar Stärkere keine Chance, in diesen Prozess einzugreifen.« (ebd., 102) Die Drehbücher solcher Tragödien sind immer ähnlich. Der vermeintlich Starke wird zum »Täter«, bis die Lage kippt und er zum »Opfer« des vermeintlich Schwächeren wird. Dann steht der »starke Täter« als Bösewicht da und das »schwache Opfer« erscheint als bemitleidenswert und schutzbedürftig. Diese verdrehten Spielarten der Erwachsenen stiften toxische Verwirrung und führen immer tiefer in den Konfliktsumpf.

Harmoniesucht wirkt auf den ersten Blick oft positiv, doch sie hat einen faden Beigeschmack. »Ich kenne deine Werke, dass du weder kalt noch warm bist. Ach, dass du kalt oder warm wärest. Weil du aber lau bist und weder warm noch kalt, werde ich dich ausspeien aus meinem Munde.« (Offenb 3,15f) Lauwarm, ohne Rückgrat, angepasst durchs Leben irren, mag sympathisch wirken und Retter auf den Plan rufen. Der eigenen Erkennbarkeit und Befriedung meiner wesentlichen Bedürfnisse dient das nicht. Im Jakobusbrief heißt es: »Es sei aber euer Ja ein Ja und euer Nein ein Nein, damit ihr nicht dem Gericht verfallt.« (Jak 5,12b)

In der Soziologie haben solche Lebensweisen es zu einem Milieubegriff gebracht: Harmoniemilieu. Kirchliche Kreise ziehen solch ein Milieu magisch an. Vivian Dittmar ordnet solch einem Harmoniebedürfnis als »Schattengefühl« die Freude zu. »In ihrem Schattenausdruck ist Freude Selbstbetrug und -verleumdung. Die berühmte rosarote Brille wiegt uns in honigsüßen Illusionen ... Freude wird hier zum Deckmäntelchen über all das, was wir nicht haben wollen.« (Dittmar, Gefühle, 58) Heilsame Seelsorge kann hier zum Ort einer ›barmherzigen Aufklärung‹ werden, Illusionen mit Güte lichten, Anwältin der Wirklichkeit werden. Harmoniebedürftige Seelen ermutigt sie, sich nicht selbst zu verleugnen; die Dinge nicht schöner zu reden, als sie sind. Jesus selbst verheißt allen, die sich schwer tun mit der Wirklichkeit und einer wahrhaftigen Sicht auf das Leben: »Wenn ihr bleiben werdet an meinem Wort, so seid ihr wahrhaftig meine Jünger und werdet die Wahrheit erkennen, und die Wahrheit wird euch frei machen.« (Joh 8,31f)

6. Helfersyndrom

Eine weitere Form der Flucht vor den eigenen Schatten ist die, anderen zu helfen. Nur hat das einen entscheidenden Haken: »Das Problem ist eher, dass die Helfenden geneigt sind, sich an Menschen zu binden, denen sie nicht helfen können.« (Stahl, 103) Hilflose Helfer, die am Helfersyndrom leiden, beschützen ihr Schattenkind, indem sie Menschen suchen, die ihnen hilfsbedürftiger erscheinen, als sie es selbst zu sein meinen. Ihnen bieten sie ihre Unterstützung in selbstaufopfernder Weise an. Durch solch sozial anerkanntes Tun fühlen sie sich selbst wertgeschätzt und werten sich in ihrer Bedeutsamkeit auf. Wer sich als gebraucht wahrnimmt, fühlt sich besser, bedeutsamer, überlegener.

Hinter diesem Verhalten lauert eine trügerische Hoffnung: Minderwertigkeitsgefühle erfahren dadurch Linderung. Deshalb tendieren solch hilfsbereite Geister dazu, sich notfalls in aussichtslose Projekte zu stürzen. Nicht selten werden bedürftige, suchtkranke, kriminelle Partner gesucht, die sie retten wollen. Sie verwickeln sich mit diesen in Co-Abhängigkeiten und Selbstschutzstrategien, um ihren Partner damit vermeintlich zu schützen. Interessanterweise werden wiederum Menschen, die ihr Leben gut meistern, als Bedrohung erlebt. Sie können Unterlegenheitsgefühle bei ihnen auslösen. »Der Helfende, der eigentlich seinen Partner gern von sich abhängig machen möchte, erlebt sich selbst als abhängig, weil er ihm weder helfen noch sich von ihm lösen kann.« (ebd., 103f)

»Und siehe, da stand ein Gesetzeslehrer auf, versuchte Jesus und sprach: ›Meister, was muss ich tun, dass ich das ewige Leben ererbe?‹ Er sprach zu ihm: ›Was steht im Gesetz geschrieben? Was liest du?‹ Er antwortete und sprach: ›Du sollst den Herrn, deinen Gott lieben von ganzem Herzen, von ganzer Seele und mit all deiner Kraft und deinem ganzen Gemüt, und deinen Nächsten wie dich selbst.«< (Lk 10,25-27) Die bekannteste Helfergeschichte der Bibel beginnt mit einer hinterhältigen Grundsatzfrage. Wie schon beim reichen Jüngling steht auch hier alles auf dem Spiel: das ewige Leben. Jesus antwortet mit einer Gegenfrage. Erst danach erfolgt seine Antwort.

Ein sinnvolles, ewiges Leben gelingt nur, wenn die Balance aus Gottes-, Selbst- und Nächstenliebe stimmt. Bei Menschen mit Helfersyndrom ist dieses Dreieck der Liebe jedoch aus der Balance geraten. Da die Selbstliebe zu kurz kommt, stürzt sich mein Schattenkind in die Nächstenliebe und macht meinen Nächsten zum Objekt meiner Bedürftigkeit. Der Gesetzlehrer will es genauer wissen. Er versucht, Jesus aufs Glatteis zu führen: »Wer ist denn mein Nächster?« (Lk 10,29) Jesus antwortet mit einem Gleichnis von einem, der unter die Räuber gefallen war. Erst ließ ein Priester, dann ein Tempeldiener den Überfallenen am Wegrand liegen. Für beide gab es am Tempel Wichtigeres zu tun. Einer, von denen die Leute wenig hielten, zeigte Mitgefühl: »Ein Samariter aber, der auf der Reise war, kam dahin; und als er ihn sah, jammerte es ihn; und er ging zu ihm, goss Öl und Wein auf seine Wunden und verband sie ihm, hob ihn auf sein Tier und brachte ihn in eine Herberge und pflegte ihn. Am nächsten Tag zog er zwei Silbergroschen heraus, gab sie dem Wirt und sprach: Pflege ihn; und wenn du mehr ausgibst, will ich dir's bezahlen, wenn ich wiederkomme.« (Lk 10,33-35)

Hier begegnet uns kein hilfloser Helfer, sondern ein Mitmensch mit Mitgefühl. Er nimmt das Risiko in Kauf, selbst unter die Räuber zu fallen. Und er macht sich am Opfer die Hände schmutzig. Ohne öffentlichkeitswirksame Effekte hebt er den Notleidenden auf sein Tier und gibt ihn in gute Hände. Er klammert sich nicht an die Rolle seiner neuen Bedeutsamkeit. Vorausschauend sorgt er für die Versorgung des Verletzten und verspricht, bei Bedarf die weiteren Kosten zu übernehmen. Von

Gottes-, Selbst- und Nächstenliebe ist explizit keine Rede. Alles erklärt sich von selbst. Heilsame Seelsorge achtet unausgesprochen und intuitiv auf eine Balance von Selbst-, Nächsten- und Gottesliebe. Sie nutzt die Bedürftigkeit hilfloser Helfer nicht aus, sondern ermutigt zur Stärkung eines Selbstwertgefühls, das lernt, Grenzen zu setzen, und bei Bedarf die Fähigkeit besitzt, bei Einsätzen im Namen der Barmherzigkeit auch über die eigenen Grenzen hinauszugehen.

7. Machtstreben

Menschen, die nach Macht streben, werden nicht selten von Ängsten getrieben. Sie wollen nicht in eine unterlegene Position geraten. Ihre Schutzstrategie lautet: Angriff ist die beste Verteidigung, Hochrüstung statt Abrüstung. Besser gefürchtet, als beliebt sein. Als Kinder litten sie unter dominanten Eltern. Weniger Anpassung, vielmehr Widerstand prägte sich ihnen ein. Sie haben alles getan, um Oberwasser zu halten. Besser Chef als Untergebener sein, besser top-down agieren, als sich bottom-up abstrampeln. Unter Geschwistern wurde solches Verhalten getestet. Ein gewisses Aggressionspotenzial erwies sich als Vorteil. Aggressionen sind lebensnotwendige, die Welt gestaltende Kräfte. Gehst du nicht aus dir heraus, schleicht sich ein nicht minder mächtiges Verhaltensmuster ›passiver Aggression‹ ein. Von absichtsvoller Verweigerung bis hin zu gezielten Sabotageakten ist dann alles drin.

In solchen Konstellationen geht es aktiv wie passiv darum, sich dem Willen anderer nicht unterzuordnen. Wer mauert, auf der Bremse steht, Verabredungen unterläuft, sich wie ein Stein nicht von selbst bewegt, übt auf subtile Weise viel Macht aus.

»Menschen, die ein hohes Machtmotiv aufweisen, sind im zwischenmenschlichen Umgang anstrengend, weil sie ständig Recht behalten wollen, es meistens nach ihrem Willen gehen muss oder weil sie sich passiv-aggressiv einer sinnvollen Kooperation verweigern.« (Stahl, 107) Täter-Opfer-Retter-»Perversionen« verstehen sie durch passiv-aggressive Machtspiele zu provozieren. Sie verteidigen ihre Macht ohne Beißhemmung. Sie können sich ungehörig verhalten und zum Stimmungskiller werden, wenn es ihnen opportun erscheint. Wenn es ihnen zum Vorteil gereicht, packen sie den Dolch vernichtender Kränkung aus und stechen im Moment der größten Verwundbarkeit ihres Gegners zu.

Ihre Machtspiele kennen weder Freund noch Feind. Handelt es sich um narzisstische Persönlichkeiten, fehlt ihnen jegliche Empathie. Sie tragen ein unstillbares Gefühl in sich, als Kind zu kurz gekommen zu sein. Aus Selbstschutz wollen sie sich nie mehr die Butter vom Brot nehmen lassen. Sie fordern viel ein, mehr, als sie selbst bereit sind zu geben. Ihrer Eitelkeit schmeichelt es, wenn ihre Umgebung sie bei Laune hält und um ihre Aufmerksamkeit buhlt. Ihr starker Selbstbehauptungswille sieht sich stets im Recht. Das Leben ist für sie ein Schlachtfeld voller Gefahren. Die Fähigkeit zur Selbstreflexion ist in ihnen unterentwickelt.

Heilsame Seelsorge bringt den Mut auf, sich dem Dahinterliegendem, Verborgenem zu stellen. Sie ist bemüht, einen Umgang mit dem eigenen Aggressionsüberschuss zu finden. Zu hohe Ansprüche und ein zu starkes Kontrollbedürfnisse versucht sie herunterzudimmen. Ein begrenztes Maß an Kontrolle ist durchaus notwendig, um das Leben zu meistern. Ein zu hohes Kontrollbedürfnis mag sich aus der Erfahrung nähren, dass die Missachtung von Grenzen in der Kindheit einen als zu verletzbar, angreifbar und ohnmächtig erleben ließen. Kontrollfreaks begrenzen ihr Bedürfnis nach Sicherheit nicht nur auf ihren eigenen Kleingarten.

Sie stülpen ihr Ordnungssystem gerne auch anderen über. Für sie gilt: Vertrauen ist gut, Kontrolle ist besser.

In Partnerschaften kann sich dies bis zum tödlichen Eifersuchtswahn steigern. Im Bereich der Gesundheit zeigen diese Menschen hypochondrische Eigenarten. Eine Sonderform, die Kontrolle zu behalten, sind ihre Grübelzwänge. »Das Gehirn gibt einfach keine Ruhe, bis die Baustelle beseitigt ist. Die Endlosschleifen, in denen das Problem durchdacht wird, blockieren meistens eher dessen Lösung, als dass sie weiterhelfen würden.« (Stahl, 110) Selbstvertrauen könnte weiterhelfen und: »auch ein bisschen mehr ›Gottvertrauen‹, dass die Dinge schon in Ordnung kommen.« (ebd.)

Die Geschichte vom sinkenden Petrus illustriert mit Augenzwinkern solches Gottvertrauen. In der Nacht erschien Jesus den Jüngern auf offener See. Sie dachten, es sei ein Gespenst. Alle brachen in Panik aus. »Aber sogleich redete Jesus mit ihnen und sprach: Seid getrost, ich bin's; fürchtet euch nicht! Petrus aber antwortete ihm und sprach: Herr bist du es, so befiehl mir, zu dir zu kommen auf dem Wasser. Und er sprach: Komm her! Und Petrus stieg aus dem Boot und ging auf dem Wasser und kam auf Jesus zu. Als er aber den starken Wind sah, erschrak er und begann zu sinken und schrie: Herr, rette mich! Jesus aber streckte sogleich die Hand aus und ergriff ihn und sprach zu ihm: Du Kleingläubiger, warum hast du gezweifelt? Und sie stiegen in das Boot und der Wind legte sich.« (Mt 14,27-32) Gottvertrauen ist kein Automatismus. Extreme Glaubenserfahrungen – wie das Wandeln über Wasser – schützen vor Kleinglaube nicht. Heilsame Seelsorge kennt unsere Höhen und Tiefen. Sie bleibt trotzdem am Ball, lässt sich durch Untergänge nicht beirren, vertraut darauf, dass Stürme sich wieder legen und die Dinge in Ordnung kommen, wie bei Petrus, diesem starken Felsen, der wie viele Machtmenschen im Kern ein kleiner, ängstlicher Junge war.

8. Kindchenschema

»Manche Menschen wollen nicht erwachsen werden, sondern Kind bleiben. Sie lehnen sich an andere Menschen an, in der Hoffnung, dass diese sie durch das Leben führen mögen.« (Stahl, 113) Das gilt in Partnerschaften und für Kinder, die den Absprung aus dem Hotel Mama nicht schaffen. Da fehlt der Mut, das Leben in die Hand zu nehmen, in die weite Welt zu ziehen, damit aus Hänschen ein Hans wird. Das innere Kind fühlt sich dafür zu klein, zu abhängig von anderen. Schuld- und Schamgefühle treten hinzu, wenn die Ablösung vom Partner, das Abschiednehmen von den Eltern als einzig gangbarer Weg erscheint. Mut müsste aufgebracht werden, sich dabei von einem Arsenal an verinnerlichten Glaubenssätzen zu verabschieden.

Erwachsenen, die bis ins hohe Alter mit ihrem Schattenkind verwoben sind, fehlt die nötige Entschlusskraft, endlich Eigenverantwortung zu übernehmen. Selbstverantwortung und Selbstvertrauen sind Zwillinge, die nur gemeinsam den Ausweg aus babylonischen Gefangenschaften finden können. Es hilft dir nicht, immer die Verantwortung an andere zu delegieren, sei es an den Partner, einen Therapeuten, die Eltern, Gott oder esoterischen Scharlatanen. Tiefsitzende Versagensängste, die Sorge, andere zu enttäuschen, wenn eigene Weg eingeschlagen werden, lassen uns in goldenen Käfigen verweilen, anstatt das Risiko der Freiheit einzugehen. Heilsame Seelsorge ermutigt hier zu Wagemut, lebt eher nach der Devise ›no risk no fun‹, als ständig auf Nummer sicher zu gehen. Sie unterstützt jegliche Freiheitsbestrebungen, die aus regressiven, infantilen Verstrickungen herausführen. Zu lange Ausbildungsgänge, Praktika, die zu keinen festen Anstellungsverhältnissen führen, auch wirtschaftliche Zwänge können neben eigenen Bequemlichkeiten das Erwachsenwerden dramatisch in die Länge ziehen.

Hinzu kommt: »Sie halten kaum die negativen Gefühle aus, die sich einstellen, wenn sie einen Fehler machen.« (ebd., 114) Das führt zur Minimierung von Risiken. Nur keine Fehler auf die eigene Kappe nehmen. Besser: alle Verantwortung an andere delegieren. Mein Schattenkind ist es schließlich gewohnt, dass andere über mich von klein auf bestimmen. Nie hat es gelernt, zu wissen und zu fühlen, was es will und braucht. Nebenwirkungen solch eines Delegationsprinzips bringen schlechte Laune und Unzufriedenheit mit. Nörgeln ist immer leichter als Loben. Wer Verantwortungsverweigerung praktiziert, sich als hilfloses Wesen inszeniert, wird gelebt, anstatt selbst zu leben. Und nicht wenige Eltern verstärken solches Anpassungsverhalten, bauen Druck auf und setzen auf erpresserische Abhängigkeiten. Da wundert es nicht, wenn es unserem Schattenkind nicht gelingt, mit elterlichen Erwartungen zu brechen.

Solche oder ähnliche Muster können sich zwischen starken und schwachen Partnern abspielen. Da neigt der kindlichere Teil dazu, Schuld vorauseilend auf sich zu nehmen. In der Haltung von ›mea culpa‹ richtet es den Scheinwerfer des Versagens aufs eigene Verhalten. Hauptsache, sein großes Gegenüber steht im besseren Licht da. In Konfliktlagen versucht der schwächere Partner, durch diese Selbstgeißelung Druck aus dem Kessel zu nehmen. Äußerlich vermittelt das den Eindruck, der vermeintlich stärkere und handlungsfähigere Teil beschütze den schwächeren. »Sehr nahe bei dem Eingeständnis einer vermeintlichen Mitschuld liegt der Selbstschutz, sich die Dinge schönzureden. Die Betroffenen verdrängen gern das Ausmaß ihrer eigenen Abhängigkeit und nehmen ihren Partner und ihre Eltern in Schutz.« (ebd., 116)

Heilsame Seelsorge setzt auch hier auf ein gestärktes Selbstbewusstsein und die Beachtung eigener Grenzen und Bedürfnisse. Sie ist überzeugt davon, dass jedes Menschenkind wunderbar gemacht und wertvoll sei. Zur Würde jedes Menschseins gehört es, erwachsen werden zu dürfen und auf Augenhöhe mit seinen Mitmenschen zu leben. Sie appelliert an ein eigenverantwortliches Leben. Kein Mensch wurde geboren, um die Erwartungen anderer zu erfüllen. Mein Leben wurde mir geschenkt, um es zu leben, um die Gabe meines Daseins als Aufgabe zu begreifen, damit das Weizenkorn in mir viel Frucht bringt.

Wir sprachen bereits von einem, der achtunddreißig Jahre lang die Verantwortung delegierte: »Es war aber dort ein Mensch, der war seit achtunddreißig Jahren krank. Als Jesus ihn liegen sah und vernahm, dass er schon so lange krank war, sprach er zu ihm: Willst du gesund werden?« (Joh 5,5f) Achtunddreißig Jahre hatte sein Schattenkind das Sagen. Er hatte sich in seiner Lebenslüge eingerichtet. »Ich habe niemanden, der ...« Ihm war es nicht möglich, das Ausredenkarussell seines Kindchenschemas zu verlassen. Er blieb von anderen abhängig und hielt diese in Abhängigkeit. Damit war ihm Aufmerksamkeit sicher, wohl auch etwas Mitleid. Jesus macht damit kurzen Prozess. Er betreibt Aufklärung und fordert ihn auf, aufzustehen; er fordert sein Stehen auf eigenen Beinen: »Jesus sprach zu ihm: Steh auf, nimm dein Bett und geh hin! Und sogleich wurde der Mensch gesund und nahm sein Bett und ging hin.« (Joh 5,8f) Manchmal braucht es dieses Zutrauen von außen, den berühmten Schupps.

Heilsame Seelsorge misstraut unseren Lebenslügen, vertraut auf die eigenen Selbstheilungskräfte, setzt auf Selbstständigkeit. Im Bild dieser Geschichte gesprochen, führt sie zu den Quellen zurück, die das Leben wieder sprudeln lassen. »So spricht der HERR: Ich habe dich erhört zur Zeit der Gnade und habe dir am Tag des Heils geholfen und habe dich bereitet ... dass du das Land aufrichtest und das verwüstete Erbe zuteilst, zu sagen den Gefangenen: Geht heraus!, und zu denen in der Finsternis: Kommt hervor ... Sie werden weder hungern noch dürsten, sie wird weder Sonne noch Hitze stechen, denn ihr Erbarmer wird sie führen und sie an die Wasserquelle leiten ...« (Jes 49,8ff). Heilsame Seelsorge schenkt solch alten Verheißungen Glauben. Sie ermutigt Menschen, ihr Bett zu nehmen, erwachsen zu werden, den eigenen Weg zu gehen, ein neues Zuhause zu finden. Das muss nicht der Geburtsort sein. Eine Auswanderin, die ihr Glück in Schottland fand, beschrieb das in einer Fernsehdokumentation so: »Ich fühle mich hier zu Hause. Hier fehlt mir nichts, denn zu Hause ist da, wo mein Herz zur Ruhe gekommen ist.«

9. Vermeidungsstrategien

Den Kopf in den Sand stecken wollen, wer kennt das nicht? Angriff oder Flucht heißen die beiden wichtigsten Überlebensstrategien. In Schockstarre zu verfallen frisst zu viel Energie, macht einen zur leichten Beute für Angreifer. »Je schwächer und angreifbarer mein Schattenkind sich fühlt, desto schneller stuft es seine Situation als gefährlich ein. Menschen, die ihre Fähigkeiten aufgrund ihrer Glaubenssätze unterschätzen, können deswegen chronisch auf der Flucht sein.« (Stahl, 118) Wer chronisch flieht, bleibt heimatlos, kommt nie zur Ruhe, findet nicht in den Schlaf, verliert seine Leistungsfähigkeit. Am einfachsten ist die Flucht ins Alleinsein. »Wenn sie allein sind, fühlen sie sich aber nicht nur sicher, sondern auch frei, weil sie nur, wenn sie allein sind, das Gefühl haben, frei entscheiden und frei handeln zu dürfen.« (ebd.) Andere flüchten sich in Hobbys, ihre Arbeit, ins Netz. Sie tauchen ab, tauchen unter, wollen nichts sehen, hören oder sagen. Das alles sind alltägliche Strategien, die uns als Lösung oder kleine Erlösung zum Druck- und Angstabbau erscheinen. Hauptsache, nicht spüren müssen, was im Innersten, in den Tiefen meiner unerfüllten Seele rumort. »Millionen Menschen können nicht stillsitzen, weil in der Stille ihre negativen Glaubenssätze vernehmbar sind.« (ebd.)

Hat Blaise Pascal recht, wenn er sagt »Das ganze Unglück des Menschen rührt allein daher, dass sie nicht still in einem Zimmer bleiben können.« Stillsitzen, schweigen, Zeit im Kloster verbringen, ganz im Hier und Jetzt, in der Präsenz mit mir selbst und vor Gott sein, tut gut, wie Fasten guttun kann, weil weniger mehr ist. Gerade in schweren Zeiten braucht es Auszeiten, die uns zur Ruhe kommen lassen. Der Prophet Elia floh nach großem Göttershowdown und blutigem Gemetzel in die Wüste. Die gesamte Prophetenschaar der andersgläubigen Königsgattin hatte er getötet. Die Königin schwor Elia tödliche Rache. »Da fürchtete er sich, machte sich auf und lief um sein Leben ... Er aber ging hin in die Wüste eine Tagesreise weit und kam und setzte sich unter einen Ginster und wünschte sich zu sterben und sprach: Es ist genug, so nimm nun, Herr, meine Seele; ich bin nicht besser als meine Väter.« (1 Kön 19,3f)

Elias Schattenkind war müde geworden. Die Flucht in die Wüste führte ihn in eine lebensgefährliche Gegend. Zeit mag Wunden heilen. Aber Vermeidungsstrategien, die auf Zeit setzen, lösen keine Probleme, sondern verlängern sie nur. Der erste Schritt, Konflikte zu klären, kann nur sein, sich ihnen zu stellen: innehalten, nachdenken, umkehren. »Das Problem hierbei ist, dass die Unlust und Angstgefühle durch Vermeidung stärker und nicht schwächer werden.« (ebd., 119) Wer sich die Decke über den Kopf zieht, nicht aufstehen will, lässt die Gefühle der Ohnmacht nur größer werden. Das verstärkt den Selbsthass wie bei Elia, der von sich sagt, nicht besser zu sein als seine Väter.

Strategien der Vermeidung kann man im Gehirn als Unlustgefühle und Verhinderung von Erfolgserlebnissen nachweisen.
In ihnen verbirgt sich, wozu wir potenziell in der Lage wären,
was unserem Selbstwertgefühl und unserer Lebenslust guttäte.
Die extremste Form solcher Strategie spielt sich im Tierreich als
Todstellreflex ab. Bei Kindern lässt sich Ähnliches beobachten,
wenn sie ihre Hände vor die Augen halten, in der irrigen Annahme, auf diese Weise unsichtbar und unangreifbar geworden zu
sein. Laufen Kinder in Bedrohungssituationen nicht weg, greifen
Reflexe, wie bei Tieren z.B. bei einer Amsel, die mit vermeintlich
gebrochenen Flügeln wie tot am Boden verharrt, in der Hoffnung,
übersehen zu werden. Wir reagieren ähnlich, wenn wir Kontakte
vermeiden, in den sozialen Todstell-Modus gehen und soziale
Ressourcen auf Stand-by schalten.

Doch ein Menschsein ohne Miteinander gelingt nicht. Deshalb
wirkt sich Einsamkeit ähnlich gesundheitsschädlich aus wie Rauchen. Eine andere Art der Flucht sind Süchte, die das Bedürfnis
nach Lustempfinden befrieden wollen. Wenn verlässliche Bindungen nicht gelingen, Autonomie nicht als glücklich erfahren wird
oder die nötige Anerkennung fehlt, erscheint es am einfachsten,
unsere Gelüste zu befriedigen. Wie bei Drogen setzt dies das
Glückshormon Dopamin frei, das unsere Unlustgefühle mini-
miert und das Lustgefühl stimuliert. Unlustgefühle wirken wie
Entzugserscheinungen. Sie suggerieren, es wäre nicht genügend
›Stoff‹ da.

Wir sind ewige Glückssucher, streben ständig nach Lustbefrie-
digung. Das ist unser wundester Punkt: das unstillbare Streben
nach Bedürfnisbefriedigung, die Sucht nach Dopamin. Allein die
Vorstellung, Verzicht üben zu müssen, kann Entzugserscheinungen, sowie Angst- und Unlustgefühle auslösen. Damit arbeiten
Werbekampagnen aller Art – sie suggerieren Bedürfnisbefrie-

digung und Lustgewinn. Zum Phänomen der Sucht kann auch die Störung willentlichen Entscheidungsverhaltens, u.a. durch Stoffwechselstörungen gehören. »Gerade bei der Sucht besteht zumeist eine enorme Diskrepanz zwischen den Ansichten des inneren Erwachsenen und Gefühlen des Schattenkindes ... das Schattenkind will unbedingt sofort (!) belohnt werden und sich sofort (!) gut fühlen. Gerade orale Süchte wie Essen, Trinken und Rauchen üben auf das innere Kind eine ungeheure tröstliche und beruhigende Wirkung aus.« (ebd., 125) Auch deshalb hat Corona so vielen Menschen ›zugesetzt‹ und leiden mehr als 50 Prozent an Übergewicht. Offen gestanden: Ich weiß, wovon ich spreche.

Unser kindliches Bedürfnis nach Geborgenheit, versorgt und genährt zu werden, wie an Mutters Brust, will gestillt sein. Schon prophetische Bilder lockten damit, die Gott als tröstende Mutter für sein Volk anpriesen. »Denn nun dürft ihr saugen und euch satt trinken an den Brüsten ihres Trostes; denn nun dürft ihr reichlich trinken und euch erfreuen an ihrer vollen Mutterbrust.« (Jes 66,11) In babylonischer Gefangenschaft, im dunklen Tal ihrer Todesängste, will Gott sein Volk trösten, »wie einen seine Mutter tröstet«. (Jes 66,13)

Heilsame Seelsorge würde auch trösten, Einsamkeit lindern, liebevolle Gemeinschaft ermöglichen wollen. Das geht nicht auf Knopfdruck und ist eine Frage der Haltung und der Möglichkeiten. Eine heilsame Seelsorge, die gut eingebettet ist in ein überzeugendes Gemeindeleben, hat hier mehr Möglichkeiten als so manches Einzelkämpferdasein in der Krankenhaus-, Gefängnis- oder Schulseelsorge. In Zeiten, in denen Einsamkeitsministerien errichtet werden, z.B. in England, um das Gift der Entsolidarisierung zu bekämpfen, braucht es soziale Achtsamkeit und begründeten Trost. »Der Punkt ist der, dass das innere Kind von Natur aus zum Exzess neigt. Das Kind will nämlich immer das machen, was am meisten Annehmlichkeit verspricht. Das Problem ist, dass die Annehmlichkeit in die Sucht münden kann, weil durch die Konditionierung der Gewohnheiten und des Gehirns der Süchtige die Kontrolle über seine Sucht verliert.« (Stahl, 125)

Erscheint die Aussicht auf eine nachhaltige Belohnung erfolgversprechender, als die kurzfristige Befriedigung, steht die Tür für eine Veränderung offen. Heilsame Seelsorge kann ein Übungsfeld für neue Gewohnheiten werden, ein Notausgang aus dem verminten Gelände der Sucht sein. Ein suchtfreies Leben erhöht übrigens die eigene Attraktivität und Ausstrahlungskraft, kann mit der wertvollen Währung ›Wertschätzung und Anerkennung‹ belohnt werden. Da achtzig Prozent unserer Kommunikation aus Körpersprache besteht, überrascht es nicht, wenn von Äußerem auf Inneres geschlossen wird. Ich will nicht ein Prediger der Äußerlichkeit und Oberflächenbehandlung werden. Doch es gehört zur Wahrheit, dass die Attraktivität eines Menschen bei der Partnerwahl und im gesellschaftlichen Leben von Vorteil ist. Ein Selbstwertgefühl, das eine Sucht in den Griff bekommen hat, lässt Menschen von innen heraus strahlen, krönt ihr Leben mit Glücksgefühlen, die tiefer gehen als das nächtliche Verzehren einer Tiefkühlpizza.

10. Narzissmus

Narzisstische Persönlichkeiten streben nach Macht, Erfolg und übermäßiger Anerkennung. »Menschen, die eine narzisstische Persönlichkeit entwickeln, haben früh gelernt, das Schattenkind, das sich wertlos und kläglich fühlt, zu verdrängen, indem sie sich ein ideales zweites Selbst zulegen. Das Idealselbst wird konstruiert, indem der Narzisst alles dafür tut, um sich aus dem Durchschnitt herauszuheben. Narzissten strengen sich unglaublich an, etwas Besonderes zu sein, weil das Schattenkind genau das Gegenteil empfindet.« (Stahl, 126) Das Bedürfnis nach Selbstwerterhöhung ist unersättlich. Sie legen Wert auf gutes Aussehen und äußere Wirkung. Betreten sie die Bühne, wollen sie gesehen werden. Ihr Platzhirschverhalten geht ohne Rücksicht auf Verluste auf Kosten anderer. »So haben Narzissten ein ausgeprägtes Gespür für Schwächen ihres Gegenübers, die sie gern in Form von ätzender Kritik verbalisieren.«(ebd.) Weil sie im Stillen ihre eigenen Schwächen unerträglich finden, projizieren sie diese auf andere. Narzisstische Typen verfügen über einen feinen Riecher, eigene Schwächen bei anderen zu entlarven. Sie inszenieren Täter-Opfer-Retter-Dramen zu ihren Gunsten. Darin können sie treibende Akteure, aggressive Täter sein und im Konfliktfall kippen sie um.

Wenn die Niederlage droht, mimen sie das hilflose Opfer und betteln wie kleine Kinder um Hilfe. Ihr über die Zeit gesponnenes Netz aus abhängigen, zuweilen hilflosen Helfern funktioniert für eine Weile erstaunlich gut. Nicht selten sind die Medien an allem schuld, die Lügenpresse, deren sie sich bis dahin gerne bedient haben, um ihre Einzigartigkeit zu inszenieren. Spielt es in ihre Karten, umgeben sie sich mit Prominenz, die sie idealisieren, um selbst besser dazustehen. Hauptsache, deren Glanz befriedigt ihre Ruhmsucht. Ist die erhoffte Wirkung erreicht, können die einst in den Himmel Gehobenen bei Bedarf wie eine heiße Kartoffel fallen gelassen werden, wenn es der eigenen Imageaufbesserung dient. Nicht selten können diese dann zum Objekt von Spott und Hass werden, zum Feind, den man nie gekannt haben will.

Nutzt es Narzissten, können sie äußerst charmant sein. Da wird die Stimme süßlich und emotional. Ihre Körpersprache wirkt mit einem Mal äußerst zugewandt. Oft fehlt ihnen das rechte Verhältnis von Distanz und Nähe. Kumpanei, vorgegebene

Freundschaft, nahezu familiäre Exklusivität werden effektreich inszeniert. Als charismatische Persönlichkeiten können sie den galanten Gastgeber und beeindruckenden Unterhaltungskünstler mimen. Hier gilt für eine Zeit, die dem narzisstischen Typen nutzt: Gleich zu gleich gesellt sich gern. Vor allem aber ziehen sie eher schwache Persönlichkeiten an. Sie tun nahezu alles für sie, um ihr eigenes, angeschlagenes Selbstwertgefühl zu steigern. In Partnerschaften gehen solche Modelle der Co-Abhängigkeit meist schief. Ebenso scheitern Freundschaften zwischen Narzissten, wenn der gegenseitige Nutzen verpufft ist. Wir leben in Zeiten narzisstischer Charaktere. Bei 0,5–2,5 Prozent der Betroffenen kann man von einer ›narzisstischen Persönlichkeitsstörung‹ sprechen.

Eine Beziehung auf Augenhöhe, die kritische Rückfragen ermöglicht, ist mit Narzissten kaum möglich, da sich Kritik an ihrer Person kategorisch verbietet. Eigene Schwächen finden in ihrer Wahrnehmung nicht statt. »Diese Wahrnehmungsverzerrung besteht in der weitgehenden Ausblendung seiner eigenen Schwächen in Kombination mit einer lupenhaft vergrößerten Wahrnehmung kleiner und vermeintlicher Schwächen des Partners.« (ebd., 128) Die hämische Kritik narzisstischer Typen verschärft das Minderwertigkeitsgefühl ihrer Opfer auch dann noch, wenn diesen bewusst geworden ist, dass es sich um die Kritik eines Narzissten handelt. Die Verwicklungen sind so subtil, dass eine Abgrenzung nicht gelingt und weitere Verletzungen folgen. Manche Menschen, die von narzisstischen Charakteren in die Wüste geschickt wurden, strengen sich noch mehr an, perfekter, attraktiver, unterwürfiger zu wirken, um weiter zu gefallen.

Narzissten sind unangenehme Chefs. Ihre hohe Kränkbarkeit, ihre vernichtende Wut, ihr herrisches Gehabe, vor allem aber ihre mangelnde Empathie machen sie unberechenbar und bedrohlich.

Mitarbeiter erleiden deren respektloses Verhalten eher ohnmächtig; statt in den Angriffsmodus zu schalten, flüchten sie in Depressionen, Suchtverhalten oder Formen der Selbstaggression. Für Außenstehende ist es unvorstellbar, wie verletzend ein scheinbar so charmanter Chef sein kann. Führen ihre Strategien nicht zum gewünschten Erfolg, kann ihre Macht Risse erhalten, das überzeichnete Selbstbild kippen, werden übermächtig Erscheinende zu hilflosen Kindern, die suizidalen Fantasien verfallen. Als letzte Waffe setzen sie das Kindchenschema ein, um sich von denen, die zuvor noch »nützliche Idioten« waren, beschützen und helfen zu lassen. Wir alle sind fehlerhaft und in jedem Menschen schlummert ein narzisstischer Persönlichkeitsanteil, »es hängt einfach nur vom Ausmaß ab, ab wann man sagt, dieser Mensch sei ein ›Narzisst‹.« (ebd., 130)

Heilsame Seelsorge ist hier ein schwieriges Feld, weil sie mit Zurückweisung zu rechnen hat. Daher brauchen Narzissten in erster Linie ein offenes Ohr, das zuhört und zunächst wenig bis gar nicht kritisch rückfragt. Erst beim Zusammenbruch der Kulisse kann ein Gegenüber zum Zuge kommen. Ein Ausweg aus dem Dilemma eines verletzten und verletzenden Schattenkindes kann darin liegen, sich aufgehoben und geborgen zu wissen in einem größeren Ganzen, indem es selbst nicht mehr großartig sein muss. Es kann helfen, sich in das Miteinander einer Gemeinschaft zu fügen, nicht länger Solist, sondern Glied einer Kette zu sein; gleichwertig wertvoll, geliebt und verwundbar.

Nicht Auf-, sondern Abrüstung, nicht Hoch-, sondern Demut, nicht das aufgeplusterte Ich, sondern ein harmonisches Wir sind da gefragt, kurzum: eine ›Gemeinschaft der Heiligen‹. Denn: »Das Auge kann nicht sagen zu der Hand: Ich brauche die nicht; oder wiederum das Haupt zu den Füßen: Ich brauche euch nicht. Vielmehr sind die Glieder des Leibes, die uns schwächer erscheinen, die nötigsten; und die uns weniger ehrbar scheinen, die umkleiden wir mit besonderer Ehre; und die wenig ansehnlich sind, haben bei uns besonderes Ansehen; denn was an uns ansehnlich ist, bedarf dessen nicht. Aber Gott hat den Leib zusammengefügt und dem geringeren Glied höhere Ehre gegeben, auf dass im Leib keine Spaltung sei, sondern die Glieder einträchtig füreinander sorgen.« (1 Kor 12,21-25) Das Bild, das Paulus von den ersten Gemeinden zeichnet, von einem Leib, in dem alle aufeinander angewiesen sind, bietet Raum für unterschiedlichste Typen. Jeder ist da Teil eines großen Ganzen. Alle sind wir darin einzigartig wie unsere Fingerabdrücke.

Margarete Mitscherlich, die große Dame der Psychoanalyse, schreibt: »Ein narzisstisch desorientierter Mensch braucht sein Kind nur, um sich selbst zu genießen. Wer um sich selbst kreist, kann nicht lieben, er wird erst melancholisch und dann unglücklich. So komisch es klingt: zu lieben ist schöner, als geliebt zu werden. Wer das nicht spürt, hat ein therapiebedürftiges Problem. Sich nicht mehr nur um sich selber zu sorgen ist ein großes Glück- und Freiheitserlebnis.« (Mitscherlich, 238) Es ist heilsam, einsamen Narzissten den Weg in ein stärkeres Miteinander auf Augenhöhe zu bahnen, verlässliche Bindungen zu stärken, die Selbstbezogenheit mit Weltbezogenheit in eine Balance zu bringen, damit das geschwächte Ich zu wahrer Stärke findet. Im Alltag bekommt es heilsame Seelsorge eher mit den zahlreichen Opfern der narzisstischen Charaktere zu tun. Diese haben vier Möglichkeiten im Umgang mit solchen Charakteren: 1. Sie verlassen das toxische Feld. 2. Sie werden krank. 3. Eine gute Leitung greift hilfreich ein. 4. Es wird ein Arrangement für eine gewisse Zeit gefunden.

11. Versteckspiele

»Selbst im Wachzustand sind wir nicht anders als ein Schlafwandler. Wir tun Dinge, ohne dass es uns bewusst ist. Nur weil wir die Augen geöffnet haben, sind wir noch lange nicht wach.« (Sunim, 77) Wann wachen wir auf? Wann wird mir bewusst, was zu tun, was zu unterlassen ist? Trotz geöffneter Augen sehe ich nicht, wo es für mich langgehen, was dem Leben dienen könnte. »Eine gewisse Zurückhaltung und ›Tarnung‹ als Selbstschutz sind gesund, natürlich und sozialverträglich.« (Stahl, 131) Leider übertreiben wir es mit der Tarnung. Fortwährend begegnen uns unauthentische Menschen. Künstliches Gehabe, schrille Affektiertheit sorgen dafür, dass wir voreinander in Hab-Acht-Stellung gehen. Menschen, die mit sich und ihren Gefühlen nicht im Kontakt sind, fehlt auch der Zugang zu ihrem Mitgefühl.

Wie fängt das Tarnkappenspiel an? Schon morgens, wenn ich am Spiegel stehe, mich frage, wie ich aussehe. Wer will schon für andere eine Zumutung sein? Besser: sich hübsch machen, Schminke auflegen, täuschen und tarnen wie im Tierreich. Viele fühlen sich nackt, wenn sie ungeschminkt auf die Straße gehen, wenn sie sich zeigen, wie Gott sie geschaffen hat. Ganze Industrien verdienen an unserem Schutz- und Täuschungsbedürfnis. Wann kommt die natürliche Schönheit in Mode, die nichts kostet, weil sie uns geschenkt ist, wie die Sonne und der Regen? »Die Krise der Krankheit kann dazu führen, dass wir das Leben, das wir konstruiert haben, abschütteln und zu dem Leben zurückkehren können, dass unser eigenes ist. Oft ist das, was sich dann als wichtig erweist, durchaus keine Überraschung.« (Remen, 54) Ein an Krebs erkrankter Manager vertraute seiner Ärztin an: »Ich habe immer gewusst, worauf es wirklich ankommt. Aber vorher habe ich geglaubt, nicht das Recht zu haben, auch danach zu leben.« (ebd.) Der Manager kündigte seinen Job, gesundete und wurde glücklicher Weinbergbesitzer. Es gibt kein gesundes Leben im falschen. Versteckspiele sind nicht für die Ewigkeit. Die Körpersprache der Versteckspieler ist seltsam kontrolliert und künstlich, als trügen sie eine zweite Haut. Ihre Gesichtszüge wirken maskenhaft. Hinter ihren Fassaden mangelt es am Kontakt zu sich selbst. Da wird die teure Kleidung zur machtvollen Verkleidung, der Hosenanzug zum Kampfanzug auf der Arbeit. In überteuerten Markenanzügen stecken oft verunsicherte Schattenbuben.

Äußerlich mögen solche Leute ein eloquentes Auftreten beherrschen. Dahinter lauert eine unzähmbare Angst, nicht liebenswert zu sein. Sie befürchten Angriffe von allen Seiten, wenn ihre Schutzstrategien versagen. Manch einer spielt da die stets gleiche Rolle, um Erwartungen zu erfüllen und die Welt auf Abstand zu halten. Ihre wahren Bedürfnisse haben sie längst zurückgestellt. Sie haben es verlernt, sich wahr- und ernst zu nehmen. Echtheit würde sie angreifbar machen, was es zu vermeiden gilt. In der Öffentlichkeit schieben sie ihre selbstsichere Seite nach vorne. An schlechten Tagen bleiben sie zu Hause, verstecken oder verbarrikadieren sich im Schutz der Häuslichkeit.

Versteckspiele finden auch in Partnerschaften statt. Hält ein Schattenkind sich nicht für liebenswert, stülpt es seinem Herzen eine Tarnkappe über, versteckt es eigene Bedürfnisse darunter. Beziehungen erstarren dann zu holzschnittartigen Rollenspielen. Bei manchen Traugesprächen lässt sich das besonders offensichtlich erleben.

In der Öffentlichkeit ergehen sich Schattenkinder in Ritualen der Förmlichkeit. Hinzu kommt eine Konfliktscheu, die den inneren Anpassungsdruck erhöht. Die Kehrseite der Medaille ist das unangenehme Gefühl, ständig zu kurz gekommen zu sein. Da staut sich eine ›kalte Wut‹ auf, die Beziehungen ohne Vorwarnung beenden kann, als hätte es sie nie gegeben. Im Modus des Versteck-spiels ist es verloren gegangen, beziehungsdienlich ehrlich zu sein. Dafür hätten alte Schutzstrategien abgerüstet werden müssen. »Auch wenn sie nicht unbedingt aktiv lügen, so ist es doch für das Gegenüber oft schwer zu erkennen, wo sie stehen.« (ebd., 133) Wird eine Beziehung nicht stillschweigend exekutiert, können an deren Ende offene Rechnungen präsentiert werden, entladen sich aufgestaute Vorwürfe mit vernichtender Wut in einem großen Donnerwetter. Davon Betroffene haben dann keine Chance mehr, angemessen Gehör zu finden.

Enttäuschungen und Traumata der ersten Lebensjahre tragen wir unbewusst in uns herum. Intuitiv erlernen wir Formen des Ver-steckspiels. Um innerlich heil zu werden, ist es wichtig, mit Ver-ständnis und Feingefühl, das schutzbedürftige Kind aus seinem Versteck zu locken. Dazu gehört, kleine Schritte zu wagen und zu ersten Wahrnehmungen und ehrlichen Eingeständnissen zu gelangen. Die Benennung erlittener Niederlagen und Krisen, sowie die Offenlegung eingeübter Verhaltensweisen als Schutzstrategien können helfen, die Tarnung abzubauen. Freunde, Partner, Seel-sorger und Therapeuten bieten ein Übungsfeld für ein offeneres Miteinander. Auch wenn es schwerfällt, an die Wurzeln unserer Schattenspiele zu gelangen, kommt irgendwann ein Licht und ermöglicht kleine Schritte aus dem Tal unserer Verschlossenheit. Auch wenn es sich schmerzhaft anfühlen mag, tut es gut, einem echten, ungeschminkten, authentischen Leben auf die Spur zu kommen.

Jede Bewusstwerdung, die es erleichtert, mit dem, was mich ängstigt, einen freieren Umgang zu finden, hilft und heilt. Wie sonst kommt Licht in den Kerker meiner Selbstverschlossenheit? Besonders hier gilt: Nur die Wahrheit macht frei! Der Mann aus Nazareth vermerkt am Ende seiner Bergpredigt. »Geht hinein durch die enge Pforte. Denn die Pforte ist weit und der Weg ist breit, der zur Verdammnis führt, und viele sind's, die auf ihm hineingehen. Wie eng ist die Pforte und wie schmal der Weg, der zum Leben führt, und wenige sind's, die ihn finden.« (Mt 7,13f) Das klingt mühsam und zugleich verheißungsvoll: Veränderung ist möglich!

Es gibt Wege aus meinen Prägungen. Sie sind eng und die Pforte ist schmal. Doch wenn sie zu einem guten Leben führen, lohnt sich der Aufwand, Ritterrüstungen abzulegen und das Maskenspiel zu beenden. Heilsame Seelsorge ermutigt, diese Pfade zu betreten. Sie setzt auf ein lebenslanges Lernen und die enorme Plastizität unseres Gehirns, das bis zum letzten Atemzug die Fähigkeit der Veränderung behält. Es ist groß genug, um neue Erfahrungen zu machen. Auch wenn unsere Wege steinig sind. Es können selbst aus einstigen Kreuzwegen noch Königswege werden. Wenn Tiefen zu durchschreiten sind, wird das Tränen und Schweiß kosten. Stehen Prozesse der Selbsterkenntnis an, können alte Wunden aufgerissen werden. Doch nur so kann Verzeihen gelingen, Altes beendet und Neues möglich werden. Wertvolles, Wahres und Liebenswertes gibt es eben nicht kostenlos. Alles hat seinen Preis. Es ist aber die Sache wert, mit offenen Augen mein Leben in den Blick zu nehmen, ohne Maskerade, um aus meinen Schatten ins Licht zu treten. »Ich finde, zum kultivierten Leben gehört vor allem Selbsterkenntnis. Viele Menschen ahnen nicht, wie viel Kraft Verdrängen kostet und wie depressiv, abwehrend und steril es einen machen kann.« (Mitscherlich, 239)

»Dora hat immer gesagt, dass es nur kurze Zeit braucht, um sich an die Dunkelheit zu gewöhnen, während man sich an das Licht nie so ganz gewöhnt – als würden wir uns nur in unseren Verstecken sicher fühlen, weil dort niemand anders hingelangen kann.« (Sastre, 27f) Es ist eine trügerische Sicherheit, von der

Großmutter Dora ihrem Enkel Gael erzählt, indem sie Verstecke als Orte anpreist, in die niemand sonst gelangen kann. Ich will mich an diese Dunkelheit nicht gewöhnen, sondern lieber ins Licht treten, ein Sonnenkind werden, dass ohne Versteckspiele durchs Leben geht.

IV. SONNENKIND

Wenden wir uns nun dem Sonnenkind zu. Der katholische Theologe Henri Nouwen bringt auf den Punkt, worum es im Folgenden geht: »Du bist ein Kind Gottes: das ist deine wahre Identität. Diese Identität musst du akzeptieren. Hast du sie einmal akzeptiert und dir verinnerlicht, lebst du in einer Welt, die dir viel Freude, aber auch Schmerz gibt. Du kannst erhaltenes Lob wie erhaltenen Tadel als eine Gelegenheit ergreifen, deine Grundidentität zu festigen, weil die Identität, die dich frei macht, jenseits allen menschlichen Lobs und Tadels verankert ist. Du gehörst Gott und bist als ein Kind Gottes in die Welt gesandt.« (Nouwen, 75)

Blicken wir auf unser Sonnenkind, ist die Beschreibung des Menschen als Kind Gottes, das Lob und Tadel erfährt, Freude und Schmerz aushalten muss – und auch kann –, ein hilfreicher Horizont. In allem, was war, ist und sein wird, sind wir durch unsere Vergangenheit bestimmt. Wer aber Gott gehört, auf ihn hört, sich ihm zugehörig weiß, verfügt über eine weitere Quelle, die über alles Gewesene hinausgeht und ins Wesentliche führt. Gott schenkt uns neue Kräfte für unser Wachstum, für unseren Weg zu einer Heimat, in der unser Herz zur Ruhe kommt und wir ankommen, bei ihm, bei uns, in der Welt, bei unserem Nächsten. Kinder Gottes dürfen mit ihren Licht- und Schattenseiten unterwegs sein, mit Realismus und Zuversicht.

Heilsame Seelsorge nimmt sich Zeit, öffnet Räume, die erkennen lassen, was mich beschwert, wo Umkehr notwendig ist, wie ich Friedensstifter werden und wie die Seele Heimat finden kann. Stefanie Stahl geht es um die Regulation unserer Wahrnehmung, unseres Denkens und Fühlens. Sie nennt das: Selbstmanagement. Sie ist davon überzeugt, dass wir die Verantwortung für Veränderungsprozesse in unsere Hände nehmen müssen. Die Umprogrammierung meines Gehirns ist durch therapeutische Bewusstwerdung und gezielte Übungen möglich. Stahl vergleicht ihr Vorgehen mit einer Tanzlehrerin. Jeder Tanz ist anfangs bewusst zu lernen, bis ein Paar beschwingt übers Parkett schwebt, ohne an die Schrittfolge zu denken. Ähnliches traut sie unserer Seele zu.

An dieser Stelle regt sich mein protestantischer Zweifel, denn es klingt ein wenig nach ›psychotherapeutischer Werkgerechtigkeit‹. In mir regt sich die Vermutung, dass mein Kontrollbedürfnis mit meinem Machbarkeitsvorstellungen Blues tanzen soll. Bei dieser Betrachtungsweise fehlen mir die Unverfügbarkeit des Lebens, sein Geschenkcharakter und die Erfahrung, dass nicht alles, was mir geschieht, Produkt meines Tuns und Bewusstseins ist. Ohne Frage bedarf die Heilung von Seelenlandschaften eigenverantwortlichen Handelns. Aber der Mensch ist eine wilde Mischung aus unbewussten und unverfügbaren Prozessen. Im Letzten geht es darum, zu einem ganzheitlichen Gestimmtsein zu gelangen. Das macht auch ein Orchester aus, welches nicht nur auf das gute Spiel der ersten Geige angewiesen ist. »Ein Kollege ... erzählte mir, er sehe das Leben als ein Orchester an. Seine Integrität zu wahren, erinnere ihn an den Moment vor dem Konzert, wo der Dirigent den Oboisten bittet, ein A zu spielen. ›Zuerst ist das Chaos ... der Krach lässt nach, und wenn schließlich alle genau auf den Ton eingestimmt sind, gibt es einen Moment der Ruhe, der Heimkehr.‹« (Remen, 55)

Ankommen, innerlich Heimat finden bedeutet, bei aller Vielstimmigkeit auf den Ton eingestimmt zu sein, der alles mit allem zum Klingen bringt, die Symphonie eröffnet, das Zusammenspiel von Unverfügbarem und Verfügbarem aus dem Lärm der Welt heraushört. Sie vertraut darauf, dass Ruhe einkehrt und dass das Leben als stimmig erlebt werden darf. Die Tür dazu öffnet die unverfügbare, freie Gnade Gottes, die durch alles Chaos hindurch zu einem stimmigen Herzen geleiten möchte. Ich bleibe zurückhaltend, wenn es darum geht, der Mensch könne sich durch Selbstmanagement aus dem Sumpf seiner Schattenwelt allein herausziehen. »So nimm denn meine Hände und führe mich bis an mein selig Ende und ewiglich. Ich mag allein nicht gehen, nicht einen Schritt: Wo du wirst gehen und stehen, da nimm mich mit.« (EG 376) Ja, auch das darf sein. An wie vielen offenen Gräbern, angesichts vieler offen gebliebener Fragen, warum ein Leben so war, wie es war, habe ich dieses alte, kitschige Lied von Julie Hausmann gesungen? Ja, auch das darf sein, für mein Schatten- und für mein Sonnenkind, der Wunsch, dass Gott mich an die Hand nimmt, durchs Leben, ja, über den Tod hinaus führt in sein Sonnenreich. Und dieses Lied verdrängt nichts, aber es singt voller Hoffnung sein großes Trotzdem: »Wenn ich auch gleich nichts fühle von deiner Macht, du führst mich doch zum Ziele auch durch die Nacht.«

Der Nazarener traut uns viel auf unserem Weg zu: »Ihr seid das Licht der Welt.« (Mt 5,14) Wir sind jetzt schon mitten in dieser Welt Sonnenkinder, obwohl wir längst noch nicht am Ziel sind! Und heilsame Seelsorge ist zudem »Salz der Erde«, kritisches Potenzial, das in Wunden brennt, konservierende und reinigende Wirkungen entfaltet. Für sie, wie für seine Jünger und Jüngerinnen galt und gilt: »Ihr seid das Salz der Erde. Wenn nun das Salz nicht mehr salzt, womit soll man salzen? Es ist zu nichts mehr nütze, als dass man es wegschüttet und lässt es von den Leuten zertreten.« (Mt 5,13)

Salz brennt in Wunden. Salz ist überlebenswichtig. Schon wenige Körnern erzielen große Wirkung. Es macht mein Leben geschmackvoll, kann aber auch »Salz im Getriebe« sein, entschleunigen und uns das Leben gehörig versalzen. Heilsame Seelsorge will Salz der Erde sein, unzählige Teufelskreisläufe in dieser Welt unterbrechen, notfalls gegen den Strom schwimmen, nicht aalglatt mit der Masse treiben, antizyklisch zur Quelle zu-rückfinden. Ihre Sorge um die Seele geht mit der Sorge um die Schöpfung Hand in Hand. Nur eine gesunde Welt erhält Geist, Seele und Körper gesund. »Die Realität des Alltags wird von Je-sus nicht als letzte anerkannt, sondern kritisch aufgebrochen und in den Horizont lebensschaffender und lebenserneuernder Möglichkeiten gestellt. Die Forderung zur Umkehr zielt nicht auf Anpassung, sondern befreit zu den Möglichkeiten des Anders-Seins.« (H. Luther, 231)

Wir dürfen anders sein! Wir dürfen aussteigen aus dem Kon-sumwahn unserer Zeit. Sigmund Freud sah im Triebverzicht die Wiege der Kultur. Die Zeit des Wartens, Innehaltens und Besin-nens kann zum Geburtsort neuer Einsichten, Ideen und kreativer Chancen werden. Aufbrüche in ein Anders-Sein sind möglich. »Liegt dir etwas auf der Seele? Dann geh in der Sonne spazieren. In der Sonnenwärme schüttet dein Gehirn Serotonin aus. Wenn du deine Frage einfach im Sinn behältst und dich nicht zu sehr bemühst, eine Lösung zu finden, wird die Antwort von selbst auftauchen.« (Sunim, 48) Sonnenkind, geh in die Sonne! Richte dein Leben wie die Sonnenblume nach Gottes Energiewunder aus! Habe dabei Geduld mit dir, deinen Grenzen und Möglichkeiten!

1. Tanzen und Beten

Von Friedrich Schiller ist der Satz überliefert: »Der Mensch spielt nur, wo er in voller Bedeutung des Wortes Mensch ist, und er ist nur da ganz Mensch, wo er spielt.« Für die ästhetische Erziehung des Menschen sieht Schiller das Spiel als wesentlich an. Eric Berne betitelte seinen Klassiker über die Psychologie menschlicher Bezie-hungen: »Spiele der Erwachsenen«. Darin schreibt er: »Womit wir uns ... befassen wollen, das sind die unbewussten Spiele, gespielt von ahnungslosen Menschen, die in Duplex-Transaktionen verwickelt sind, ohne sich dessen voll bewusst zu werden; diese Spiele stellen in der ganzen Welt den wesentlichsten Aspekt des gesellschaftlichen Lebens dar.« (Berne, 59) Mit dem Aspekt des Spieles, welches mit der Zeit bei uns Erwachsenen eingehegt und domestiziert wurde, gewinnt das Bild des Tanzes von Stefanie Stahl an Klarheit. Leben ist ein Wechselspiel aus Freiheit und Form, aus gelernten Tanzschritten und unbewusstem Sich-fallen-lassen im Tanz, den eingeübten Drehungen und dem freien Spiel mit meinem Gegenüber. Sie empfiehlt Menschen, die in ihren Lernprozessen allein unterwegs sind, die erwähnte Praxis der Imagination. Die *Imagination* (engl. Vorstellung) malt Helfer vor unsere inneren Augen, die seelische Prozesse wie gute Freunde begleiten. Dabei können sogar Verstorbene und Fantasiewesen imaginiert werden. »Um dein Schattenkind zu heilen, benötigst du einen starken haltspendenden inneren Erwachsenen ... Unser vernünftiger Verstand ist mit der Fähigkeit ausgerüstet, in logischen Argumenten zu denken.« (Stahl, 140) Imagination kann also beim logischen begreifen und verarbeiten früherer Ereignisse helfen.

Sind Eltern z.B. mit der Erziehung ihres Kindes überfordert, ist nicht das Kind schuld. Es ist die Aufgabe der Eltern, die Gefühle ihrer Kinder ernst zu nehmen und ihre Bedürfnisse angemessen zu stillen. Wenn das nicht der Fall war, kann solches Bewusstsein unserem Schattenkind auf die Beine helfen, wenn es in Selbstzweifeln untergeht. »Es ist ein psychologisches Gesetz, dass wir umso mehr Stress und Belastung erleben, desto mehr wir gegen uns selbst ankämpfen ... Die Selbstannahme ist die Voraussetzung für Entspannung und für eine fruchtbare Weiterentwicklung.« (ebd., 142) Solche Selbstannahme bezieht sich auf die Fähigkeit, positive wie negative Gefühle als gegeben anzunehmen. Es ist besser, sich zu erlauben, alle Gefühle zu fühlen, statt sie zu unterdrücken und zu verdrängen. Ein Fortschritt auf dem Parkett des Lebens ist es, Stärken und Schwächen, Begabungen und Defizite anzunehmen, wie sie sind. Auch Atemübungen können helfen, mein Schattenkind anzunehmen. Alles darf sein, wie es ist. Meine Schattenseiten dürfen sein, wie sie sind. Warum soll für die Selbstannahme meines Schattenkindes nicht gelten, was Paulus in anderem Zusammenhang empfiehlt? »Nehmt einander an, wie auch Christus euch angenommen hat.« (Röm 15,7)

Ein anderes Spielfeld für mein Erwachsenen-Ich ist es, einen tröstlichen Umgang mit meinem Schattenkind zu finden. Dazu mache ich mir die destruktiven Glaubenssätze meiner Kindheit als Fehlprogrammierung bewusst, überschreibe sie mit neuen Botschaften und stelle sie in einen neuen Rahmen. Unserem Vorstellungsvermögen sind hier keine Grenzen gesetzt. »Da wurden Kinder zu ihm gebracht, dass er die Hände auf sie legte und betete. Die Jünger aber fuhren sie an. Aber Jesus sprach: Lasset die Kinder und wehret ihnen nicht, zu mir zu kommen; denn solchen gehört das Himmelreich. Und er legte die Hände auf sie und zog von dort weiter.« (Mt 19,13f) Viel wäre gewonnen, würden wir aufhören, unser Schattenkind zu leugnen. Es wird Zeit, es aus der Dunkelkammer unseres Schmerzes herauszuholen. Christus will es anrühren und segnen. Stahls Übungen zielen darauf, »dass du mithilfe deines Erwachsenen-Ichs dem Schattenkind begreiflich machst, dass seine Glaubenssätze recht beliebig sind und nichts, aber auch gar nichts, über deinen tatsächlichen Wert aussagen.« (Stahl, 145) Das bedeutet, die Dominanz internalisierter Glaubenssätze ins Leere laufen zu lassen. Sich frei zu machen von den destruktiven Kräften, die mein Leben niederhalten.

Wir alle tragen in unseren neuronalen Systemen abgespeicherte Erinnerungsfilme herum. Kleine Irritationen oder Assoziationen genügen, um uns zu triggern, Filme abzuspulen, die an Vergangenes erinnern. Wir tanzen alle auf dem Vulkan der Erinnerung. Niemand kann sich sicher sein, von erneuten Ausbrüchen nicht fortgerissen zu werden. »Manche Erinnerungen sind so tief in unserem Gehirn eingespurt, dass wir immer wieder sehr schnell in unser altes Muster verfallen.« (ebd., 149) Aus dem Schatten ins Licht zu treten geht von der Idee aus, dass alte Filme neu aufgenommen, überblendet, neu belichtet werden können. »Unser Gehirn unterscheidet nämlich nicht gut zwischen Vorstellung und Wirklichkeit ... Es besteht also hirntechnisch die Möglichkeit, alte Erinnerungen zu überschreiben. Das hilft bei der Selbstheilung alter Wunden.« (ebd.) Mit dem Instrument der Fantasie können negative Erlebnisse doch noch ein gutes Ende finden.

Fantasieren wir doch einmal: Wer möchte ich gewesen sein, wenn am Grab letzte Worte über mich fallen? Warum mir nicht eine eigene Beerdigungsrede schreiben, mit dem, was ich mir vom Leben noch erträume? Aus solchen Imaginationen lassen sich Kräfte schöpfen für die Gestaltung der Gegenwart. Leben im Futur II nennt dies der Sozialpsychologe Harald Welzer. Unsere Vorstellungskraft kann Geburtshelferin eines anderen Lebens werden und uns einen neuen Umgang mit dem Vergangenen ermöglichen. In diesem Zusammenhang gewinnt das Wort Christi eine ganz neue Bedeutung, wenn er spricht: »Ich lebe und ihr sollt auch leben.« (Joh 14,19) Lebe jetzt! Träume von einem neuen Morgen! Lege die alten Kleider der Vergangenheit ab, die dich gefangen halten und nicht tanzen und spielen lassen.

Die Möglichkeiten der Imagination sind zahlreich. Schreibe deinem Schattenkind einen Brief. Entwickle im Rückblick darin Verständnis für seine Geschichte. Fange an, dein Erwachsenen-Ich von deinem inneren Kind zu unterscheiden. Wage neue Rollenspiele, Inszenierungen, Perspektivwechsel. Besuche innere und reale Tanzstunden. Drei Perspektiven lassen sich dabei einnehmen: die des Schattenkindes, Erwachsenen-Ichs oder des Beobachters.

Margarete Mitscherlich macht dazu Mut: »Je älter ich werde, desto weniger verstehe ich, dass ich mich so wichtig gefühlt habe. Warum habe ich das Leben so ungeheuer schwergenommen? Warum habe ich nicht begriffen, dass das Leben ein Spiel ist, ein großes Theater? Jeder von uns könnte wissen, dass wir ein zufälliges Stück Natur sind, das irgendwann endet. Stattdessen nehmen wir es wichtig, wenn wir eine Falte bekommen, und versuchen, sie zu verstecken. Das Rätsel ist, dass die Menschen so unglaublich lächerlich sind, inklusive man selbst.« (Mitscherlich, 246)

Es tut gut, über sich selbst zu lachen, sich nicht zu ernst zu nehmen, nicht an jeder Falte zu verzweifeln. Das erinnert an Kinder mit einem gesunden Spieltrieb, an die Möglichkeit, sogar ein neues Herz und einen neuen Geist zu erhalten: »Macht euch ein neues Herz und einen neuen Geist. Denn warum sollt ihr sterben ... Denn ich habe kein Gefallen am Tod dessen, der sterben müsste, spricht Gott der Herr. Darum bekehrt euch, so werdet ihr leben.« (Ez 18,31f) Heilsame Seelsorge hat einen einzigartigen Verbandskasten im Gepäck, voller Verheißungen, die uns ein anderes, neues, sinnvolles Leben imaginieren lassen. Dem Fluch der Vergangenheit begegnet Gott mit Segensworten für die Gegenwart.

Die Kraft des Gebetes ist die frischeste Quelle, gelingendes Leben zu imaginieren. In Marilynne Robinsons Roman »Gilead« schreibt der Protagonist – ein alter Gemeindepfarrer – Briefe an seinen Sohn, die diesem nach dem Tod des Vaters auszuhändigen sind. Darin heißt es: »Für mich ist das Schreiben immer wie Beten gewesen, selbst wenn ich keine Gebete und Fürbitten schrieb, was ich ja oft genug tat. Man hat dabei das Gefühl, bei jemandem zu sein.« (Robinson, 27). Das wäre schön, im Gebet »bei jemandem zu sein«, eine Heimat zu finden. Oft wissen wir nicht, wie wir beten sollen. Der Apostel Paulus empfiehlt trotzdem, es ohne Unterlass zu tun. Beten geht unter die Haut, ist Balsam für die Seele, kann zum Blitzableiter für aufgestaute Wut werden. Davon zeugen die Psalmen. Gebete lösen Gänsehautmomente aus, wenn außen und innen, sichtbare und unsichtbare Welten einander berühren.

Beten ist mehr als die Ansammlung zugefallener Worte. Es kann wortloses Schweigen, schwebender Zwischenraum zwischen Wort und Nicht-Wort sein. Wohnt dem Gebet nur ein Seufzen, ein »Ach«, inne, kann auch dies Ausdruck eines sehnsüchtigen Herzens sein. Gebete sind Notausgänge der Seele, Fluchtwege des Geistes. Sie haben eine eigene Körpersprache, wenn innerste Anliegen im Ausdruck unserer irdenen Gefäße, als Herzgeborenes auf Reisen gehen. Beten eröffnet mystische Resonanzräume zwischen Unendlichkeit und Endlichkeit, Überirdischem und Irdischem, Gott und Mensch. Wer betet, hält bisher nicht für möglich gehaltene Begegnungsräume offen. Wo sonst könnte der beunruhigte Mensch seinem Schöpfer näherkommen als im Modus des Betens?

Beten lässt Hoffnung auftanken, Sorgen ablegen, Ängste lindern: Bittend, bettelnd, lobend oder klagend funkt das Gebet mein Befinden in Richtung des Grundes allen Seins. Gott braucht unsere Gebete nicht. Der Mensch ist ihrer bedürftig, um in ihnen zur Ruhe, nach Hause zu kommen. Der Himmel weiß längst, wessen wir bedürfen, bevor wir unser SOS funken. Es ist der gestrandete Mensch, der auf der Insel seiner Einsamkeit dem Schiffbrüchigen ähnelt, wenn dieser seine Anliegen als Flaschenpost ins Meer seiner Ungewissheit wirft und auf Antwort hofft. Beten hat etwas Intimes, wie früher meine Tagebucheintragungen, die Mutter nie lesen sollte. Beten kann schambesetzt sein, weil es uns vor Gott nackt dastehen lässt. Nicht wenige erinnert das Beten an eine Kultur aus Kindheitstagen, an Gute-Nacht- oder Tischgebete. Wir befinden uns in eigenartigen Zeiten. Unterschiedlichste Nöte lehren uns gegenwärtig das Beten. Manchmal hilft es, vor allem, wenn das Schicksal uns die Sprache verschlagen hat, in den Leihhäusern fremder Gebete Unterschlupf zu finden. Es lohnt, tanzen und beten zu lernen.

2. Licht der Welt

»Es kann die Stadt, die auf einem Berge liegt, nicht verborgen sein. Man zündet auch nicht ein Licht an und setzt es unter einen Scheffel, sondern auf einen Leuchter; so leuchte es allen, die im Hause sind. So lasst euer Licht leuchten.« (Mt 5,14f) Was hindert mich, mein Licht leuchten zu lassen? Warum leben wir unter dem Scheffel unserer Möglichkeiten? »Denn ihr wart früher Finsternis; nun aber seid ihr Licht in dem Herrn. Wandelt als Kinder des Lichts; die Frucht des Lichts ist lauter Güte und Gerechtigkeit und Wahrheit.« (Eph 5,8f) Das klingt nach einer spirituellen Gebrauchsanweisung für Schattenkinder.

Die Folie, auf der diese Gedanken erstrahlen, ist schwarz-weiß. Das lässt Kontraste klarer erkennen. Es verstellt den Blick jedoch für die Grautöne, die den Alltag ausmachen. Der Islamwissenschaftler Thomas Bauer sieht den Trend zu solcher scheinbaren Vereindeutigung der Welt kritisch. »Allerorts herrsche das Bestreben, die Vielfalt zu reduzieren und Mehrdeutigkeiten und Widersprüchlichkeiten zurückzudrängen, um einer Intoleranz gegenüber allem Uneindeutigen willen. Bauer beobachtet dies unter anderem an den herausstechenden Trends des religiösen Fundamentalismus und der auf Einförmigkeit und Konsumierbarkeit ausgerichteten Kunst- und Popmusikindustrie.« (Seidel, 58f) Die Früchte des Epheserbriefes schmecken anders: Güte, Gerechtigkeit, Wahrheit. Eine Gerechtigkeit ohne Güte wäre gnadenlos. Eine Wahrheit ohne Gerechtigkeit wäre tödlich. Eine Güte ohne Wahrheit wäre blind.

»Das Sonnenkind liebt Spaß und Quatsch, und es ist neugierig und spontan. Es denkt nicht über sich selbst nach, und es mag sich, so wie es ist. Es vergleicht sich auch nicht mit anderen Kindern, weil sein Blick nicht auf sich selbst gerichtet ist, sondern auf die Welt da draußen.« (Stahl, 160) Spricht die Bibel von der Freude am Herrn, sieht ein ganzes Volk König David selbstvergessen vor dem Tempel tanzen. Leben wir im Hier und Heute, in der Freude Gottes, kann uns egal sein, was die Leute denken. »Auf den ersten Blick mag es absurd erscheinen, doch auch Freude ist ein Gefühl, das uns häufig verboten wird ... denn nicht immer sind wir von Freunden umgeben, die sich aus ganzem Herzen mitfreuen.« (Dittmar, Gefühle, 109) Auf einer Traumreise wurde ich in einer Übung auf die Spur gesetzt nachzuforschen, was mir als Kind Vergnügen bereitete. Wo war ich damals in meinem Element? Was ließ mich gedankenverloren, zweck- und nutzlos mein Leben genießen? Anschließend stand die Frage im Raum, wie, wo und wann ich das heute erlebe? Und es wurde die Empfehlung gegeben, bei heutigen Lebensentscheidungen sich an dem zu orientieren, wo wir früher schon in unserem Element waren.

Sonnige Momente in der Kindheit können uns unseren verschütteten Kompass wiederfinden lassen, der uns ins Licht führt. Eine andere Perspektive nimmt Stefanie Stahl ein. Sie richtet ihren Blick nicht in die Vergangenheit, sondern in die Zukunft »Wenn wir neue Wege gehen und uns von unseren alten Mustern befreien wollen, dann hilft es wenig, wenn wir uns vornehmen, nicht mehr an unser altes Programm zu glauben, sondern wir benötigen eine Vision, an was wir stattdessen glauben wollen.« (Stahl, 161) Für mich schließt sich das nicht aus. Sowohl der reformatorische Rückblick, das Zurück zu meinen Glücksmomenten, wie auch ein imaginativer Ausblick in die Zukunft können mir im Hier und Heute die nötige Kraft zu Veränderung schenken.

Veränderungsprozesse gehen mit Wachstumsschmerzen einher. Sie beginnen meist chaotisch. Nicht selten werden sie durch Krisen erzwungen. Kontrollverluste, Gefühle der Perspektivlosigkeit treten hinzu, bis im besten Falle irgendwann Licht am Ende des Tunnels auftaucht. »Aber was macht das Sonnenkind in uns eigentlich aus? Das ist zunächst einmal die Fähigkeit, sich ganz im Hier und Jetzt hinzugeben.« (ebd., 160) Ohne die Schatten der Vergangenheit, ohne die Sorgen vor der Zukunft im Heute Gottes zu leben, könnte ein Anknüpfungspunkt an manche Sorglosigkeit aus Kindheitstagen sein. Werden wie Kinder, wie Jesus es empfiehlt, könnte bedeuten, erwachsen zu werden, um die kindliche Kraft spielerischer Selbstvergessenheit wiederzugewinnen. »Darum sorgt nicht für morgen, denn der morgige Tag wird für das seine sorgen. Es ist genug, dass jeder Tag seine eigene Plage hat.« (Mt 6,34f)

Das tägliche Brot, der Sonnenstrahl am Morgen, ein letzter Tanz, ein herzhaftes Lachen, ein Spiel, ein Glas Wein – alles kann eine mögliche Momentaufnahme eines Augenblickglücks sein. Solch himmlisches Gefühl eines ›Verweile-doch-du-bist-so-schön‹ kommt bei Jesu Verklärung zum Zuge. »Und er wurde verklärt vor ihnen, und sein Angesicht leuchtete wie die Sonne und seine Kleider wurden weiß wie das Licht. Und siehe, da erschienen ihnen Mose und Elia; die redeten mit ihm. Petrus aber antwortete und sprach zu Jesus: Herr, hier ist gut sein! Willst du, so will ich hier drei Hütten bauen, dir eine, Mose eine und Elia eine.« (Mt 17,4ff)

Wenn alles stimmt, wenn ich in meinem Element bin, wenn Verheißungen und Visionen sich erfüllen, heißt es: »Hier ist gut sein!« Daran ist heilsamer Seelsorge gelegen, unsere Antennen auf Empfang zu stellen; ein Bewusstsein zu schaffen für Orte, Räume, Zeiten, Erinnerungen und Visionen, um mit einem hörenden Herz zu erfahren: Hier ist gut sein. Hier ist gut sein mit mir, meinen Mitmenschen, meiner Mitwelt, meinem Gott. Hier bin ich im Hier und Heute mit all meinen Resonanzachsen im Einklang, stimmig. In solch seltenen Momenten geht der Himmel auf. Bei Jesu Verklärung heißt es: »Siehe, da überschattete sie eine lichte Wolke. Und siehe, eine Stimme aus der Wolke sprach: Dies ist mein lieber Sohn, an dem ich Wohlgefallen habe; den sollt ihr hören.« (Mt 17,5) Eine Wolke wird zum Offenbarungsort für Gottes Liebesbekundung an seinen Sohn. Jesu Verklärung geschah auf einem Berg, an einem exzentrischen Ort, der uns außerhalb des Gewohnten anders auf die Welt blicken lässt.

Momente, die uns ganz in der Präsenz Gottes sein lassen, die uns die Augen öffnen, unterliegen keiner Kontrolle. Kein Mensch hat irgendeine Wolke selbst in der Hand, verfügt nicht darüber, ob und wie sie ihm zum Offenbarungsort wird. Trotzdem sind wir keine Wesen ohne Eigenschaften und ohne Vergangenheit. Im Hier und Jetzt werden wir unser Glück nur finden können, wenn wir um unsere Geschichte wissen. Ein Mensch ohne Vergangenheit kann nicht aus Erfahrungen klug werden. Die Zukunft kann hier und heute nur mit Kenntnis des Vergangenen gelingen. Eine heilsame Seelsorge wirbt dafür, unsere Lebensgeschichte als gegeben anzunehmen. Sie kappt die Taue zur Vergangenheit nicht. Sie nährt auch keine Illusionen von göttlichen Momenten im Hier und Jetzt. Sie hält jedoch die Tür dafür offen, für ein Bewusstsein unter Gottes Himmel zu leben, für eine verheißungsvolle Zukunft, die es nicht nötig hat, aus der Gegenwart alles herauszuquetschen, was sie vermeintlich zu bieten hat.

Vivian Dittmar weiß um die Bedeutung unseres emotionalen Gepäcks aus vergangenen Zeiten. Es ist »ein Schatz, den wir nicht umsonst seit Jahrzehnten mit uns herumtragen ... Denn erst durch die volle Würdigung und Anerkennung unseres Gepäcks können wir uns wirklich freudig auf die Erforschung unseres Rucksackes einlassen.« (Dittmar, Rucksack, 245) Licht kommt da in meine Welt, wo sich mein Himmel öffnet, mir im Hier und Heute Gutes geschieht, die Vergangenheit mich nicht mehr ängstigen muss, sondern ich mit schönen Aussichten in die Welt ziehen darf.

3. Eigenverantwortung

Wir reden oft und viel darüber, was andere uns getan haben und stellen uns immer wieder als Opfer unserer Umstände da. Wir hörten vom Kranken am Teich Bethesda. Immer waren andere schuld! »Wir können aber nur einen aktiven Einfluss auf unsere seelische Befindlichkeit nehmen, wenn wir unsere eigene Verantwortung für diese anerkennen.« (Dittmar, Rucksack, 163) Im Biologieunterricht erwarten Eltern, Lehrer mögen ihre Kinder sexuell aufklären. In der Psychotherapie wird angenommen, Profis könnten seelische Defekte reparieren wie KFZ-Mechaniker alte Autos. Nur, Seelsorger und Therapeuten verarzten keine Knochenbrüche und verpflanzen auch keine Herzen. Beide Professionen sind auf ihr Gegenüber mit seiner Eigenverantwortung angewiesen. Nicht zufällig fragt Jesus nach: »Willst du geheilt werden?« Und mit der Antwort des Kranken fängt die Eigen-ver-ANTWORT-ung an.

Der erste heilsame Schritt ist das Ja des Betroffenen zu seiner Verantwortung. Erst wenn mit ganzem Herzen, ganzer Seele und Kraft geantwortet wird, kann ich aufstehen und mein Bett nehmen. Fortschritte fangen an, wo ich aufhöre, auf der Stelle zu treten und mein Leben an Andere zu delegieren. »Der Erwachsene weiß nämlich meistens, was zu tun wäre. Es ist das Schattenkind, das Angst vor einer Veränderung hat ... Denn wenn ich die Verantwortung für mein Handeln übernehme, dann muss ich mich auch dem Risiko des Scheiterns stellen« (ebd., 164). Scheitern ist nicht schlimm. Hauptsache, ich habe es versucht.

Man sollte allerdings nicht dem Irrtum verfallen, dass wir restlos allein verantwortlich sind für Glück und Unglück unseres Lebens. Es ist halt doch nicht jeder seines eigenen Glückes Schmied. Ich verstehe das Leben als offenen Prozess für Wunderbares, Unerwartetes, Unverfügbares, ein Wechselbad aus Glücksmomenten und Schicksalsschlägen. Was ich mit meinen Möglichkeiten beitragen kann, liegt in meiner Verantwortung. Doch das Wesentliche geschieht. Die Entfaltung meiner Potenziale und Talente liegt nicht allein an mir, sondern auch an den Umständen. Auch mein Glück habe ich nicht allein in der Hand und schon gar nicht unter Kontrolle. ›Egéneto‹ lautet das altgriechische Verb, das immer dann auftaucht, wenn im Neuen Testament von Wundern berichtet wird: »Es geschah«. Wenn Blinde sehend, Hungrige satt werden, Tote auferstehen, immer heißt es: ›egéneto‹. In der Hebräischen Bibel steht da: »und Gott sprach«.

Zwischen Himmel und Erde wirken Kräfte, die ich erbeten und erbitten darf, die nicht in meiner Hand liegen. Zu glauben, dass ich gänzlich selbst für mein Glück verantwortlich sei, würde im Umkehrschluss bedeuten, dass ich auch gänzlich selbst für mein Unglück verantwortlich bin. Doch diese Logik eröffnet Teufelskreisläufe, die uns in Grübelzwänge und Widersprüche hineinführen, die keinen Ausweg mehr finden. Das Wesentliche geschieht: die Liebe meiner Frau, das Glück mit den Kindern, das Pochen meines Herzes, das Geschenk der Luft zum Atmen ...

Trotzdem will ich mich an allen Aktivitäten beteiligen, die helfen, auf die Sonnenseite zu finden. Aber bitte nur als eine Empfehlung ohne Garantieschein. »Wir werden jetzt deine positiven Glaubenssätze finden. Dies tun wir in zwei Schritten: Erstens schauen wir, welche positiven Glaubenssätze du von deinen Eltern oder anderen Pflegepersonen übernommen hast, und zweitens drehen wir die Kernglaubenssätze, die du bei deinem Schattenkind gefunden hast, in ihr positives Gegenteil um.« (Stahl, 165) Stahls Übungen zielen auf das Bewusstmachen eigener Stärken und Ressourcen. Das ist ein guter Ansatz, den ich noch mit Gedanken von Stefan Seidel ergänzen möchte: »Ein echtes Bezogensein auf Göttliches führt dagegen immer auch zu einem gewissen Loslassen des Eigenen, zu einem Wagnis des Vertrauens auf ein Anderes. Echte Religiosität bedeutet das Einsteigen in eine Bewegung, die einen über sich selbst hinaushebt und einwilligen lässt in etwas Größeres. Eigentlicher Glaube führt also weg von der Vorstellung, das eigene Leben selbst leisten und letztlich das Ego retten zu können.« (Seidel, 32) Das führt uns zu einer Eigenverantwortung, die sich dem übereignet, dem mein Leben Antwort sein möge auf die Frage: Wo bist du, Adam? Wo bist du, Eva? »Keiner von uns ist nur das, was sie oder er zu sein scheint. Jede Eichel sehnt sich danach, ihre wahre Natur zum Ausdruck zu bringen, und benutzt jede Gelegenheit, ihr Vermögen, zu einer Eichel zu werden, zu verwirklichen. So gibt es auch in jedem von uns eine natürliche Sehnsucht nach Ganzheit und Weisheit ... Ganzheit ist ein grundlegendes menschliches Bedürfnis.« (Remen, 90f) Und zur ganzen Wahrheit gehört es, dass ich mir nicht selbst gehöre. Ich bin ein Geschöpf unseres Schöpfers.

4. Wertvolle Werte

Die Seligpreisungen Jesu sind zur Magna Charta des Christentums geworden. In ihnen stellt Jesus die Werte der Welt auf den Kopf. Wer Leid trägt, soll getröstet werden. Wer sanftmütig ist, soll die

Erde besitzen. Wem nach Gerechtigkeit hungert, wird gesättigt werden. Und Friedensstifter werden als Kinder Gottes geadelt. Heilsame Seelsorge hat Sinn für scheinbar Paradoxes, Unscharfes und Unklares. Heilsam ist, dass Jesus mit seinen Seligpreisungen die olympischen Wettbewerbe dieser Welt nicht mitspielt. Er brachte die Hackordnung der Schönen, Reichen und Mächtigen und ihre Wertepyramide durcheinander. Heilsame Seelsorge ist von Amtswegen herrschaftskritisch und parteiisch. Wer im Himmelreich oben sitzen will, hat ganz unten auf Erden anzufangen. »Selig sind, die da geistlich arm sind, denn ihrer ist das Himmelreich.« (Mt 5,3) Die erste Seligpreisung hält jedem Hochmut den Spiegel vor und beschenkt einfache Geister mit himmlischen Aussichten.

Wir sind in vielem viel reicher und in anderem viel ärmer, als es uns bewusst ist. Vor Gott sind wir sowohl arme Bettler als auch reiche Königskinder. Manchmal wirkt das absurd. Aber bei Gott ist nichts, wie es scheint. Wesentliches unterscheidet Jesus von Unwesentlichem. Davon war auch Paulus überzeugt: »Es wird gesät verweslich und wird auferstehen unverweslich. Es wird gesät in Niedrigkeit und wird auferstehen in Kraft. Es wird gesät ein natürlicher Leib und wird auferstehen ein geistlicher Leib.« (1 Kor 15,42-44)

»Lange hat man angenommen, dass der Mensch nur egoistisch und zu seinem Vorteil handeln würde. Die jüngere Hirnforschung hat diese These jedoch widerlegt: Ein Mensch, der rein egoistisch veranlagt wäre, hätte keine guten Überlebenschancen.« (Stahl, 170) Der Mensch ist nicht nur eine Kämpfernatur. Er ist viel mehr: ein soziales, mitfühlendes, bedürftiges Wesen. Vom ersten Atemzug an sind wir auf die Stillung unserer Bedürfnisse durch ein menschliches Gegenüber angewiesen. Wir erleben uns dabei als wehrlos, ohnmächtig und abhängig. Unser erstes Überlebenstraining ist ein Training in Sozialwesen, nicht in Kampftechniken. »Wenn wir das

Gefühl haben, dass unser Handeln höheren Werten und in diesem Sinne der Gemeinschaft oder auch nur einem anderen Einzelnen dient, dann kann uns das auf einer tiefen Ebene glücklich stimmen. Wir streben nach Sinn in unserem Tun.« (ebd.)

Viktor E. Frankl hat nach dem Erleiden des Terrors der Nazis den Schwerpunkt seiner Arbeit auf das Bedürfnis des Menschen nach Sinn gelegt. Für Frankl ist glücklich, wer Sinnvolles tut, sich als sinnvoll erlebt, für sich und andere da ist. Die Rede von Gottes-, Selbst-, Welt- und Nächstenliebe mündet für ihn in die Sinnfrage. Frankl »trat dafür ein, dass Menschen ihre Ich-Ängste überwinden können, wenn sie ihr Handeln an höheren Werten ausrichten und somit Sinnvolles tun. Wenn wir einem höheren Sinn und Zweck dienen als unserem Selbstschutz, können wir über uns hinauswachsen.« (ebd.)

Aus der Quelle eines höheren Sinns haben Menschheitsführer und Religionsgründer ihre Kraft für Außergewöhnliches gewonnen. Sich einer höheren Sache und edlen Werten verpflichtet zu fühlen macht Sinn! »Die höheren Werte Gerechtigkeit und Zivilcourage ... können mich darin bestärken, die Angst meines Schattenkindes vor Verlust und Abwertung zu überwinden. Werte sind ein hervorragendes Anxiolytikum – so nennt man die Arznei, die gegen Ängste wirkt.« (ebd., 170f)

Eine Anxiolytikum hatte auch Christus in seinem Rucksack: »Ich bin als Licht in die Welt gekommen, auf dass, wer an mich glaubt, nicht in der Finsternis bleibe.« (Joh 12,45) Heilsame Seelsorge will eine Arznei sein, die gegen Ängste wirkt. Die frohe Botschaft des Evangeliums lautet: »Fürchtet euch nicht! Siehe, ich verkündige euch große Freude, die allem Volk widerfahren wird; denn euch ist heute der Heiland geboren.« (Lk 2,10) Und die Konsequenz solcher Furchtlosigkeit lautet für Jesus: »In der Welt habt ihr Angst, aber seid getrost, ich habe die Welt überwunden.« (Joh 16,33) Das schließt die Todesangst mit ein. Allein komme ich auf die Erde. Allein werde ich die Welt verlassen. Dazwischen sind menschliche Zuwendung und liebevolle Verbundenheit überlebenswichtig. Und an den Rändern unseres Lebens braucht es einen Trost, den wir uns selbst nicht geben können und der mehr sein will als billige Vertröstung. Die Grundlage dazu wurde gelegt, als drei Frauen nach Sonnenaufgang traurig an einem offenen Grab standen und ein Engel sie fragte: »Was sucht ihr den Lebenden bei den Toten?« (Lk 24,5b) Erstaunlicherweise wird durch diese Gegenüberstellung erst klar, was diese Polarität von Tod und Leben bedeutet und bewirkt.

»Wir werden uns unserer Werte meistens erst dann bewusst, wenn sie verletzt werden. Gerechtigkeit ist zum Beispiel so ein Wert, dessen Verletzung in uns eine ungeheure Kraft freisetzen kann. Deshalb kann man höhere Werte auch ganz bewusst und positiv einsetzen, um Kraft und inneren Halt zu finden.« (ebd., 171) Wunderbar, wie Energie, wie Wut-Kraft, in säkulare Worte gekleidet wird. Christen kennen diese »Energie«, die Gott als sanften, heilenden Tröster in die Welt geschickt hat. Sie hat einen Namen: Heiliger Geist.

Jesu Wirken widersprach der Logik dieser Welt. Die Welt behauptet: Es macht keinen Sinn, sich für andere aufzuopfern. Jesu Tod und Auferstehung widersprachen diesem Denken. Gott beendete damit die Alleinherrschaft des Todes. Sie hatte bis zu diesem Zeitpunkt unliebsame Geister aufs Kreuz gelegt und für immer und ewig aus der Welt geschafft. Mit Jesu Auferstehung, durch den Leben schaffenden und erhaltenden Geist Gottes wurde diesem tödlichen Spiel ein Ende gesetzt.

Der Blick auf Gott ist ein wesentliches Element der Neuausrichtung, die das Wehklagen unseres Schattenkindes lügenstraft und ein inneres Ankommen ermöglicht. »Viele Selbstschutzstrategien, die unser Schattenkind beschützen sollen, bewirken, dass wir etwas egozentrisch um uns selbst kreisen. Wir sind dann so stark mit unserem Selbstschutz beschäftigt, dass wir höhere Werte aus den Augen verlieren.« (ebd., 171) Theologen nennen solche Egozentrik »Sünde«. Martin Luther beschrieb den Sünder als »homo in se curvatus«, als einen in sich verkrümmten, in Selbstsorge und Selbstbezogenheit erstarrten Menschen. Theologie und Psychologie gehen hier Hand in Hand, um unser Schattenkind ins Licht zu führen. »Versuche doch einmal dein Handeln weniger an der Frage auszurichten ›Wie kann ich mich am besten beschützen?‹, statt an den Fragen ›Was ist anständig und was ist sinnvoll?‹ ... Dies hilft nicht nur dir, besser klarzukommen, sondern es macht dich auch zu einem besseren Menschen.« (ebd., 173)

Nicht der Mensch macht sich zu einem besseren Menschen. Das wäre Selbstüberschätzung. Theologisch betrachtet werden wir zu besseren Menschen gemacht, durch die Macht dessen, der den Tod und unsere Ängste überwunden hat. Solcher Glaube befreit zu einem sinnvollen Leben mit einem verlässlichen Wertekanon. »Seelsorge bezieht also aus der Wahrnehmung der Grenzsituationen zugleich immer jenes kritische Potential, das unsere normale Alltagspraxis transzendiert ... Aufgabe der Seelsorge wäre dann vor allem die Überwindung der verbreiteten Verdrängung und Tabuisierung des Todes im Lebensalltag.« (H. Luther, 233) Heilsame Seelsorge bearbeitet die Grenzgänge unseres Lebens. Sie misstraut einer selbstbezogenen, interessegeleiteten Welt, deren Werte die Schöpfung zerstören. Sie will kein systemstabilisierendes Trostpflaster auf den klaffenden Wunden einer selbstzerstörerischen Welt sein. Sie repariert keine angeschlagenen Seelen, um sie wieder reibungslos in die alten Betriebsabläufe zu entlassen. »Das herkömmliche Verständnis psychotherapeutischer und seelsorgerischer Hilfe lässt sich eher als Wiederherstellung von Alltäglichkeit, von Normalität, als Resozialisierung und Rehabilitierung verstehen.« (ebd., 232)

Heilsame Seelsorge setzt auf die Überwindung der krankma-
chenden Welt und vertraut dem Wertekanon der Seligpreisungen.
Warum? Weil die bisherigen Lösungen nicht zielführend waren; die
Krisen unserer Zeit sich nicht mit altem Denken reparieren lassen.
»In den Grenzsituationen wird die Brüchigkeit einer als selbstverständlich eingespielten Lebenswelt erfahren.« (ebd.) Täglich erfahren wir die Fragilität und Unzulänglichkeit der alten, nicht eingelös-
ten Versprechen. Zu viele Risse und Bruchlinien ziehen sich durch
unsere Welt: »There is a crack in everything.« (Leonard Cohen).

»Das Bewusstwerden der Unzulänglichkeit dieser Welt wird
aber unterbunden, indem die Grenzerfahrung als ›Versagen‹ des
einzelnen gedeutet wird, nicht mehr in diese Welt zu passen.«
(H. Luther, ebd.) Wer unter das Raubrittertum einer ungerech-
ten Welt gefallen ist, hat Anspruch auf heilsame Seelsorge. Das
Unter-die-Räuber-fallen unserer Zeit ist nicht dem Versagen des
Einzelnen geschuldet. Der rebellische Sound der Gospels, Souls,
Reggaes oder Hip-Hops singt seine Lieder davon. Heilsame Seelsorge nimmt ›den Riss, der durch alles geht‹ sehr ernst, aber sie
hält mit dem Singer-Songwriter Leonard Cohen nach dem Licht
Ausschau, das durch diesen Riss unsere Sehnsucht auf eine andere, hellere, gerechtere Welt nährt. Gott selbst ist das Licht,
durch das Hoffnung in unsere Welt kommt und das unsere alten
Werte in ein neues Licht rückt.

5. Gut gestimmt

Es gibt kaum etwas Schlimmeres als ein verstimmtes Instrument –
sei es ein Klavier oder eine Gitarre. Man kann zwar darauf spielen,
aber das macht nur wenig Freude. Gleiches gilt für das Leben.

»Wenn wir nicht im Einklang mit uns selbst leben, dann beginnt etwas in uns zu zerfallen. Wir mögen zwar überleben, aber wir werden nie ganz oder völlig lebendig sein.« (Remen, 54) ›Stimmig sein‹ heißt das neue Lebensgefühl. Als Stimmungsmensch, der es gerne gemütlich hat, grelles Neonlicht nicht mag und gefühlvolle Musik liebt, achte ich darauf, dass es für mich stimmt: das Licht im Raum, die Musik, die Bilder an der Wand, die Atmosphäre im Café ... »Letztlich nutzen uns alle guten Glaubenssätze und übergeordneten Werte für sich genommen wenig, wenn die Stimmung mies ist.« (Stahl, 175) Der Psychologe Jens Corsson wies nach, »wie sehr unsere Stimmung unsere Gedanken und Bewertungen beeinflusst. Im Zustand der gehobenen Gestimmtheit bin ich freundlicher, humorvoller, gütiger und wohlwollender.« (ebd.)

Der Soziologe Hartmut Rosa beschreibt in seinem großartigen Werk »Resonanz« das Gelingen unseres Lebens als ein Stimmig-sein auf vier »Resonanzachsen«. Er untersucht, wie, wo, warum und ob der Mensch in Resonanz ist mit sich, seinen Mitmenschen, seiner Mitwelt und der vertikalen, transzendenten Dimension allen Seins. Unsere Resonanzfähigkeit in allen Bereichen gibt Auskunft darüber, wie wir insgesamt gestimmt sind. Stehe ich allem entfremdet, kalt, beziehungs- und herzlos gegenüber, oder bin ich in Resonanz, im Flow, in gehobener Gestimmtheit mit mir, meinem Nächsten, der Welt und Gott? Es lebt sich freundlicher, gütiger und humorvoller in einer mir stimmig anmutenden Welt, die Dissonanzen kennt, braucht und einschließt. »Nirgendwo sonst lässt sich dies so unmittelbar erfahren wie beim gemeinsamen Singen ... Wer sich daran beteiligt, erfährt in den gelingenden Momenten eine ›Tiefenresonanz‹ zwischen seinem Körper und seiner mentalen Befindlichkeit zum Ersten, zwischen sich und den Mitsingenden zum Zweiten sowie die Ausbildung eines kollektiv geteilten physischen Resonanzraumes ... zum Dritten« (Rosa, Resonanz, 111).

Solch ein gutes Gestimmtsein bringt auch das Lustempfinden zum Klingen. Schmeckt das Leben, bereitet es Freude, herrscht ein ›eudämonischer Zustand‹. »Eudaimonie war für die Griechen nicht etwas, was durch äußere Faktoren erreicht wurde, sondern ein Zustand, der sich aus der richtigen Lebensweise ergab.« (Stahl, 175) ›Eudaimonia‹ ist ein Begriff aus der Philosophie des Aristoteles. Er beschreibt ein ›gutes‹ oder ›gelingendes Leben‹, was für ihn interessanterweise sowohl Grundlage seiner Ethik wie auch der Politik ist. ›Eudaimonia‹ unterscheidet sich vom Hedonismus, der auf kurzfristigen Lustgewinn abzielt. Ein gutes, gelingendes Leben pflegt hingegen die Disziplin, die Selbstgenügsamkeit und Wahrung der Tugenden. Hier geht es erneut um die Balance aus Lust und Unlust. »Die neuere Hirnforschung belegt lediglich, dass die griechischen Philosophen im Großen und Ganzen Recht hatten: Glück ist trainierbar und hängt ganz wesentlich von unseren Einstellungen zum Leben ab.« (ebd., 176)

In diesem Sinne verstehen sich Religionen als Wegweisungen zu einem guten Leben in einer ›gehobenen Stimmung‹. Thora (hebr.) bedeutet Weisung. Christus sagt von sich: »Ich bin der Weg, die Wahrheit und das Leben« (Joh 14,6). Die Scharia im Islam verstand sich ursprünglich als Leitplanke für einen guten Weg des frommen Lebens. Und der Buddhismus strebt nach einem Weg ohne Leid. Er weiß, dass Meditieren unsere Gehirnstrukturen heilsam verändert. »Diese Gehirnregion beziehungsweise die Aktivität derselben korrespondiert mit guter Laune und Optimismus.« (ebd.) Seit vielen Jahren fahre ich ins Kloster nach Taizé, um zu beten, zu singen und zu schweigen. Jedes Mal verlasse ich diesen wunderbaren Ort besser gestimmt, entspannter und zuversichtlicher. Bei allem, was ich äußerlich tun kann, bleibt doch auch hier eine Unverfügbarkeit des guten Gestimmtseins. »Das Leben vollzieht sich als Wechselspiel, zwischen dem, was uns verfügbar ist, und dem, was uns unverfügbar bleibt, uns aber dennoch ›etwas angeht‹; es ereignet sich gleichsam an der Grenzlinie.« (Rosa, Unverfügbarkeit, 8)

Eine Stimmgabel, die Auskunft über unsere Gestimmtheit gibt, haben wir in die Wiege gelegt bekommen. Unser Leib ist der wundervollste Resonanzkörper, den wir besitzen. Paulus war überzeugt, dass »euer Leib ein Tempel des Heiligen Geistes ist«. (1 Kor 6,19) Auf alles, was geschieht, reagiert mein Körper ohne Schutzschild, Zögern, Zensur, Moral oder Religion. Deshalb sind Körpersignale so wichtig. Achte auf Dein Gestimmtsein! Neurobiologische Untersuchungen stellten fest, dass enge Wechselwirkungen zwischen unserer Körperhaltung, Körpersprache und unserem Gestimmtsein bestehen. »Wenn wir aufrecht gehen, fühlen wir uns tatsächlich selbstsicherer, als wenn wir mit eingezogenen Schultern und gesenktem Blick durch die Gegend laufen.« (Stahl, 177) Wir kommunizieren mit unserem Körper viel mehr als mit Worten. Wir sind offene Bücher, in denen die Welt lesen kann, wie wir gestimmt sind. Deshalb ist es so wichtig, dass wir auf unser Wohlergehen achten und Dinge tun, die uns guttun. »Alles ist erlaubt, was deine Stimmung hebt und weder deiner Gesundheit noch einem anderen schadet.« (ebd., 181) Ein befreiender Satz, der auch von Paulus stammen könnte. »Alles ist mir erlaubt, aber nicht alles dient zum Guten.« (1 Kor 6,12)

Gute, gehobene Stimmung ist äußerst wichtig: »Lachen hilft ungeheuer. Lachen hilft sogar, wenn einem gar nicht nach Lachen zumute ist. Man hat festgestellt, dass auch künstlich hervorgerufenes Lachen sich positiv auf die Stimmung auswirkt.« (Stahl, 181) Humor hilft heilen und macht gute Laune. Nur vertreibt Lachen dein Schattenkind nicht automatisch. »Tanze zu deiner Musik oder springe Trampolin. Letzteres mache ich jeden Morgen (na ja, fast jeden). Die Hüpf- und Sprungbewegungen sind in unserem

Kopf mit guter Laune assoziiert.« (ebd.) Im babylonischen Exil, nach fünfzig Jahren Gefangenschaft, brach sich ein Lachen Bahn: »Wenn der Herr die Gefangenen Zions erlösen wird, so werden wir sein wie die Träumenden. Dann wird unser Mund voll Lachens und unsere Zunge voll Rühmens sein. Dann wird man sagen unter den Völkern: Der Herr hat Großes an ihnen getan! Der Herr hat Großes an uns getan; des sind wir fröhlich.« (Ps 126,1-3) Es ist berührend, wie hier Träume und ein Mund voller Lachen es vermögen, dass ein geknechtetes Volk seinen Gott rühmt. Selbst im tiefsten Leid verloren sie ihren Humor nicht.

Heilsame Seelsorge schließt sich dem Rat von Dr. Eckart von Hirschhausen an: Humor hilft heilen! Humorvolle Seelsorge verschenkt ein Lächeln, trägt einen Witz auf den Lippen und Humor im Herzen. Erinnern wir uns an den ›katholischen Diaclown‹ Willibert Pauels. Humor und Glaube sind für ihn eine Frage der Perspektive. Selbst auf Trauerfeiern darf gelacht werden, wenn es Humorvolles aus dem Leben der Verstorbenen zu berichten gibt. Es ist meist ein befreiendes Lachen, das die Trauer ernst nimmt, ihr jedoch nicht allein das Feld überlässt. Lachen macht unser Leben erträglicher und zieht dem Tod seinen Stachel. Wie sagte Charlie Chaplin? »Jeder Tag, an dem du nicht lächelst, ist ein verlorener.«

6. Beziehungsglück

Auf meinem Fensterbrett steht eine Postkarte mit dem Schriftzug: »Zuhause ist, wo du bist.« Heimat braucht ein Du. »Die Gabe, Glück zu empfinden, hängt von der Beziehung zu unserer Vertrauensperson ab. Insofern ist Glück Glückssache. Es kommt nicht darauf an, was wir erleben, sondern darauf, wie wir etwas erleben. [...] Ich hatte eine sehr gute Beziehung zu meiner Mutter, deshalb war das Glas für mich immer eher halbvoll als halbleer.« (Mitscherlich, 238) Für Margarete Mitscherlich ist Glück vor allem Beziehungsglück und eine Einstellungssache. Stefanie Stahl sieht das ähnlich: »In unserem Leben dreht sich fast alles um unsere zwischenmenschlichen Beziehungen. Gute Beziehungen machen glücklich, schlechte unglücklich.« (Stahl, 183) Was nützen fünfhundert Freunde auf Facebook, wenn keiner da ist, der mich im Notfall ins Krankenhaus bringt? »Ein tiefes Gefühl der Einsamkeit ist der schlimmste seelische Zustand, den ein Mensch erleiden kann. Wir haben eine große Sehnsucht, anerkannt zu sein und zu einer Gemeinschaft zu gehören.« (ebd.)

Gefühle der Einsamkeit liegen uns schwer auf der Seele. Gelingende Beziehungen hingegen schenken uns ein wohltuendes Lebensgefühl. Darin leben wir, wie Fische im Wasser – sie sind unser natürliches Lebenselixier. Wir können es Menschen ansehen, ob sie glücklich oder unglücklich sind, in guten Beziehungen leben oder mutterseelenalleine sind.

Das Bedürfnis nach sicherer Bindung ist unser aller erstes Bedürfnis, schon als Baby. Ohne verlässliche Beziehungen, die uns mit Fürsorge und Liebe nähren, gäbe es kein Überleben. Das steht in krassem Widerspruch zum Unabhängigkeitsideal der Spätmoderne. Übersteigerte Autonomiebedürfnisse wirken sich eher beziehungshemmend aus. Heilsame Seelsorge versteht sich als Vermittlerin zwischen den Grundbedürfnissen nach Bindung und Autonomie. Kritisch sieht sie unsere Versuche, Spannungen nicht auszuhalten und einseitige Lösungen anzustreben. Die einen flüchten sich in symbiotische Verhältnisse und geben sich selbst dabei auf, während andere sich in einer Selbstbezogenheit verlieren, die dem Aufbau verlässlicher Bindungen zuwiderlaufen kann. Ausgeglichene Beziehungen, die eine gute Balance zwischen Ich und Du, Nähe und Distanz finden, sind wie der Schatz im Acker, für den es sich lohnt, alles einzusetzen. Jesus spricht: »Das

Himmelreich gleicht einem Schatz, verborgen im Acker, den ein Mensch fand und verbarg; und in seiner Freude geht er hin und verkauft alles, was er hat, und kauft den Acker.« (Mt 13,44) Dazu passt, was Jesus zuvor in der Bergpredigt anmerkte: »Denn wo dein Schatz ist, da ist auch dein Herz.« (Mt 6,21)

Wer sich im Wettbewerb der Paarbildung schwach zeigt, scheint schnell außen vor zu sein. Unsere Schutzstrategien dienen hier der Tarnung unserer Schwachpunkte. Eher schlagen wir Pfauenräder, strecken wir die Brust raus und ziehen den Bauch rein, statt unser Herz anzuschalten, Gefühle zu zeigen, Bedürfnisse zu äußern und Schwächen zuzulassen. Andererseits verfügen wir durchaus über ein feines Gespür, wenn es um Ehrlichkeit, Tarnen und Täuschen geht. Ehrliche Nähe, eine Beziehung auf Augenhöhe, Freundschaften, die diesen Namen verdienen, liebevolle Partnerschaften zeichnen sich durch eine Leichtigkeit aus, die wir intuitiv spüren.

Unsere Schutzstrategien sind bedauerliche Notwehrmaßnahmen einer verängstigten Seele, die einzig und allein vor Enttäuschungen und Verletzungen schützen wollen. Schutzstrategien unseres Sonnenkindes könnten da weiterhelfen. Sie erlauben es mir, mich zu zeigen, wie ich bin: unperfekt, weltoffen, neugierig, berührbar, liebenswert. Sonnenkinder finden sich okay und können andere ebenfalls neidlos okay finden. Ihr ›Realselbst‹ macht sie auf der Langstrecke attraktiver als die Blendwerke des ›Idealselbst‹. Eine Verliebtheit, die sich ins ›Idealselbst‹ verguckt, macht blind. Eine Liebe, die das ›Realselbst‹ sieht und sein Gegenüber so lieben zu vermag, wie es ist, ist für den Marathonlauf der Liebe gut gerüstet.

Sonnenkinder fühlen sich wohl, wo es entspannt und ungezwungen zugeht, ohne Krawattenzwang und wasserfester Schminke. Tränen dürfen fließen, schwache Momente sind erlaubt. Das setzt jedoch eine besonders wichtige Beziehung voraus: »Den Beziehungsproblemen liegt immer ein Problem mit der Beziehung, die die Betroffenen zu sich selbst haben, zugrunde.« (ebd., 184) Wer sich selbst nicht liebt, kann andere auch nicht lieben. Wer zu sich selbst nicht ehrlich ist, kann nicht Ehrlichkeit auf der anderen Seite erwarten. Nächstenliebe und Selbstliebe bleiben die zwei Seiten einer Medaille. Beide Liebesweisen erhalten einen tieferen Grund, wenn sie sich rückgebunden fühlen, an die nie versiegende Quelle göttlicher Liebe. Ohne Gottesliebe hängt jede Selbst- und Nächstenliebe spirituell betrachtet in der Luft. Ein Leben, das sich unter dem liebevollen Antlitz Gott als geliebt erfährt, bewahrt vor dem Gefühl der Verlassenheit, befreit von unnötigen Schutzstrategien und unehrlicher Kulissenschieberei. »Beziehungsprobleme resultieren aus den Glaubenssätzen unseres Schattenkindes und seinen Schutzstrategien. Das gilt sogar dann, wenn der andere tatsächlich mehr Schuld an der schwierigen Beziehung hat als man selbst ... dann muss man sich immer noch mit der Frage befassen, warum man auf diesen Menschen reingefallen ist.« (ebd., 185)

Heilsame Seelsorge ist offen dafür, bei Beziehungsproblemen die eigenen Anteile zum Gegenstand der Betrachtung zu machen. Sie scheut sich nicht, Tacheles zu reden, in die eigenen Abgründe zu blicken und selbstkritisch alte Narben und tiefere Ursachen unter die Lupe zu nehmen. Sie nimmt sich Zeit, wunde Punkte offenzulegen, die eigenen Schattenseiten zu beleuchten und aus Erfahrungen des Scheiterns zu lernen. »Man lernt sogar oft von jenen Menschen am meisten, die schwierig sind, weil sie uns an unsere Grenzen führen.« (ebd.) Ist es erwünscht, kann sie ein guter Ort für erste Aussprachen, für lösungsorientierte Sondierungsgespräche sein, wenn beide Partner dies wollen.

Jakobs Ringen am Jabbok ist eine beispielhafte Geschichte dafür, dass es sich lohnt, miteinander in Beziehungen bis zum letzten

Augenblick, um einen segensreichen Ausgang zu kämpfen. Im Moment des Übergangs, auf dem Rückweg in seine Heimat samt angeheirateter Sippe, rang Erzvater Jakob bis zum Anbruch der Morgenröte mit einem fremden Wesen. Im Rückblick zeigte es sich, dass er es dabei mit Gott zu tun bekommen hatte. Sichtlich vom Kampf gezeichnet, humpelt Jakob dem Sonnenaufgang entgegen – eine Szene, wie in einem schlechten Western: »Und als er an Pnuel vorüberkam, ging ihm die Sonne auf; und er hinkte an seiner Hüfte.« (Gen 32,32) Der Schlüsselsatz des Kampfes lautet: »Ich lass dich nicht, du segnest mich denn.« (Gen 32, 27b)

Er, der mit Menschen und Göttern rang, es mit sich und seinem Bruder Esau nie leicht hatte, ringt in seiner größten Krise Gott noch etwas Gutes ab. Der Fluch des um sein Erbe betrogenen Bruders verwandelt sich am Ende in einen Friedensgruß. Und im Kampf mit Gott gelingt es Jakob, dem Höchsten einen Segen abzuringen, damit seine Heimkehr gelingt. An den Grenzen der eigenen Möglichkeiten angelangt, erweisen sich Krisen und Kämpfe durchaus als segensreiche Chancen für gelingende Veränderungen und die Bewältigung von Übergängen. Heilsame Seelsorge versucht, die Sorge vor Auseinandersetzungen, dem Fremden, dem Neuen zu lindern. Sie vertraut auf den Segen Gottes, der im wahrsten Sinne des Wortes bis zum Umfallen an unserer Beziehung festhält. Das macht Mut, auch selbst bis zum Morgengrauen, um die Beziehungen zu ringen, die es wert sind.

Der Psychologe Robert Betz bezeichnet Menschen, die einem das Leben schwer machen, als »Arschengel«. Es gibt sie, diese seltsamen Gestalten, die uns in die Quere kommen, zum Anstoß, zur Provokation werden meist mit der einer Botschaft: Ändere dein Leben! Ist dein Beziehungsglück zerbrochen, dann geh besser, als daran zugrunde zu gehen. Hat dein Beziehungsglück noch eine Chance, dann kämpfe darum. Denn was ist lohnender, als um eine Beziehung, um die Familie zu kämpfen? Was ist die Funktion solcher Engel? »Sie helfen einem nicht durch ihre Güte, sondern durch ihre Schwächen, besser selbst zu uns zu finden.« (Stahl, 186) Das kann heißen, loslassen statt festhalten, erwachsen werden statt in toxischen Verflechtungen verharren. »Je tiefer das Gegenüber in seine eigene Wahrnehmungsverzerrung verstrickt ist und desto weniger bereit ist, seine Ansichten infrage zu stellen, desto unwahrscheinlicher wird es, mit dieser Person zu einer Einigung zu kommen. Manchmal ist die einzig sinnvolle Lösung tatsächlich die Lösung von diesem Menschen ... oder, wenn dies nicht möglich ist, sich innerlich abzugrenzen.« (ebd.)

Selten gelingt die innere Abgrenzung. Dazu sind wir emotional zu verflochten. Die Lösung der Beziehung, der Wechsel des Arbeitsplatzes, ein Umzug sind dann der erlösende Ausweg. Es ist nicht leicht zu erkennen, wann Stimmungen kippen, der Kampf sich nicht mehr lohnt, wir Opfer unserer alten Verhaltensmuster sind, oder die Ursache des eigenen Unglücks eher bei anderen zu suchen ist. Heilsame Seelsorge kann hier helfen zu sortieren, zu klären, loszulassen oder neu anzufangen. »Übrigens sind es meistens die Gefühle, die uns darauf hinweisen, dass wir gerade aus unserem Schattenkind heraus agieren.« (ebd., 189) Das größte Restrisiko sind wir. Wir kennen das vom Autounfall, wenn aus verschiedenen Perspektiven unterschiedliche Erinnerungen zu Protokoll gegeben werden. Alle sind der festen Überzeugung, so sei es gewesen. Niemand kann sich davon freisprechen, nicht mit einem verstockten Herzen, mit einer verzerrten Wahrnehmung auf seine Welt zu blicken. Heilsame Seelsorge hilft, andere Perspektiven, selbst die meiner Feinde einzunehmen, damit andere Wahrnehmungen und Werte in den Blick kommen.

»Und sie kamen nach Betsaida. Und sie brachten zu ihm einen Blinden und baten ihn, dass er ihn anrühre. Und er nahm den Blinden bei der Hand und führte ihn hinaus vor das Dorf.« (Mk 8,22f) Nicht der Erkrankte bittet um Heilung, sondern sein Umfeld. Und was macht Jesus? Er führt den Blinden heraus, verlässt sein altes System, das möglicherweise Ursache für seine Erkrankung war? Der Prozess der Heilung beginnt mit der Führerschaft Jesu. Er führt den Blinden in die Freiheit. Auch das ist heilsame Seelsorge: herausführen, für Abstand sorgen, ungesunde Bindungen überwinden. Um heil zu werden, müssen manchmal alte Herrschaftsverhältnisse und krankmachende Systeme durchbrochen werden. Das braucht ein Gespür für goldene Käfige, aus denen Befreiung ansteht.

Erst jetzt stellt Jesus die Sehkraft des Blinden scharf. »Danach legte er abermals die Hände auf seine Augen. Da sah er deutlich und wurde wieder zurechtgebracht und konnte alles scharf sehen.« (Mk 8,25) In wenigen Worten fällt der Vorhang, geht dem Blinden ein Licht auf, sieht er die Welt mit seinen Augen. Viktor E. Frankl schreibt: »Die Fähigkeit meines Auges, seine Funktion zu erfüllen, die es umgebende Welt optisch wahrzunehmen, steht und fällt mit der Unfähigkeit, sich selbst wahrzunehmen ... In dem Maße, in dem mein Auge etwas von sich selbst bemerkt und sieht, ist es krank.« (Frankl, zit. nach: Lukas, 79)

Ein gesundes Auge sieht die Außenwelt. Krank ist es, wenn im Inneren mein Blick verstellt, von Nebelschwaden getrübt ist. Einmal mehr berührten Jesu Hände die Augen des Blinden, sodass er ›wieder zurechtgebracht werden konnte‹. Herrschen Unrecht, Gewalt oder Chaos, trüben sich Blicke ein, wird die Seele krank. Heilsame Seelsorge will für Recht und Ordnung sorgen, Anwältin der Entrechteten sein, wo ihr dies möglich ist. Sie leistet ihren Beitrag: alles scharf zu sehen, damit wir nicht in alte Muster zurückfallen, ins nächste Fettnäpfchen tappen, nicht selbst Unrecht und Unordnung verbreiten. »Und er schickte ihn heim und sprach: Geh aber nicht hinein in das Dorf.« (Mk 8,26) Der Geheilte wird heimgeschickt. Paradoxerweise geht es für ihn jedoch nicht mehr zurück an den Ort seiner Erblindung. Heim geht es – dorthin, wo er sich geborgen und gesehen fühlt, wo auch immer das ist?

»Menschen, die mit ihrem Schattenkind identifiziert sind, also unter einem labilen Selbstwertgefühl leiden, weisen in der Regel eine starke Neigung auf, anderen Menschen schlechte Absichten zu unterstellen.« (Stahl, 190) Wer Schlechtes unterstellt, dem können Menschen wie Bäume erscheinen. Wir sprachen schon darüber. Deshalb ertragen manche Schattenkinder ihre Umwelt nur unscharf; dann ist Harmoniesucht ihre Schutzstrategie. Sie halten sich die Augen zu, um der Wahrheit nicht ins Gesicht sehen zu müssen. »In den meisten Beziehungen haben wir es mit einer Mischung aus Bedürfniskonflikt und -kompatibilität zu tun.« (Dittmar, beziehungsweise, 120)

Nicht nur Liebe macht blind, auch Traurigkeit kann die Sehkraft trüben, wie bei zwei todtraurigen Jüngern auf ihrem Weg nach Emmaus. Es heißt da: »Aber ihre Augen wurden gehalten, dass sie ihn nicht erkannten.« (Lk 24,16) Ich kenne solche Situationen, in denen das Herz zu schwer ist, ich nicht sehen und fühlen kann, wer noch an meiner Seite war: meine Frau, meine Kinder, Freunde und Menschen, die es gut mit mir meinen. Doch auch das Unglück kann uns lehren, die Welt schärfer zu sehen. Der Lebenskunstphilosoph Wilhelm Schmid ist überzeugt: »Melancholiker denken über alles nach ... In moderner Zeit bestätigen psychologische Untersuchungen, dass Menschen mit depressiver Verstimmung Denkaufgaben gründlicher angehen und klügere Entscheidungen treffen ... Sie sehen länger und genauer hin und lassen sich den Blick nicht von einer rosaroten Brille trüben. Sie wissen um die Ungewissheit von allem ... und kennen die Fragwürdigkeit aller Dinge ... Nur wenige empfinden diese Bewegtheit als Glück, in jedem Fall kann ihr jedoch ein Sinn zukommen.«

(Schmid, 55f) Das ist anstrengend. Es kostet Kraft, die Ambivalenzen und Ungewissheiten auszuhalten. Auch wenn die Unglücklichen und Melancholiker nicht immer mit Beziehungsglück gesegnet sind, kann die sinnstiftende Seite ihrer geschärften Sicht der Dinge etwas entschädigen, denn: »Sinn verleiht Kräfte, Sinnlosigkeit entzieht sie.« (ebd., 63)

7. Zwischenschritte

Von Charlotte Wolff ist der berührende Gedanke überliefert: »Die Enttäuschung bewirkt eine Verletzbarkeit, die sich auswirkt wie die Nacht auf bestimmte Pflanzen: Sie schließen ihre Blüten.« Unser Leben in spannungsreichen Polaritäten ist auf Zwischenschritte angewiesen, zwischen Yin und Yang, schwarz und weiß, Offenheit und Selbstschutz. Enttäuschungen hingegen können zum kompletten Rückzug führen, Aufbrüche verweigern, Gewohntes zur Idylle verklären. Dann sind wir nicht mehr in der Lage wahrzunehmen, was uns im Leben entgeht, wenn sich Blüten schließen, statt sich vertrauensvoll der Sonne entgegenzustrecken. Besser aufbrechen, loslassen, erwachsen werden, andere Häfen ansteuern, in Bewegung bleiben, um anzukommen. »Eigene Energien sind wieder zu spüren bei jeder Art von Sport und Bewegung. Regelmäßige Spaziergänge sind eine wirksame Rettung aus so mancher Verzweiflung, denn sie ermöglichen, den melancholischen Gedanken nachzuhängen und zugleich ein ganzes Füllhorn von Welt sinnlich zu erfahren.« (Schmid, 77) Das klingt schön, aber gelingt nicht immer. Der Prophet Jona wurde nach Ninive geschickt. Aber er wählte die Schiffsroute in die entgegengesetzte Richtung. Auch Menschen neigen dazu, tendenziell eher die falsche Abzweigung zu nehmen.

Ablenkungsstrategie

Nicht immer gelingt es, die besten Vorsätze sofort erfolgreich umzusetzen. Dann ist es gut, einen Plan B zu haben. Verfallen wir Grübel-, Perfektions- oder Ganzheitszwängen, gewähren Ablenkungsstrategien Schonfristen, um Altes auszublenden. »Ablenkung heißt, dass ich meine Aufmerksamkeit nicht auf meine Gefühle und Probleme richte, sondern auf die Außenwelt.« (Stahl, 193) Selbstvergessenheit darf sein, ins Kino gehen, Popcorn essen, Cola trinken. Kleine Fluchten helfen für eine kleine Weile. Sie sollten allerdings nicht mit der anstehenden Herausforderung verwechselt werden. Heilsame Seelsorge will rigide Typen, die mit sich gnadenlos umgehen, für eine Weile freisprechen. Keiner von uns muss alles hundertprozentig richtig machen. Sie sagt: »Zieh den Stecker deiner zu hohen Ansprüche raus! Schalte ab! Schalte um! Schalte die Glotze an und gucke Pilcher!« Gerade denjenigen, denen es schwerfällt, sich Unsinniges zu erlauben, will heilsame Seelsorge Türen öffnen, Auswege aus dem Gefängnis ihrer Zwänge und ihrer unbarmherzigen Richtersprüche zeigen. Gönne dir Appetithappen. Schmecke und rieche, wie schön und lecker das Leben sein könnte.

Fehlerfreundlichkeit

Mehr Selbstaufmerksamkeit hilft bei der Akzeptanz unserer Stärken und Schwächen. »Die ehrliche Selbsterkenntnis kann etwas ungeheuer Erlösendes haben, weil sie Angst reduziert ... In jedem Fall kann ich erst durch die realistische Selbsteinschätzung meine Ziele und mein Handeln so regulieren, dass ich am Ende viel zufriedener bin, als wenn ich aus lauter Angst vor der Selbsterkenntnis in die falsche Richtung laufe.« (ebd., 195f) Wer aus Angst den

Wald vor lauter Bäumen nicht mehr sieht, dem werden Menschen eher wie Bäume erscheinen. Schätze ich hingegen meine Schwächen und Fehler realistisch ein, kann ich mich ihnen stellen, anstatt mich von ihnen bannen zu lassen.

Eine ehrliche Entschuldigung kann zerschlagenes Porzellan kitten, ein aus der Balance geratenes Miteinander wieder ins Lot bringen. Das Wort »Entschuldigung« kann Wunder bewirken. Nobody is perfect! Es ist unser aller Gebet: »Vergib uns unsere Schuld, wie auch wir vergeben unseren Schuldigern.« (Mt 6,12) Das Vaterunser will uns unsere Selbst- und Fremdwahrnehmung scharfstellen. Alles fängt mit mir und bei mir an. Nur ich habe einen Einfluss darauf, wer den ersten Schritt auf den anderen zugeht. »Oft bleiben Dauerwunden im Schattenkind bestehen, weil die eigenen Eltern nie die Verantwortung für ihre Fehler übernehmen, sondern sich rechtfertigen oder die Dinge einfach abstreiten.« (ebd., 197)

Wie viel Schutt ließe sich entsorgen, wären wir fähig, Fehler einzugestehen? Nicht nur für Eltern und Kinder, verfeindete Gruppen und Völker gilt: »Diese Entschuldigung kann ein Neuanfang in eurer Beziehung sein.« (ebd.) Der Schlüssel dazu ist eine individuelle wie kollektive Fehlerfreundlichkeit; ein Klima, das eigenes Versagen eingestehen kann und dies nicht als Schwäche, sondern als Stärke erlebt.

Feindbilder

»Aus der Perspektive des Schattenkindes mutiert der andere schnell zum Feind.« (ebd., 199) Will ich aus meinem Schatten treten, sind Feindbilder loszulassen! Heilsame Seelsorge stellt liebgewonnene Feinbilder in Frage. Sie fragt nach, warum ich den Splitter im Auge der anderen sehe, meinen eigenen Balken hingegen nicht. Warum rüste ich Feindbilder auf und nicht ab? Warum heize ich Gerüchteküchen an, verbreite ich Halbwahrheiten und schlechte Stimmungen in sozialen Netzwerken? »Ich aber sage euch: Liebt eure Feinde und bittet für die, die euch verfolgen, auf dass ihr Kinder seid eures Vaters im Himmel. Denn er lässt seine Sonne aufgehen über Böse und Gute und lässt regnen über Gerechte und Ungerechte.« (Mt 5,44f) Die Arbeit an meiner Feindesliebe kann nie früh genug beginnen, damit ich nicht voreilig in unnötige Kriege ziehe und verhärtete Fronten in Stellung bringe. Was ist mir möglich, damit die Welt mir nicht zum Feind wird? Was heißt es für mich, Friedensstifter zu sein? Warum mache ich mich klein, sodass mir mein Gegenüber übermächtig erscheint? Haben meine Vorurteile und Fehlurteile eher mit mir als den anderen zu tun? Was bedeutet das für mich, wenn Gott über Böse und Gute seine Sonne aufgehen lässt?

Meine Feinde ins Reich der Finsternis zu verbannen ist einfach, aber selten eine gute Lösung. Heilsame Seelsorge überprüft, was ›Feinde‹ mir zu lernen aufgeben, wie selbst »Arschengel« mir zu Wegweisern meines Weges werden können. Sie nimmt das Feindesliebesgebot ernst, vermeidet voreilige Schuldzuweisungen, ist um faire Konfliktlösungen bemüht. Hier stehen die Freiheit eines Christenmenschen und die Mitmenschlichkeit auf dem Spiel: »Denen, die dich betrogen und verlassen haben und dann verschwunden sind; denen, die dir in den Rücken gefallen sind und dann so getan haben, als sei nichts gewesen: Verzeih ihnen. Nicht um ihrer-, sondern um deinetwillen – wirklich, ganz und gar um deinetwillen. Nicht, weil sie es verdient hätten, dass du ihnen vergibst; nicht, weil sie ›auch nur Menschen‹ sind. Verzeih ihnen. Damit du frei sein kannst. Damit du glücklich sein kannst. Damit du dein Leben weiterführen kannst.« (Sunim, 133)

»Fühle ich mich hingegen unterlegen, dann gehe ich nicht nur mit mir selbst streng ins Gericht, sondern auch mit den anderen.« (Stahl, 199) Nehme ich mit verzerrter Selbst- und Fremdwahrnehmung die Welt wahr, tappe ich umgehend in die Falle der Selbstgerechtigkeit oder des Selbsthasses. Beide Fallen schrauben Eskalationsspiralen hoch. Wird die letzte Stufe gezündet, kommt es zur Vernichtung beider Konfliktparteien. Um das zu vermeiden, kann ein Perspektivwechsel der Sichtweise Wunder bewirken. »Es ist viel entspannender, andere Menschen mit Wohlwollen zu betrachten, als in sprungbereiter Wachsamkeit auf den nächsten Angriff zu lauern.« (ebd., 200) Solch ein Wohlwollen hängt von meiner Haltung ab.

Es liegt an mir, für eine gehobene Stimmung zu sorgen, mich nicht dauerhaft in meiner Kummerhölle einzurichten, missmutig die Welt zu betrachten wie die Opas von der Muppets-Show. »Ich erinnere: Eine negative Interaktion mit einem Freund kann 100 positive in den Hintergrund treten lassen. Bevor du also zu dem Ergebnis kommst, dass Person X aus niederen Motiven handelt, prüfe mithilfe deines Erwachsenen-Ichs, ob das wirklich so ist, und bedenke, wie viel Gutes du schon mit diesem Menschen erlebt hast.« (ebd., 201) Viel zu schnell verirren wir uns und überlassen negativen Sichtweisen das Kommando.

Schwierige Persönlichkeiten haben es besonders schwer mit sich selbst, weil sie ihr verletztes Schattenkind wie eine Monstranz vor sich hertragen. Besser Gutes tun, mit Wohlwollen statt mit Argwohn. Wer nicht über seinen Schatten springen kann, landet im Dornengestrüpp seiner Unzufriedenheit, erntet die ungenießbaren Früchte noch größerer Einsamkeit. Heilsame Seelsorge kann zur Notfallseelsorge werden, wo es ihr gelingt, Eskalationsspiralen abzurüsten. Paradoxe Interventionen sind erlaubt.

Hauptsache, die Unterbrechung unseliger Dynamiken und der Abstand zwischen den Konfliktparteien gelingt. Es geht um die Wiedergewinnung eigener Freiheit und Lebensfreude. »Resilienz ist, neben dem Faktor Vertrauen, die zweite Schlüsselressource positiven Wandels. Der Mensch ist ein Krisenwesen. So hat uns die Evolution gemacht. Resilienz bedeutet, dass wir Unglück, Krisen, Bedrohungen nicht als Weltprinzipien, sondern als Wegmarken und Herausforderungen verstehen können.« (Horx, 128)

Perfektionismus

»So sind Perfektionisten häufig gestresst. Sie belasten mit ihrem Stress nicht nur sich selbst, sondern auch ihre Beziehungen.« (Stahl, 205) Fünf grade sein lassen ist für Perfektionisten keine leichte Sache. Da stehen etablierte Wahrheits- und Absolutheitsansprüche im Weg. Genug darf genug sein? Je perfekter ich in der Welt dastehen will, umso mehr beute ich mich, meinen Zeit- und Kraftaufwand aus. Ich lege die Messlatte ständig höher. So sagt der Philosoph Byung-Chul Han: »*Du kannst* übt sogar mehr Zwang aus, als du *sollst*. Der Selbstzwang ist fataler als der Fremdzwang, weil kein Widerstand gegen sich selbst möglich ist. Das neoliberale Regime verbirgt seine Zwangsstruktur hinter der scheinbaren Freiheit des einzelnen Individuums, das sich nicht mehr als unterworfenes Subjekt (subject to), sondern als entwerfendes Subjekt begreift. Darin besteht seine List. Wer scheitert, ist außerdem selbst schuld und trägt diese Schuld fortan mit sich herum.« (Han, 31)

Tragisch, aber wahr, wie Han die Lage selbstverschuldeter Unmündigkeit durch Selbstzwänge beschreibt. Wie Dämonen lasten sie auf uns, üben Zwänge eine lebensfeindliche Fremdherrschaft aus. Heilsame Seelsorge lebt von der Kraft des Widerspruchs und Freispruchs. Sie tritt gegen Zwangsregime an, ist Gegenkraft, ist

Ort des Zuspruchs und Segens. Sie betreibt in ihrer Art einen modernen Exorzismus. Symbolische Handlungen können dabei helfen, wie die Beichte, die Fürbitte, das Gebet, eine Körpersprache, die abgibt, loslässt, wieder frei aufatmen kann. Ebenso können Imaginationen zu einer Kraftquelle werden, um sich von Gottes Geist ermutigen und zurüsten zu lassen.

Lebensfreude

Von Paula Modersohn-Becker stammt der Satz: »Traurig sein ist wohl etwas Natürliches. Es ist wohl ein Atemholen zur Freude, ein Vorbereiten der Seele dazu.« Wer stände sich selbst nicht im Weg, wenn sein Schattenkind Glaubenssätze in sich trägt wie: Du genügst nicht. Das hast du nicht verdient. Du machst keinem etwas recht. – Wie soll man das Leben genießen, wenn das Schattenkind glaubt, ständig seinen Einfluss geltend machen zu müssen? Manchen Menschen bleibt es verwehrt, sich etwas zu gönnen. Das schlechte Gewissen sitzt ihnen wie ein festgewachsenes Teufelchen auf ihrer Schulter. Es flüstert ins Ohr: Hast du dir das auch verdient? »In psychosomatischen Kliniken gibt es seit einigen Jahren die sogenannte Genusstherapie, weil viele Menschen erst einmal wieder genießen lernen müssen. Genuss hat sehr viel mit Bewusstheit zu tun.« (Stahl, 209)

Sich bewusst zu machen, was beglückt und erfreut, gefällt und guttut, ist eine der wesentlichen Übungen, um unser Sonnenkind zu nähren, die Leichtigkeit des Seins wiederzugewinnen. Als Pfarrer habe ich immer wieder das Vorrecht, Menschen zu beerdigen, die im positivsten Sinn lebenssatt waren. Von ihnen gilt: »Man mühe sich ab, wie man will, so hat man keinen Gewinn davon. Ich sah die Arbeit, die Gott den Menschen gegeben hat, dass sie sich damit plagen. Er hat alles schön gemacht zu seiner Zeit, auch hat er die Ewigkeit in ihr Herz gelegt; nur dass der Mensch nicht ergründen kann das Werk, das Gott tut, weder Anfang noch Ende. Da merkte ich, dass es nichts Besseres dabei gibt als fröhlich sein und sich gütlich tun in seinem Leben. Denn ein jeder Mensch, der da isst und trinkt und hat guten Mut bei all seinem Mühen, das ist eine Gabe Gottes.« (Pred 3,9-13)

Meine Mutter war solch ein Mensch. Bei allen Mühen und Schicksalsschlägen verstand sie es, ihr Leben zu genießen und andere an ihrer Genussfreudigkeit Anteil zu geben. Sie war eine Meisterin darin, das Grundbedürfnis Lust zu nähren und zufrieden zu stellen. Mit ihrer Gastfreundschaft und Kochkunst war sie eine einzigartige Gabe Gottes. Heilsame Seelsorge unterstützt solch eine Lebenshaltung, weil es Sinn macht, das Leben zu feiern, weil ein sinnvolles Leben auch ein sinnliches ist. »Sinn setzt mit der Erfahrung von Sinnlichkeit ein, vermittelt über die fünf Sinne des Sehens, Hörens, Riechens, Schmeckens, Tastens, einen sechsten Bewegungssinn und einen siebten, inneren Sinn, das ›Bauchgefühl‹.« (Schmid, 75)

Heilsame Seelsorge geht nicht zum Lachen in den Keller. Sie genießt es, wenn Wasser in Wein verwandelt wird, feiert das erste Wunder Jesu im Johannesevangelium genüsslich mit (vgl. Joh 2,1-12). Jesus goss dieser Hochzeitsgesellschaft, der der Wein ausgegangen war, nicht miesepetrig Wasser in leere Fässer, um sie darauf sitzen zu lassen. Er verwandelt es in leckeren Wein, der besser schmeckte als der bisherige Wein. Jesus feierte die Feste, wie sie fielen. Und er hatte eine Freude daran, wenn sich Wasser in Wein, Tod in Leben verwandelt. Heilsame Seelsorge ermutigt dazu, das Dasein zu genießen. »Durch Freude feiern wir das Leben. Wir bekräftigen das, was unseren Bedürfnissen entspricht. Wenn ich etwas als schön oder richtig definiere, bedeutet dies ja schließlich nicht mehr und nicht weniger, als dass es so ist, wie ich es mag.« (Dittmar, Gefühle 56)

Ein Mensch der Lebensfreude ist in seinem Element. »Freude, das ist einfach toll. Sie ist das einzige Gefühl, das unabhängig von jedem kulturellen Kontext als grundgut betrachtet wird.« (ebd., 55) Und wer in allem genussvoll, sinnvoll und humorvoll zu leben weiß, ist ein besonderes Glücks- und Sonnenkind: »Humor öffnet verschlossene Herzen. Humor kann uns aus dem Griff unserer Gedanken befreien. Wenn wir lächeln, haben wir das Gefühl, Dinge akzeptieren zu können. Wir haben das Gefühl, jenen, die uns Unrecht getan haben, vergeben zu können. Darum ist Humor ein wesentlicher Teil des Lebens.« (Sunim, 42)

Selbstwerdung

Wer seine Bedürfnisse nicht lebt, weil ihn der Irrtum quält, es anderen recht machen zu müssen, schleppt unbewusst das ungute Gefühl mit sich herum, zu kurz gekommen zu sein. Ein hohes Harmoniestreben und ausgeprägtes Anpassungsverhalten sind Kennzeichen der Schutzstrategien von Zukurzgekommenen. Im Laufe ihres Lebens sammeln sie eine tiefe Verbitterung und ein passiv-aggressives Verhalten im Vorhaltebecken ihrer Wut an. Mehr Selbstsorge und -liebe wären hier angesagt. Mehr Risikobereitschaft wäre wünschenswert, um berechtigte Eigeninteressen durchzusetzen. Mehr anecken und nicht immer der oder die Liebe sein zu wollen kann ein befreiungstheologischer Akt sein. Heilsamer Seelsorge ist daran gelegen, unser geschwächtes Selbst zu ermutigen und aufzurichten. Sie bedient sich des Zuspruchs: Gott sieht dich. Gott liebt dich. Gott braucht dich. Gott nimmt dich an, wie und wer du auch bist! Unter dieser Zusage Gottes ist es nicht mehr so wichtig, was andere von einem denken.

Authentisch sein bedeutet, bei sich zu sein, ehrlich zu sich selbst zu sein. »Wenn du es nämlich allen recht machen willst, machst du es letztlich keinem recht, weil du für nichts geradestehst und man sich letztlich nicht auf dich verlassen kann.« (Stahl, 211) Gerade in Konfliktfällen ist es in der Zusammenarbeit schwierig, wenn kein eigener Standpunkt erkennbar ist, ich nicht weiß, womit zu rechnen, worauf Verlass ist. Der Sitzplatz zwischen den Stühlen ist nicht bequem. Irgendwann muss ich mich entscheiden, denn ich kann es nicht allen recht machen. Jesus war da klar. »Und der Teufel führte ihn hoch hinauf und zeigte ihm alle Reiche der ganzen Welt in einem Augenblick und sprach zu ihm: All diese Macht will ich dir geben und ihre Herrlichkeit; denn sie ist mir übergeben und ich gebe sie, wem ich will. Wenn du mich nun anbetest, so soll sie ganz dein sein. Jesus antwortete und sprach zu ihm: Es steht geschrieben: ›Du sollst den Herrn deinen Gott, anbeten und ihm allein dienen.‹« (Lk 4,5-8) Auf teuflische Verlockungen erfolgte eine klare Antwort.

Jesus weiß, welchem Wertesystem er dient. Es geht um ihn und eine höhere Sache. »Mache dir bewusst, dass Zivilcourage, Aufrichtigkeit und Gerechtigkeit im Zweifelsfall wichtiger sind als deine Sorge, dass du dich unbeliebt machen könntest.« (ebd., 212) Heilsame Seelsorge achtet auf unsere Haltung, welchen Werten wir dienen und welche Haltung uns und unserem Wertesystem schaden kann. Sie räumt dem eigenen Selbst eine hohe Bedeutung ein, setzt den Selbstwert neben andere Werte, aber nie über alle und alles. Warum? »Das normale Auge sieht sich nicht. Genauso ist es mit dem Menschsein. Selbsttranszendenz heißt, dass der Mensch ganz er selbst wird und ganz Mensch ist genau in dem Maße, in dem er sich übersieht und vergisst, in dem er sich selbst hinter sich lässt, im Dienst an einer Sache, in der Erfüllung eines Sinnes oder in der Hingabe an eine Aufgabe oder an einen anderen Menschen, einen Partner – da wird er ganz er selbst.« (Frankl, zit. nach: Lukas, 79)

Konfliktunfähigkeit führt in die Irre, wenn sie Ausdruck unserer Abhängigkeit vom Wohlwollen anderer ist. »Für Ziele bräuchten [Schattenkinder] eine klare Vision, die ihnen häufig fehlt, weil sie sich ihr Leben lang nach den anderen anstatt nach sich selbst gerichtet haben.« (Stahl, 213) Ein Leben ohne Ziele, die uns Kraft und Motivation schenken, kommt nicht voran. Stillstand bedeutet Rückschritt und führt nicht in die ersehnte Ruhe. Stillstand aufgrund von Konfliktvermeidung behindert unser Wachstum. Wachstumsschmerzen sind Begleiterscheinungen, denen wir nicht aus dem Weg gehen können. Sie signalisieren Fortschritt und sind unbequeme Zeugen unseres Fortkommens.

Erfolge feiern, Konflikte eingehen, sich gegen Widerstände durchsetzen, das kann weh tun, stärkt aber auch unsere Selbstwirksamkeit und persönliche Reife – im Kindes- wie im Erwachsenenalter. Darin liegt das Geheimnis jeder menschlichen Entwicklung und jedes gesellschaftlichen Wandels. »Wir sind das Produkt all unserer Niederlagen, aber eben auch das Konstrukt unserer Erfolge. Unser Selbstgefühl hängt existentiell davon ab, wie oft wir uns mit Herzklopfen etwas getraut haben.« (Horx, 138) Schmerzhaftes ist unvermeidbar. Konflikte können weh tun, sind aber notwendig. »Ich staune immer wieder, was für einen geringen Impuls manche Menschen verspüren, sich einfach einmal zur Wehr zu setzen.« (Stahl, 213) Auf Schulhöfen, in sozialen Netzwerken, Bussen und Bahnen gehört das Wort »Opfer« zum Alltagsvokabular. Im besten Falle provozieren solche Demütigungen, die Opferrolle zu verlassen und sich zur Wehr zu setzen. Im schlimmeren Fall führt dies zu noch mehr Rückzug und einer Art passiven Widerstand, den aber niemand mitbekommt, weil er sich im schlimmsten Fall gegen sich selbst richtet.

Als Jesus die Zwölf zu zweit aussandte, stattete er sie mit Macht und Konfliktfähigkeit aus. »Und er sprach zu ihnen: Wo ihr in ein Haus geht, da bleibt, bis ihr von dort weiterzieht. Und wo man euch nicht aufnimmt und nicht hört, da geht hinaus und schüttelt den Staub von euren Füßen, ihnen zum Zeugnis.« (Mk 6,10f) Will heißen: Geh hinaus! Schüttle den Staub, Dreck und die Beleidigungen ab, die dich im Laufe deines Lebens beschmutzt haben. Schüttle den Spirit autoaggressiver Geister in dir ab. Begrabe jede falsche Harmoniesucht. Verabschiede deine Konfliktunfähigkeit, das Kind in dir, das nie groß, aber immer lieb sein will.

Es gibt Begegnungen, die gelingen nicht. Es gibt Menschen, die mögen dich nicht. Es gibt Anliegen, die finden kein Gehör. Das ist nun mal so! Dann packe deine sieben Sachen und geh! Scheu nicht den Konflikt oder die Verärgerung der anderen. Mach dich aus dem Staub, möglichst mit einem Weggefährten. Auch das Buch des Predigers empfiehlt dazu: »So ist's ja besser zu zweien als allein; denn sie haben guten Lohn für ihre Mühen. Fällt einer von ihnen, so hilft ihm sein Geselle auf. Weh dem, der allein ist, wenn er fällt. Dann ist kein anderer da, der ihm aufhilft. Auch wenn zwei beieinander liegen, wärmen sie sich, wie kann ein Einzelner warm werden? Einer mag überwältigt werden, aber zwei können widerstehen.« (Pred 4,9-12a)

Heilsame Seelsorge kennt solche Situationen, in denen wir, wie Martin Luther in Worms, stehen und nicht anders können. Dann heißt es: standhalten, Widerstand leisten und nicht im vorauseilenden Gehorsam Konflikten ausweichen. Dann heißt es: Bündnispartner suchen, möglichst nie allein dastehen. Und ruhig bleiben: »In der Hirnforschung hat man herausgefunden, dass alle massiven Erregungszustände – egal ob es sich um gute oder negative Gefühle handelt – den Zugriff auf unser Lösungswissen blockieren.« (Stahl, 244) Heilsame Seelsorge weiß darum: Niemand wurde geboren, um den Willen anderer zu erfüllen. Vielmehr gilt: »Dein Wille geschehe, wie im Himmel so auf Erden.« (Mt 6,10b) Ein Letztes noch von Matthias Horx, einem ausgewiesenen Zukunftsforscher und Ermutiger. »Auf jede Krise gibt es immer zwei mögliche Antworten: Die eine ist die Regression, der Rückzug auf eine vorherige Stufe, in der die Komplexität geringer und der Umweltdruck reduzierter war. Doch diese Möglichkeit existiert fast nur in mechanistischen Systemen. In der realen Evolution – von Menschen, Ökonomien, Organismen – gilt meistens die Alternative: Weiter oder Tod!« (Horx, 120)

Loslassen

Wenn nichts mehr geht, ist es besser zu gehen. Verharre nicht! Erstarre nicht! Renne nicht wie ein geprügelter Straßenköter den falschen Leuten hinterher. Traue ihrer vergifteten Aufmerksamkeit nicht. »So steht man auf verlorenem Posten, wenn der Gesprächspartner seine verzerrte Wahrnehmung und seine Projektionen über einen stülpt ... Denn in solchen Fällen macht Reden keinen Sinn. Da hilft nur eine äußerliche – oder wenigstens innerliche – Abgrenzung.« (Stahl, 219) Bevor du gehst, empfiehlt es sich zu überprüfen, ob dein Gegenüber Argumente hat, von denen du etwas lernen kannst. Wird Kritik geübt, die berechtigt sein könnte, kann sie uns helfen, Lehren daraus zu ziehen. Nur lebenslanges Lernen lässt erwachsen werden. »Das Leben erteilt uns Lehren durch unsere Fehler. Wenn du einen Fehler machst, frag dich einfach, was du daraus lernen sollst. Wenn wir solche Lektionen bescheiden und dankbar annehmen, wachsen wir so viel mehr!« (Sunim, 41)

Manchmal heißt Lernen aufbrechen, weil Bleiben keinen Sinn macht. »Im Übrigen gehören ... nicht immer zwei dazu, wenn eine

Beziehung nicht funktioniert. Wenn ein psychisch Gesunder zum Beispiel ... mit einem ausgeprägten Narzissten in einem Boot sitzt, dann wird es kentern .... Der psychisch Gesunde kann die Beziehung nicht retten – er scheitert an der verzerrten Wahrnehmung des Narzissten ... Wenn einer der Kommunikationspartner in einer starken Wahrnehmungsverzerrung seines Schattenkindes gefangen ist, dann helfen auch die besten Worte nichts. Vor Machtmenschen kann man sich nur schützen, indem man ihnen bestmöglich aus dem Wege geht oder eine Revolution startet.« (Stahl, 221f)

Auf dem Weg zur inneren Heimat sind auch Umgehungsstraßen und Notausgänge zulässig, um krankmachende Persönlichkeitstypen oder verletzende Systeme hinter sich zu lassen. Notfalls wird die Revolution gestartet, der Aufstand gegen Narzissten und Arschengel geprobt. Unangenehme Kommunikationspartner lässt man ins Leere laufen. Man muss nicht über jedes Stöckchen springen, was einem hingehalten wird. Manchmal hilft es schon, beim Namen zu nennen, was ungute Gefühle auslöst. »Untersuchungen konnten nachweisen, dass die Intensität unangenehmer Gefühle nachlässt, wenn wir diese benennen.« (Dittmar, Rucksack, 141)

Loslassen ist eine Kunst. Kunst kommt von können. Wir müssen es können und wollen, Beziehungen zu verlassen, die uns schaden, die uns für ihre eigenen Interessen benutzen. Spätestens nach der zehnten Plage hieß es für das Volk Israel, die Sachen zu packen und mit Gottes Segen Ägypten zu verlassen. Im schlimmsten Falle drohen vierzig Jahre Wüste. Auch das ist immer noch besser, als in der Sklaverei zu verharren. Erst im Rückblick wird oft klar, wie notwendig solche Aufbrüche sind, weil ein gelobtes Land, ein besserer Ort auf mich wartet. »Werden Unternehmen von negativem Denken infiziert, ist es für das Management fast unmöglich, durch Motivation entgegenzuwirken. Besonders das Angestelltendasein mit seinen verdichteten, durch Statuskonkurrenz aufgeheizten Netzwerken führt zu regelrechten Epidemien, in denen sich die Mitarbeiter mit Opferdenken, Negativität und Mobbing unentwegt aufs Neue anstecken.« (Horx, 147)

Unentwegte Wege führen in die Irre, infizieren irgendwann auch die Lebensläufe derer, die mir nahestehen, mit Missmut und schlechter Laune. Hier ist der sinkende Petrus ein Vorbild, der nach Seewandel und Untergangserfahrung erleben durfte, wie es ist, wenn die Seele sich wandelt und nach einsamen Unternehmungen die Erfahrung greift, nicht allein unterwegs zu sein, sondern als Gemeinschaft in einem Boot zu sitzen und gemeinsam das andere Ufer zu erreichen.

Loslassen lohnt sich. Es lohnt sich vor allem, um zu erleben, dass das Entlein in mir zum Schwan wird oder meine Raupe sich zum Schmetterling wandelt. »In der Phase der Verpuppung, als sogenannte Chrysalis, ist die Larve hilflos jedem Außenreiz ausgesetzt. Wind, Sonne, Regen, jegliche Berührung oder Störung kann sie zum Absterben bringen. Bei ihrer Transformation verdaut sich die Raupe selbst, sie wird molekular radikal umgebaut – ein Prozess, der sich Histolyse nennt, die radikalste Form der Veränderung, die sich vorstellen lässt.« (Horx, 10f) Im Wandel sind wir besonders porös, fragil und wehrlos. Da liegen Nerven blank, weil in mir die radikalste Form der Veränderung stattfindet. Manchmal müssen wir loslassen, selbst das Leben und die Träume, damit Neues möglich wird und die Auferstehung beginnt.

Mitgefühl

»Liebe dich selbst trotz deiner Unzulänglichkeiten. Empfindest du denn kein Mitgefühl für dich selbst, wenn du siehst, wie du dich durchs Leben kämpfst? Du bist so sehr darauf aus, deinen Freunden zu helfen, behandelst dich selbst aber so schlecht. Streichle

dein Herz hin und wieder und sag dir selbst: ›Ich liebe dich.‹«
(Sunim, 40) Bevor du über die Kraft des Mitgefühls nachdenkst,
wende dich dir selbst zu. Wie leicht übersiehst du dein liebesbe-
dürftiges Herz? Nächstenliebe gelingt, wo Selbstliebe praktiziert
wird. Mitgefühl fängt da an, wo ich lerne, mit meinen Gefühlen
einen angemessenen Umgang zu finden. Wir haben zwei Reak-
tionsmöglichkeiten, auf das Leid anderer zu reagieren: Mitgefühl
oder Mitleid. Unsere Spiegelneuronen sorgen für reflexartige Reaktionen. Wir fühlen oder leiden mit. »Anteilnahme oder Mitgefühl ist eine ›Herzensfähigkeit‹. Sie zeichnet sich im Wesentlichen
durch das Vermögen und die Bereitschaft aus, den anderen mit
dem Herzen zu sehen.« (Dittmar, Rucksack, 125)

Wie beim Glauben heißt es auch beim Mitgefühl: Durch
welche Brille betrachte ich die Welt? Sehe ich mit dem Herzen,
sieht die Welt anders aus, als wenn ich durch die Brille des Klein-
krämers meine Umwelt betrachte. »Wenn unsere Reaktion von
Mitgefühl geprägt ist, neigen wir dazu, den Menschen in Not
zu helfen ... sind wir hingegen gestresst, tendieren wir zu einer
egoistischen Reaktion.« (ebd.) Heilsame Seelsorge unterscheidet
zwischen Mitleid und Mitgefühl. Sie übt sich darin, mit dem Herzen zu sehen. »Mitgefühl wärmt unser eigenes Herz mindestens
genauso wie das unseres Gegenübers. Es macht uns glücklich ...
Während wir also beim Mitleid buchstäblich mit dem anderen
leiden und ihn somit bekräftigen, sich in sein eigenes Leid hineinzuschrauben, schenkt unser Mitgefühl uns selbst und anderen
Trost.« (ebd.)

Was ist mein Trost im Leben und im Sterben? Für den ›Heidelberger Katechismus‹ war es Christus, dessen Mitgefühl mit den
Menschen, dessen Leiden für andere zur Quelle ewigen Trostes
wurde. Paulus formuliert: »Denn wie die Leiden Christi reichlich
über uns kommen, so werden wir auch reichlich getröstet durch
Christus.« (2 Kor 1,5)

Der Trost durch das Leiden Christi bedeutet für mich, dass Mitgefühl auch mit einer gewissen Unsicherheit einhergeht. Es riskiert sich, wenn es unter die Räuber Gefallenen hilft oder auf dem Mittelmeer in Seenot Geratene rettet. Mitgefühl kann ein Wagnis sein, mich aber zugleich mit den Menschen verbinden. Es schenkt mir die Kraft, nicht nur bei mir, sondern bei anderen zu sein, mich einfühlen zu können in das, was meine Mitmenschen ausmacht, erfreut und beschwert. Selbsthilfegruppen zeigen täglich, wie verbindend Mitgefühl sein kann, auch wenn dies Männern wohl schwerer fällt? »Diese haben einen schlechten Draht zu ihren eigenen Gefühlen. Häufig sind es Männer, die stark im rationalen Denken verhaftet sind.« (Stahl, 223) Wir haben uns als ehemalige Jäger mehr Schutzstrategien angeeignet, um uns unseren Gefühlen, Schmerzen und Niederlagen nicht zu stellen. Nur, wer sich hinter seinem Panzer versteckt, findet aus der Höhle der Einsamkeit schwerer heraus.

Wir sprachen von Elia, von der Todesdrohung der Königin, die ihn fliehen ließ, um lebensmüde sich in der Wüste schlafen zu legen. Nach zweimaliger Hilfe durch den Engel, der ihm gebackenes Brot und frisches Wasser reichte, wanderte Elia vierzig Tage und Nächte lang, denn der Weg war weit für ihn. Am Gottesberg Horeb angelangt, verkroch er sich in eine Höhle. »Der Herr sprach: Geh heraus und tritt hin auf den Berg vor den HERRN! Und siehe, der HERR ging vorüber. Und ein großer starker Wind, der die Berge zerriss und die Felsen zerbrach, kam vor dem HERRN her; der HERR aber war nicht im Wind. Nach dem Wind aber kam ein Erdbeben; aber der Herr war nicht im Erdbeben. Und nach dem Erdbeben kam ein Feuer, aber der HERR war nicht im Feuer. Und nach dem Feuer kam ein stilles, sanftes Sausen. Als das Elia hörte, verhüllte er sein Antlitz mit seinem Mantel und ging hinaus und trat in den Eingang der Höhle.« (1 Kön 19,11-13)

Wie lockte Gott den Eiferer und Glaubenskämpfer aus seiner verschwitzten Höhle? Nicht mit Blitz und Donner, sondern eher heimlich, still und leise. Gottes Schweigen machte Elia neugierig, ließ ihn seine innere Stimme hören. »Und siehe, da kam eine Stimme zu ihm und sprach: Was hast du hier zu tun, Elia?« (1 Kön 19,13b) Und dann redete sich Elia alles von der Seele, was hinter ihm lag. Gott praktiziert hier heilsame Seelsorge, führt Elia in die Stille, um ihn zu sich und zu ihm zu führen. Heilsame Seelsorge lässt zur Ruhe kommen, möchte Menschen ruhig durch- und aufatmen lassen auch mit heilsamen Atemübungen. Sie kennt die Bedeutsamkeit des Atems. Heilsame Seelsorge bietet einen Schutzraum des Mitgefühls an, in dem geschwiegen, geredet, gebetet und gehandelt wird.

»Wenn wir etwas Schlimmes erlebt haben, erzählen wir davon. Laut Untersuchungen tun wir dies nach 80 bis 95 Prozent aller emotional belastenden Episoden.« (Dittmar, Rucksack, 162) Menschen, die sich Erlittenes von der Seele reden, zeigen anschließend eine bessere soziale Integration, höheres Wohlbefinden, mehr Zuversicht und Solidarität. Heilsame Seelsorge öffnet Räume, sich von der Seele zu reden, was sie beschwert. Da kann es geschehen, »dass wir durch das Erzählen der Geschichte ... beginnen unmerklich, uns im Kreis zu drehen.« (ebd., 162f) Manchmal geschieht es, dass wir ständig das Gleiche erzählen, weil wir nicht in Kontakt mit unseren Gefühlen sind. Vieles Reden kann eine Strategie sein, um Erlebtes nicht fühlen zu müssen, es sich durch Palavern vom Leib zu halten. Wir weigern uns zu fühlen, was schmerzt. Da kann es sein, vor anderen gut dastehen zu wollen, weshalb wir nicht die ganze Wahrheit erzählen und um den heißen Brei herumreden.

Elia wollte auch gut dastehen, vor allem vor Gott. Aber der HERR ließ sich nicht darauf ein. Er schickte ihn zurück an die Arbeit: »Aber der HERR sprach zu ihm: Geh wieder deines Weges durch die Wüste nach Damaskus.« (1 Kön 19,15a) Auch wir haben unsere Arbeit zu tun, unsere Wege zu gehen, durch Höhen und Tiefen, Trubel und Einsamkeit, Wüsten und Steppen. Elia hatte nach hartem Überlebenskampf und großer Erschöpfung gelernt, in der Stille auf seine innere Stimme zu hören. Mit neu geeichtem Kompass ging es für ihn an die weniger anstrengende Arbeit. In ihm ruhte ein Kompass, den ihm keiner mehr aus seinem Herzen nehmen konnte.

Hinhören

Was ist, wenn das Mitgefühl im Selbstmitleid versinkt, mein Schattenkind die Oberhand behält? »Diese Wahrnehmungsverzerrung kann zu einer gewissen Gnadenlosigkeit führen, in der das vermeintliche Opfer nur Mitleid für sich selbst aufbringt. Besonders krass ist dies oft bei Paarkonflikten zu beobachten.« (Stahl, 224) Rosenkriege haben hier ihre Wurzeln. Zerrüttete Freundschaften können gnadenlos aufeinander losgehen, soziale Netzwerke zum Schlachtfeld erbitterter Auseinandersetzungen werden. Wie da wieder herausfinden? »Zuhören ist die Brücke zur Empathie.« (ebd., 226) Dazu braucht es Ruhe, Raum und Bereitschaft, zuhören zu wollen. Entscheidend ist, nicht das hören zu wollen, was ich mir immer schon dachte. »Ich bin wie taub und höre nicht« (Ps 38,14), klagt der Psalmbeter.

Heilsame Seelsorge ist bemüht, auf allen Kanälen und mit unterschiedlichsten Ohren hinzuhören. Sie hört nicht nur das, was uns in den Ohren juckt und schmeichelt. »Denn es wird eine Zeit kommen, da sie die heilsame Lehre nicht ertragen werden; sondern sich selbst Lehrer aufladen, nach denen ihnen die Ohren jucken, und werden die Ohren von der Wahrheit abwenden und sich den Fabeln zukehren.« (2 Ti 4,3f) Offenheit für heilsame Lehren ist notwendig, damit alte Verheißungen in Erfüllung gehen: »Und sie brachten zu Jesus einen, der taub war und stammelte, und baten ihn, dass er ihm die Hand auflege. Und er nahm ihn beiseite und legte ihm die Finger in die Ohren und spuckte aus und berührte seine Zunge und sah auf zum Himmel und seufzte und sprach zu ihm: Hefata!, das heißt: Tu dich auf! Und sogleich taten sich seine Ohren auf.« (Mk 7,32-35a)

Damit Ohren sich auftun können, muss das alte Ohrenschmalz raus. Für ein hörendes Herz braucht es innere Reinigungsprozesse. Vivian Dittmar nennt diese ›bewusste Entladung‹. Um sie zu gewährleisten, sind zwei Rahmenbedingungen notwendig:

1. Ein innerer Raum wird angeboten, in dem Entladung möglich ist, der es uns ermöglicht, zu fühlen, was ist. »Fühlen bedeutet, sich den eigenen Empfindungen auf emotionaler Ebene unmittelbar zuzuwenden, ohne den Umweg über den Verstand. Fühlen bedeutet, alle Filter zwischen der Empfindung und der Wahrnehmung wegzulassen und zuzulassen, dass diese sich unmittelbar berühren.« (Dittmar, Rucksack, 132)

2. Ein Gegenüber wird benötigt, das mitfühlend hinhört und vertrauensvoll schweigen kann.

Heilsame Seelsorge lebt von einem mitfühlenden Hinhören und einem staatlich geregelten Seelsorgegeheimnis. Sie sorgt für die notwendigen Zeiträume und äußeren Rahmenbedingungen, damit bewusste Entladungen gelingen können. Ich wage die Behauptung, dass die Pfarrämter unserer Republik, egal welcher Konfession, die ungenutztesten und unbekanntesten Räume für gute Begegnungen und bewusste Entladungen sind.

Das Markusevangelium berichtet von einem Vater, der Jesus um die Heilung seines Sohnes bittet. Gefragt ist der Glaube des Vaters, der Jesus antwortet: »Ich glaube; hilf meinem Unglauben.« (Mk 9,24) »Als nun Jesus sah, dass die Menge zusammenlief, bedrohte er den unreinen Geist und sprach zu ihm: Du sprachloser und tauber Geist, ich gebiete dir: Fahre von ihm aus und fahre nicht mehr in ihn hinein! Da schrie er und riss ihn heftig hin und her und fuhr aus. Und er lag da wie tot, sodass alle sagten: Er ist tot. Jesus aber ergriff seine Hand und richtete ihn auf, und er stand auf.« (Mk 9,25-27)

Hier wird von Dämonen berichtet, die den Jungen hin und her reißen. Das klingt nach Pubertät. Victor Chu beschreibt die Konfliktlage der Pubertät so: »Hier befindet sich der Heranwachsende in der Zwickmühle. Er fühlt sich hin- und hergerissen zwischen der Treue zu sich selbst und seiner inneren Stimme und der Treue zu den Eltern. Er befindet sich an der Schnittstelle zwischen Progression und Regression, zwischen dem Drauflosstürmen und dem Einlegen des Rückwärtsgangs.« (Chu, 22) Innere Konflikte scheinen dem kranken Jungen in der Markuserzählung die Kraft geraubt zu haben. Er liegt vor Jesus wie tot da, todmüde wie Elia, in Angststarre, wie einer, der nicht mehr aus seinem Bett kommt. Vielen erschien es so, als sei er tot. Aber was ist schon, wie es scheint? An diesem lebensfeindlichen Urteil der Menge setzt Jesus an. Er folgt ihren Glaubenssätzen nicht, zeigt Mitgefühl mit dem Vater und ergreift die Hand des Jungen. Ohne Berührung keine Berührbarkeit. Ohne Berührbarkeit keine Veränderung. Einmal mehr richtet Jesus einen Menschen auf, der am Boden liegt. »Er stand auf«, heißt es.

Kinder Gottes tragen eine unzerstörbare Kraft, Gottes Heiligen Geist in sich, der uns aufstehen lässt. Gewiss, es braucht Ermutiger, die mit anpacken, sich berührbar zeigen, mich berühren, in mir das Vertrauen wecken, aufstehen zu können. Heilsame Seelsorge ist in ihrem Element, wo Gottes Geist wirkt. Sie will unserem Unglauben auf die Beine helfen, die heilsamen Kräfte in uns stärken, die Glut des Osterfeuers neu in uns entfachen. Für den geheilten Jungen könnte gelten, was bei Burn-out gilt: »Wenn du also ein Burn-out vermeiden willst, übe dich in Selbstachtsamkeit, entwickle ein Gefühl für die Grenzen deiner Belastbarkeit und lerne, dich selbst zu behaupten.« (Stahl, 235) Ein wichtiger Hinweis, damit wir nicht sofort wieder auf der Pritsche landen, nicht zwischen Schatten- und Sonnenkind verheizt werden.

Grenzen setzen, Konflikte eindämmen, berührbar bleiben, Gefühle fühlen, hinhören, nicht alles persönlich nehmen – das sind alles Schritte in die richtige Richtung. Bei der Eröffnung eines Projektes in unserer Familienbildungsstätte, das von Ehrenamtlichkeit lebt, fragte ich die Gründerin, was sie mit Menschen macht, die dafür ungeeignet seien. Ihre klare Antwort lautete: »Das erste Nein ist das barmherzigste!« Ein ehrlicher Satz, der Grenzen setzt. Heilsame Seelsorge kann Nein sagen, Grenzen setzen, andere ermutigen, dies auch für sich selbst zu tun. Gerade weil sich Seelsorge in Grenzbereichen bewegt, hat sie Grenzen zu setzen und zu beachten. »Jesu Sorge gilt nie nur allein der Realitätsertüchtigung, der Wiederherstellung der Fähigkeit zu normalem, angepasstem Verhalten, sondern öffnet durch seine Gesetzes-, Normen- und Institutionskritik, durch die Offenlegung verfehlten Lebens (Sünde), immer zugleich den Freiraum neuen, anderen Lebens ... Die Realität des Alltags wird von Jesus nicht als letzte anerkannt, sondern kritisch aufgebrochen und in den Horizont lebensschaffender und lebenserneuernder Möglichkeiten gestellt. Die Forderung zur Umkehr zielt nicht auf Anpassung, sondern befreit zu den Möglichkeiten des Anders-Seins.« (H. Luther, 230f). Heilsame Seelsorge setzt Grenzen und lotet zugleich Ermöglichungs-Spielräume bis an die Grenzen des Möglichen aus, darin fühlt sie sich hin- und hergerissen, wie der kranke Sohn, wie Pubertierende, die erwachsen werden müssen.

V. ANKOMMEN

»Ein Teil von dir wurde sehr früh in deinem Leben zurückgelassen, der Teil, der sich nie vollständig angenommen fühlte und voll Angst ist. Inzwischen bist du mit viel Überlebenskunst erwachsen geworden. Aber du möchtest doch, dass dein Selbst eins ist. Deshalb musst du den Teil von dir, der zurückgelassen wurde, heimbringen.« (Nouwen, 58) Die Gedanken von Stefanie Stahl haben mich animiert, zum Teil provoziert, Wege heilsamer Seelsorge auch als Suche nach einer Heimat für unser inneres Kind zu verstehen. Daher ist es mir ein Anliegen, auf diesem Weg zu fragen, was unser Sonnenkind nährt, was es heißen kann, erwachsen zu werden und innerlich anzukommen. Der Zukunftsforscher Matthias Horx hat ein siebenstufiges Modell entwickelt, dass dabei Orientierung bieten kann.

Symbiose

»Unser Leben beginnt im Zustand der Abhängigkeit und Bedürftigkeit. Menschen werden ›unreif‹ geboren, ihr Überlebenserfolg hängt wie bei wenigen anderen Spezies von elterlicher Zuneigung ab.« (Horx, 174) Wer sich – aufgrund einer stabilen Basis in seinen ersten Lebensjahren – langsam von seinen Eltern emanzipiert, hat gute Chancen, eine stabile Persönlichkeit zu entwickeln. Wer jedoch größere Verletzungen und Beschädigungen daraus in sich trägt, leidet oft an Beziehungsproblemen. »Er wird in seinen sozialen Beziehungen klammern, erpressen, vernachlässigen, unterdrücken.« (ebd.) Verlustängste, die uns in symbiotische Abhängigkeiten treiben, behindern dann das Wachstum.

Spontanität

»Schon mit zwei Jahren beginnt die Herrschaft der Wünsche.« (ebd.) Mehr und mehr erlernen wir zu bekommen, was wir wollen. Trotzphasen dienen dem Training des eigenen Willens. Diese Phase fördert die Ausbildung des Ichs und damit die Fähigkeit, den Impulsen ein Ziel und Bedürfnissen ihr Recht zu geben. Mit der Zeit wächst die Einsicht, dass nicht jeder Wunsch in Erfüllung geht, bzw. seine Erfüllung nur gemeinsam zu erreichen ist.

Autonomie

»In der Pubertät beginnen wir, uns von den Erwachsenen abzukapseln ... Diese Verpuppungsphase ist nicht nur normal, sie ist notwendig, damit wir unsere Selbstwirksamkeit entfalten können.« (ebd., 175) Also nicht vom Hotel Mama sofort ins nächste gemachte Bett fallen! Wer die Phase wachsender Eigenständigkeit nie gelebt hat, entwickelt schwerer ein reifes Ich. Spätestens in der Lebensmitte zeigen sich dann die Schwierigkeiten.

Beziehung

»Nun kommt jener Wendepunkt, an dem wir via Liebe und Bindung unsere Egozentrik zu relativieren lernen.« (ebd.) In dieser Phase entfalten wir unsere Ich-Stärke in Verbundenheit mit anderen, nimmt unsere Liebe in Form von Kindern und in beruflichen bzw. kreativen Passionen Gestalt an.

Autorität

»Während die Integrationskraft unseres Ich weiter wächst, verwandeln wir unsere sozialen Rollen in Instanzen. Wir werden Eltern, Vorgesetzte, Nachbarn, Kollegen, Meister eines bestimmten Fachs.« (ebd.) Unser Status erlaubt es, die Selbstwirksamkeit je nach beruflicher Position oder gesellschaftlicher Stellung auszudehnen. Jetzt werden wir uns der Stellung in der Generationenabfolge bewusst, als Eltern für Kinder, als verantwortliche Kinder für älter werdende Eltern. Gelingt dies, können wir dem Älterwerden einen Sinn abgewinnen, der unser stark gefordertes Ich stabilisiert.

Weisheit

»In der Phase der Weisheit wachsen wir auch über unsere Status-definition hinaus. Nun geht es um unsere Urteile, unsere Sichtweisen, unser Erfahrungswissen.« (ebd., 176) In dieser Phase entscheidet sich, wie wir mit Endlichkeit, dem Abbau körperlicher und geistiger Kräfte, erlittenen Kränkungen umgehen, die Krankheiten uns zufügen. »Die radikalste Herausforderung unseres Lebens besteht wahrscheinlich im Umgang mit dem eigenen Alterungsprozess.« (ebd.) Besonders Männer reagieren hier leichter gekränkt. »Echte Weisheit transformiert diese Kränkung in Gelassenheit – vielleicht die höchste mentale Übung, deren ein Mensch fähig ist.« (ebd., 177) Am Ende jedes Weges zeigt sich, dass wir hier keine bleibende Stadt haben, sondern nur Gast auf Erden sind.

Erwachsen werden, ankommen und der Seele ein Zuhause geben braucht Zeit. Mein inneres Kind mitzunehmen, um heil zu werden, braucht Zeit. Die Wegstrecke bis zum bestellten Acker braucht Zeit. Erst dann kann man sagen: »Und anderes fiel auf das gute Land; und es ging auf und trug hundertfach Frucht.« (Lk 8,8) Die Psychologieprofessorin Tatjana Schnell hat in ihren Forschungen Voraussetzungen für ein sinnerfülltes Leben herausgearbeitet, die Trotier im ›ZEIT-Magazin‹ kurz zusammenfasst: »Menschen brauchen das Gefühl dazuzugehören, sie wollen einen Platz haben auf der Welt ... Das können Familie und Freunde leisten, aber auch eine Religion und politischer Aktivismus. Das Leben wird außerdem als sinnvoll betrachtet, wenn man eine Richtung hat, die man verfolgt oder eine Aufgabe. ... Drittens müssen Menschen spüren, dass ihre Weltanschauung kohärent und stimmig ist. Und schließlich erkennen Menschen einen Sinn in ihrem Leben, wenn sie erfahren, dass ihr Handeln Konsequenzen hat, also auf Resonanz stößt.« (Trotier, 16) Worum geht es im Leben? 1. Um das Gefühl: dazuzugehören – einen Platz in der Welt zu haben. 2. Sinnvoll leben: eine Richtung, eine Aufgabe haben. 3. Eine gute Perspektive haben: spüren, dass meine Sicht stimmig ist. 4. Selbstwirksamkeit erfahren: Resonanz erleben.

1. Hans ist groß

»Suchen ist das Ausgehen von alten Beständen, das Finden-Wollen von bereits Bekanntem. Finden ist das völlig Neue. Alle Wege sind offen und was gefunden wird, ist unbekannt. Es ist ein Wagnis, ein heiliges Abenteuer.« Dieses Zitat von Pablo Picasso verwendet der Begründer der hypnosystemischen Therapie Gunther Schmidt in seinem Vortrag: »Geborgen im Ungewissen« (youtube 24.3.2020, 0:54-2:03). Weiter lautet es: »Die Ungewissheit solchen Wagnisses können eigentlich nur jene auf sich nehmen, die im Ungewissen sich geborgen wissen. Die in der Ungewissheit der Führerlosigkeit geführt werden, die sich vom Ziel ziehen lassen und nicht selbst das Ziel bestimmen.«

Wir leben in ungewissen Zeiten. Gewiss ist nur der Tod. Und der Mensch ist das Lebewesen, dem es bisher gelungen ist, einen (selbst-)bewussten Umgang mit den irdischen Unsicherheitsbedingungen zu finden. Wir haben Kompetenzen entwickelt, bewusst mit Stress und Angst umzugehen. Wir können z.B. bewusst und zielgerichtet kooperieren, um zu überleben. Zur singulären Fähigkeit des Menschen gehört es, die Zukunft zu antizipieren, ›Worst-Case-Szenarien‹ zu entwickeln, sich auf Verschiedenstes einzustellen. Wer alles nur positiv sieht, auf halbvolle Gläser fixiert ist, übersieht mögliche Risiken. Die Evolutionsforschung unterscheidet zwischen den Schnellen und Toten. Die Schnellen bekommen es schnell mit der Angst zu tun. Sie sind fix darin, vorausschauend zu handeln, sichere

Wege zu suchen, Umwege in Kauf zu nehmen. Die Toten gehen mehr Risiken ein, versuchen, auf kurzem Weg ans Ziel zu kommen. Das ging für sie oft, aber nicht immer gut. Ging es schlecht aus, fielen sie dem Säbelzahntiger zum Opfer. Weil sie nicht schnell genug waren, den sichersten Weg zu wählen, fand ihr Erbgut keine Fortsetzung. Wir sind die Nachkommen der schnell Ängstlichen, der Überlebenskünstler im Umgang mit dem Ungewissen.

Gunther Schmidts Ansatz versucht, über Hypnose und mit Ritualen der Aufmerksamkeitsfokussierung Fähigkeiten abzurufen, die im klugen Unbewussten schlummern. Dem ›klugen Unbewussten‹ verdanken wir es, Hindernisse zu überwinden, Klippen zu umschiffen und selbst nach schlimmsten Zusammenbrüchen wieder aufzustehen, um erneut ins Ungewisse aufzubrechen. All das wird von einem Ziel, einer Sehnsucht motiviert, die mir das Leben weiter als sinnvoll erscheinen lässt.

Schmidt setzt weniger auf Selbstmanagement als vielmehr auf die eigenen Selbstheilungskräfte, unsere Selbstwirksamkeit, auf die im Lauf der Zeit erworbenen Lebenskompetenzen. Diese Kräfte stehen mit den vier Resonanzachsen des Lebens, mit meinem Selbst-, Mensch-, Welt- und Gottvertrauen in einem engen Zusammenhang. Für Schmidt lagern sich diese Heilkräfte wie Erdschichten in uns ab, umgeben unsere Seele wie die Jahresringe eines Baumes sein Kernholz. Trotz größter Trockenheit dokumentieren die Ringe eines Baumes Jahr für Jahr sein Wachstum. Solange wir leben, geht auch unser Erwachsenwerden weiter; auch wir wachsen, wie der Baum, Ring für Ring, bis wir sterben. Das spiegelt sich sogar in der Sprache, denn die indogermanische Wurzel des Wortes »Trost« heißt »deru«. Damit wurde das feste Kernholz bezeichnet, das den Baum im Sturm erhält, ihm Halt, Elastizität und Widerstandskraft gibt. Was für eine Metapher: Trost = Kernholz des Baumes = alles, was uns in den Stürmen des Lebens und im Sterben Stabilität gibt.

Unser Leben bleibt ein Wagnis. Wir brauchen Sinn und sind auf der Suche nach einem Ziel, nach Stabilität und innerer Heimat. Letztlich ist es an uns, uns auf den Weg zu machen und auf das Wagnis einzulassen. Nur, wer sich auf die Reise begibt, kann sein Ziel erreichen. Damit wären wir wieder angelangt bei »Hänschen klein« und die anfangs versprochene Urfassung. Victor Chu dokumentiert sie in seinem Buch:

»Hänschen klein, ging allein,
in die weite Welt hinein,
Stock und Hut stehn ihm gut
ist ganz wohlgemut.

Aber Mutter weinet sehr
hat ja nun kein Hänschen mehr.
Wünsch' dir Glück, sagt ihr Blick,
kehr nur bald zurück.
Sieben Jahr, trüb und klar,
Hänschen in der Fremde war,
Da besinnt sich das Kind,
eilet heim geschwind.

Doch nun ist's kein Hänschen mehr,
Nein, ein großer Hans ist er;
Stirn und Hand braun gebrannt,
wird er wohl erkannt?«

(zit. nach: Chu, 8)

Hand aufs Herz, welche Liedfassung würden wir am Bett unserer Kinder bevorzugen? In der Urfassung ist Hänschen wirklich zum Hans geworden. Das Weggehen gehört zum natürlichen Erwachsenwerden eines jeden Kindes. Weil Eltern es versorgten, krabbelt es davon. Je größer das Kind wird, umso weiter weg zieht es. »Ein Kind, das man seine Wege gehen lässt, kehrt von selbst freudig zurück, weil die Eltern seine Heimatbasis sind und weil es sich hier geborgen fühlt.« (Chu, 19) Deshalb können der Tod der Eltern, die Aufgabe des Elternhauses zum Krisenphänomen selbst für erwachsene Kinder werden. Geht der einstige Heimathafen verloren, fühlt sich das Leben fragiler an. Aber das ist der Lauf des Lebens! Dazu sollte ein Mensch in der Lage sein, vor allem wenn Abschiede gelingen, ein Segen gesprochen, dem Kind genug Urvertrauen mitgegeben wurde. »Wenn Eltern dieses Vertrauen ins Kind haben und wenn sie auch ohne das Kind für sich gut sorgen und glücklich weiterleben können, geben sie ihren Kindern die Freiheit zu kommen und zu gehen«. (ebd., 20)

Hier lauern die Gefahren für Hänschen: fehlendes Vertrauen, Enge und Angst, anstatt Freude an Freiheit und Fremde. An dieser Stelle schlägt die Regression zu, die den Wandel gefährdet. Eltern, die ohne Kinder im Haus mit sich etwas anzufangen wissen, sind der beste Dünger für das Erwachsenwerden ihrer Kinder und die beste Vorsorge, selbst nicht in die Verlockung der eigenen Regression zurückzufallen.

Selbstverständlich fällt auch Kindern das Weggehen nicht nur leicht, denn der Jugendliche »hat Angst vor dem Neuen, auch wenn er sich das nicht eingestehen will.« (ebd., 21) Das sind die Geburtswehen des Neuen. Doch zu Hause bleiben ist keine Lösung. Angst vor neuen Schritten, Schwellenkrisen, die wir nicht angehen, würden unser Hänschen nie zu Hans werden lassen. »Wenn man sich aber ein Herz nimmt und über diese innere Angstschwelle springt, hat man wieder ein Stück Welt erobert.« (ebd., 26) Wer von klein auf nicht gefordert wurde, erwachsen zu werden, den hat das Verwöhnaroma der Eltern narkotisiert. Der Schlüsselsatz, der Türöffner, in der Ur-Fassung ist der Muttersegen. Sie banalisiert ihre Schmerzen nicht, aber lässt Hänschen gesegnet gehen: »Aber Mutter weinet sehr, hat ja nun kein Hänschen mehr. Wünsch' dir Glück, sagt ihr Blick, kehr nur bald zurück.«

Die Bibel ist voller Segensgeschichten, besonders dort, wo es heißt, Übergänge zu bewältigen, zu Neuem, Ungewissem aufzubrechen, z.B. von Jakob am Jabbok (siehe Kap. IV.6). Aber auch schon die ersten Verse der Geschichte Israels intonieren das Menschsein als eine einzige Aufbruchs- und Segensgeschichte. »Und der Herr sprach zu Abram: Geh aus deinem Vaterland und von deiner Verwandtschaft und aus deines Vaters Hause in ein Land, das ich dir zeigen will. Und ich will dich zum großen Volk machen und will dich segnen und dir einen großen Namen machen, und du sollst ein Segen sein.« (Gen 12,1f) Erwachsen werden und Heimat finden sind das Lebensthema des Urahnen des Volkes Israels. Die kanadisch-vietnamesische Schriftstellerin Kim Thúy Ly Thanh wurde einmal gefragt: »Empfinden Sie Vietnam immer noch als Heimat? Oder ist es Kanada? Oder etwas ganz anderes?« Sie antworte: »Für mich ist Heimat der Ort, an dem meine Kinder sind.« (Zeit-Magazin, 30.12.21; No. 1, 36) Ihr Verständnis von Heimat ist etwas Zukünftiges geworden. Da, wo ihre Kinder sind, bzw. sein werden, die nächste Generation die Zelte aufschlägt, wird ihre Mutterliebe wohnen. Wege heilsamer Seelsorge haben die Zukunft mit im Blick. Mit genügend Selbst-, Mensch-, Welt- und Gottvertrauen werden wir sie gut erreichen. Meiner jüngsten Tochter habe ich zu ihrer Volljährigkeit einen Geburtstagswunsch mit auf den Weg gegeben, der uns einstimmen möchte auf die vier Dimensionen des Vertrauens, um am Ende unserer Reise gut anzukommen.

volljährig

was ich dir wünsche mein kind
sind gute freunde
die dir ehrlich ihre meinung sagen
die dir zur seite stehen
wenn du hilfe brauchst
die dein inneres sehen
obwohl die welt auf äußerlichkeiten achtet

was ich dir wünsche mein kind
ist ein mensch
der dich liebt wie du bist
der dich bewundert
weil du ein wunder gottes bist
der durch dick und dünn mit dir geht
der deines vertrauens wert ist
der dir ein geheimnis bleibt
der dich ein geheimnis sein lässt

was ich dir wünsche mein kind
ist ein wissen um deine wurzeln
ist ein wissen um deine heimat
ist ein wissen um deine werte

du wirst uns verlassen
eigene erfahrungen sammeln
neue wurzeln schlagen
eigene nester bauen

so wünsche ich dir
finde dein element
höre auf dein herz
folge deiner stimme
spüre deinen spirit
breche zu neuen ufern auf

so wünsche ich dir
viel ur- und weltvertrauen
viel selbst- und gottvertrauen
die liebe deiner eltern
die liebe deiner geschwister
die liebe deiner großfamilie

nur die liebe macht frei
zu gehen und wiederzukommen

so wünsche ich dir
genug brot für jeden tag
genug kraft für jede herausforderung
genug mut für notwendige fehler
genug gegnügsamkeit für schwere zeiten

was ich dir wünsche mein kind
sind gottes engel an deiner seite
sinn und zufriedenheit auf deinen wegen
ist gottes reicher segen
für dein volljähriges lebensjahr

(S. Eckert, herzgeborenes, 52)

2. Selbstvertrauen

Beginnen wir unsere Heimatsuche mit der Suche nach mehr Selbstvertrauen. »Vermittelt uns ein tiefes, ehrliches Gespräch das Gefühl der Verbundenheit mit einem anderen Menschen, dann sind wir sehr glücklich. Die gleiche tiefe Verbundenheit ist auch mit uns selbst möglich, indem wir uns voll und ganz annehmen, wie wir sind, und unsere erleuchtete Natur erkennen. Auch das ist eine Quelle von Glück und Freiheit ohnegleichen.« (Sunim, 69) Ankommen fängt bei mir selbst an und der Frage, was für mich Sinn macht. Für Viktor E. Frankl war das klar: »Der Mensch ist nicht da, um sich selbst zu beobachten und sich selbst zu bespiegeln; sondern er ist da, um sich auszuliefern, sich preiszugeben, erkennend und liebend sich hinzugeben.« (Frankl, zit. nach: Lukas, 77)

Selbstvertrauen ist kein Akt der Selbstbespiegelung, und eine zu selbstbezogene Seelsorge kann nicht Sinn der Sache sein. Unser Selbst, unser Selbstvertrauen ist angewiesen auf Begegnung, Hingabe an ein Du, ein Gegenüber, an dem es und mit dem es wachsen und reifen kann. »›Selbstverwirklichung‹ steht immer noch unter dem Generalverdacht des Egoismus; ›Individualität‹ für viele immer noch für die schlichte Entkoppelung von Bedingungen. Aber Selfness meint viel mehr. Hier geht es um persönliche Reife als Bedingung und Begleiterscheinung sozialer Kompetenz.« (Horx, 172) Mit dem Begriff der ›Selfness‹, einem Selbst mit sozialer Kompetenz, kommen wir dem Doppelgebot der Selbst- und Nächstenliebe näher. »Allerdings müssen wir uns eingestehen: Die Idee, sich selbst zu verändern, behält im Kern etwas Absurdes. Sie birgt enormes Stresspotential. Sie erinnert uns an den armen Münchhausen, der sich an seinem eigenen Zopf aus dem Sumpf zieht.« (ebd., 173)

Dieser Einspruch ist berechtigt. Wir können uns nicht selbst aus dem eigenen Sumpf ziehen. Die Theologie spricht von Sünde, von der sich der Sünder nicht selbst freisprechen kann. Es bleibt daher die Frage, wie unser Selbst reifen, sich verändern, Buße tun und umkehren kann? Horx: »Der ›Selfness‹-Begriff versucht, die Metamorphose des Schmetterlings auf das menschliche Leben zu übertragen. Dabei müssen wir uns gleich mehrfach aus den ›hart gewordenen Schichten‹ herauslösen und unseren ›Organismus‹ (unsere psychische Gestalt) umbauen.« (ebd.) Wie das Weizenkorn in die Erde fällt und begraben werden muss, um Frucht zu bringen, muss sich das Selbst verpuppen, weich und verwundbar werden damit ein Wandel, eine Umkehr, ein Neuanfang geschehen kann, ihm Flügel wachsen, um voller Selbstvertrauen als Schmetterling in die Welt zu fliegen. Solcher Wandel, ein solch radikaler Umbau, ist ein Wunder, welches uns im Prozess der Verwandlung äußerst verwundbar und passiv macht. Er geschieht an uns, allein aus Gnade. Wie es auch Gnade ist, dass Gott die Sonne über Gute und Böse aufgehen lässt.

Vertrauen ist gut, Kontrolle ist besser. Stimmt das? Oder ist Angst der Ausdruck eines mangelnden Selbstvertrauens? »Kontrolle ist die Antwort auf Angst. Und weil Angst grundlegend zum Leben dazugehört, weisen wir alle ein hohes Bedürfnis auf, Kontrolle auf uns und unsere Umgebung auszuüben.« (Stahl, 249) Stahl behauptet, unser Schattenkind entwickle ein Kontrollbedürfnis, »weil es kein Vertrauen in sich selbst hat.« (ebd.) Sie empfiehlt, die schlimmsten Ängste unseres Schattenkindes mit unserem Erwachsenen-Ich zu konfrontieren: »Bedenke immer: Deine Ängste sind Projektionen. Die meisten Dinge, vor denen wir Angst haben, treten nie ein.« (ebd., 241) In der Tat sind die meisten unserer Ängste Gespenster, die wir uns in unserer Fantasie ausmalen. Wir machen aus Mücken Elefanten und sehen hinter jedem Busch Säbelzahntiger. »Menschen, deren Schattenkind viel von Ängsten geplagt ist, müssen sich unbedingt abgewöhnen, alles zu glauben, was sie denken.« (ebd.)

Prinzipiell teile ich Stahls Anliegen einer gedanklichen Angst-minimierung. Dennoch klingt das nach Münchhausen, als könn-ten wir uns aus dem Sumpf unserer Ängste selbst herausziehen. Sympathischer und sachdienlicher erscheint mir ein Selbst, wel-ches sich voller Selbstvertrauen in größere Horizonte ›hinein-denkt‹, einen Glauben imaginiert, der sein Selbst in umfassenden Mensch-, Welt und Gottvertrauen gegründet sieht. Allzu viele Dinge sind einfach unverfügbar, sodass gerade der Glaube uns den nötigen Halt geben kann. Die Alternative wäre, zu glauben, alles selbst in der Hand halten zu müssen, was allerdings zu Kon-trollsucht und übertriebenem Pflichtgefühl führen kann. Solche Menschen neigen dazu, als Spaßbremsen ihre Mitmenschen auf Abstand zu halten. Ihr mangelndes Selbstvertrauen erschwert es ihnen, ein Gefühl von ›Leichtigkeit des Seins‹ zu empfinden. Sie brauchen schlichtweg Sicherheit und Ordnung. Und warum? »Kontrolle aufzugeben ist schwierig, weil die Betroffenen genau das tun müssten, was sie am wenigsten können: vertrauen.« (ebd.) Die frohe Botschaft heilsamer Seelsorge lautet: Fürchte dich nicht! Vertraue dem, der die ganze Welt in Händen hält!

Im säkularen Umfeld scheint die Alternative zum Glauben in ei-nem guten Selbstvertrauen zu liegen. Aber trägt das, wenn die Stürme anbranden, mein fragiles Selbst in tausend Scherben zer-brochen ist? Mich erinnert das an Menschen, die ihr Haus auf Sand bauen. Nicht zufällig beendet Jesus seine berühmte Bergpredigt mit dieser Thematik: »Darum, wer diese meine Rede hört und tut sie, der gleicht einem klugen Mann, der sein Haus auf Felsen baute. Als nun ein Platzregen fiel und die Wasser kamen und Winde weh-ten und stießen an das Haus, fiel es doch nicht ein; denn es war auf Fels gegründet. Und wer diese meine Rede hört und tut sie nicht, der gleicht einem törichten Mann, der sein Haus auf Sand baute. Als nun der Platzregen fiel und die Wasser kamen und die Winde wehten und stießen an das Haus, da fiel es ein und sein Fall war groß.« (Mt 7,24-27)

Worauf gründet ein gutes Selbstvertrauen? Paulus hatte für sich eine Antwort gefunden: »Nach Gottes Gnade, die mir gegeben ist, habe ich den Grund gelegt als ein weiser Baumeister; ein anderer baut darauf. Ein jeder aber sehe zu, wie er darauf baut.« (1 Kor 3,10) Damit beschreibt der Apostel seine Gemeindearbeit als ein Tun, das in Gottes Gnade gegründet ist. Andere können nun darauf aufbauen. Paulus selbst nimmt sich nicht so wichtig. Er weiß, worauf alles gründet: »Einen anderen Grund kann niemand legen außer dem, der gelegt ist, welcher ist Jesus Christus.« (1 Kor 3,11)

Der Mann aus Nazareth, Sohn eines Zimmermanns, gründete im Glauben seines jüdischen Volkes. Er kannte die Worte des Propheten Micha als Basis für ein in Gott gegründetes Leben. »Es ist dir gesagt, Mensch, was gut ist und was der Herr von dir fordert: nichts als Gottes Wort halten und Liebe üben und demütig sein vor deinem Gott.« (Micha 6,8) Drei gute Gründe für ein in Gott gegründetes Leben: Gottes Wort halten – Liebe üben – demütig sein. Bei Matthias Horx klingt das so, wenn er für sich zusammenfasst, was heute gut ist für meine ›Selfness‹: »Die Fähigkeit, die eigenen Talente zu verstehen und gesteuert zu entwickeln. Die Fähigkeit, Krisen bewusst zu durchleben und gestärkt aus ihnen hervorzugehen. Die Fähigkeit, die eigenen Glücksstrategien dynamisch anzupassen ... Die Fähigkeit, die eigenen Grenzen anzuerkennen und nach sinnhaften Kompensationen für Enttäuschungen und Entbehrungen zu suchen. Die Fähigkeit, sich als reifes Individuum in gegenseitigen Interessen mit anderen zu verbinden ... mit fairen Regeln und effektvoller Fehlerkorrektur. Die Fähigkeit, die inneren widerstreitenden Charaktereigenschaften in seiner ›Selbstkompensation‹ auszubalancieren.« (Horx, 172) Die Nähe zur biblischen Weisheit finde ich erstaunlich!

Alle Kasper-Hauser-Experimente haben gezeigt, wie wenig ein isoliertes Selbst zu bieten hat. Mein Ich wird nicht als Solist zum Menschen. Mein Ich braucht ein Du, um zum Ich zu werden. Es braucht einen anderen Grund, um erwachsen zu werden. Victor Chu hat hier Interessantes im Angebot: »Geld allein macht nicht glücklich. Gegen unsere Ängste hilft nur inneres Vertrauen. Wenn ein Kind darauf vertrauen kann, dass seine Eltern bald nach Hause zurückkommen, wenn Heimatvertriebene die Zusage bekommen, sie können irgendwann wieder in ihre Heimat zurückkehren, wenn Furchtsame die Erfahrung machen, dass sie selbst im Sterben getröstet sind, brauchen sie keinen materiellen Trost.« (Chu, 216) Ein ausgewiesener Fachmann für Seelisches stellt den Schlüsselbegriff ›Vertrauen‹ in einen unmittelbaren Zusammenhang mit dem Bedürfnis nach begründetem Trost – im Leben wie im Sterben.

»Ein wichtiges Argument für den inneren Erwachsenen könnte in diesem Zusammenhang sein, sich einfach nicht zu wichtig zu nehmen. Wenn wir uns nämlich unseren Versagensängsten hingeben, nehmen wir uns oft viel zu wichtig.« (Stahl, 242) Auch das kann helfen: »sich nicht zu wichtig zu nehmen«. Heilsame Seelsorge hat ein großes Interesse, unser Selbstvertrauen zu stärken, ohne sich einer zu großen Selbstbezogenheit hinzugeben. Immer wieder geht es ihr darum, eine gute Balance zu finden. »Das Problem ist nämlich, dass unsere Ängste uns dazu verleiten, uns für den Mittelpunkt der Welt zu halten.« (ebd., 242f) Selbstkritisch sieht Stahl die Überbetonung unseres Selbst. In Zeiten, die narzisstische Charaktere als Phänomen einer kapitalgetriebenen Moderne geradezu züchtet, ein wichtiger Einspruch. »Die Angst um sich selbst macht per se egozentrisch, weil man ständig auf sich selbst fokussiert ist.« (ebd., 243)

Heilsame Seelsorge sieht ihre zentrale Aufgabe darin, weiter über den Tellerrand des Selbst hinauszublicken, um auf einen guten Ausgleich zwischen Ich – Wir – Welt – Gott zu sorgen. »Deswegen kann es sehr entspannend und heilsam sein, wenn man sich – und sein potenzielles Versagen – immer wieder in seiner Bedeutung relativiert.« (ebd.) Richtig! Aber was tun, wenn Versagen und Schuld nicht nur subjektive Gefühle sind, sondern Fakten? Über die Themen Verzeihen und Vergeben herrscht im Wald der Psychotherapie ein seltsames Schweigen. Stattdessen sprießen pseudoreligiöse Erlösungsformeln in den Grauzonen zwischen Psychologie und Esoterik wie Pilze aus dem Boden. Echte Entspannung, begründetes Heil, befreites Aufatmen lässt sich nicht durch noch so gut gemeinte Selbsterlösungsversuche erlangen. Geht es um ernsthafte Vergebung gelangt der Mensch mit seinen ›Do-it-yourself-Versuchen‹ an seine Grenzen. Heilsame Seelsorge vertraut in diesen grenzüberschreitenden Gefilden auf einen, der sich damit besser auskennt: auf Gott, der Schuld zu vergeben weiß, nicht weil der Mensch es verdient hätte, sondern allein aus Gnade.

Wenn Stahl davon spricht, unser Versagen zu »relativieren«, bedeutet dies wörtlich verstanden, sich mit wem auch immer ›in Beziehung zu setzen‹. Und genau das ist Thema der heilsamen Seelsorge, gerade wenn es um Vergeben und Verzeihen geht – um ein Selbst, das sich in Beziehungen versteht zum Nächsten, zur Mitwelt, zu Gott. Matthias Horx scheint das ähnlich zu sehen, wenn er formuliert, wie für ihn ein Wellnessverständnis aussehen könnte in einer Welt, die über 70 Milliarden Euro pro Jahr dafür ausgibt, sich mit sich selbst wohlzufühlen. Tipps vom Zukunftsforscher, was gut wäre für unser Selbst: »Gesundes und entspanntes Essen, richtiges Atmen, angemessene Bewegung, zulassen und ausdrücken von Gefühlen, geistige Aktivität, Freude an Arbeit und Spiel, soziale Nähe zu anderen, erfüllte Sexualität, den Sinn des Lebens suchen und finden, spirituelles Bewusstsein, Selbstverantwortung und Liebe, Sensibilität der Sinne.« (Horx, 171)

Kommt ein Leben voller Selbstvertrauen und Wohlgefühle an sein Ende, stellen sich noch einmal andere Fragen. »Es ist so, wie es Wilhelm Dilthey einmal gesagt hat: dass das Verhältnis, welches am tiefsten und allgemeinsten das Gefühl unseres Daseins bestimmt, das des Lebens zum Tode sei. Die Bewältigung dieses Wissens um das eigene Ende dürfte als die größte existenzielle Herausforderung des Menschen angesehen werden. Der Tod als Daseinsdämon des Menschen – er steht für das Unwägbare und das letztendliche Ausgeliefertsein der Existenz. Diese tiefsitzende Verunsicherung lässt den Menschen wohl nie gänzlich bei sich selbst zu Hause sein.« (Seidel, 65) Heilsame Seelsorge hat für unsere Daseinsdämonen eine ›Theologie der Hoffnung‹ in ihrem religiösen Rucksack. Sie weiß darum, warum wir auf Erden nie bei uns selbst ein Zuhause finden können, solange die Heimkehr ins Reich Gottes noch aussteht. Wir brauchen ein gesundes Selbstvertrauen, dass das Bewusstsein der eigenen Endlichkeit und Fehlbarkeit in sich trägt und an ebendieser Stelle den richtigen Anschluss findet. Wie hieß es bei Elia aus dem Munde eines Engels? »Steh auf und iss! Denn du hast einen weiten Weg vor dir.« (1 Kön 19,7b)

3. Menschvertrauen

»Wollen wir eine Brücke schlagen von Mensch zu Mensch – und dies gilt auch von einer Brücke des Erkennens und Verstehens –, so müssen die Brückenköpfe eben nicht die Köpfe, sondern die Herzen sein.« (Frankl, zit. nach: Lukas, 154) Nicht die Köpfe, die Herzen sind die Brückenköpfe, die Menschen verbinden, in Beziehung bringen, Vertrauen verankern. Scheitert solche ein Brückenschlag, zerbricht Vertrauen und zerfrisst Misstrauen das Miteinander, hat es der Mensch schwer mit sich und seinem

Mitmenschen. Erich Kästner formuliert in »Familiäre Stanzen«, was passiert, wenn der Draht reißt, Beziehungen zerbrechen, aus Freunden Feinde werden.

> *»Wenn sich Leute, die sich lieben, hassen,*
> *tun sie das auf unerhörte Art.*
> *Noch in allem, was sie unterlassen,*
> *bleibt ihr Hass aufs sorglichste gewahrt*
> *...*
> *Und sie mustern sich wie bei Duellen.*
> *Beide kennen die Anatomie*
> *Ihrer Herzen und die schwachen Stellen.«*
>
> (Kästner, zit. nach: Illies, 217)

Nichts kann unser Menschvertrauen tiefer erschüttern als Kriege zwischen Völkern, religiös motivierter Hass, Freunde, die zu Feinden werden. Nichts ist dann so, wie es war, wenn die Brücke des Vertrauens eingestürzt ist, die anvertrauten Schwachstellen zu Einfallstoren der Vernichtung werden. Da kommt eine Traurigkeit hoch, wie bei Beerdigungen. Türen müssen geschlossen werden bis irgendwann Kriegsbeile begraben werden können.

In Verbindung stehen, sich verbunden fühlen ist das erste und älteste Grundbedürfnis des Menschen. Ohne Verbindung im Mutterleib hätte keine Nabelschnur uns genährt. Ohne Familie hätten wir keine Fürsorge erfahren. Ohne Freundschaften und Liebschaften gäbe es keine Lebensfreude. Sich verbunden fühlen mit mir, meinen Mitmenschen, der Welt und Gott, in Beziehung mit allen vier Resonanzachsen meines Lebens zu sein – Selbst-, Mensch-, Welt- und Gottvertrauen –, schenkt uns eine Lebensfülle, die mich erwachsen werden und in meiner Haut wohl- und zu Hause fühlen lässt. Wie einsam ist das Leben, wenn die Welt als feindlich erlebt wird, Gott mir tot erscheint, der Mitmensch mir zum Wolfe geworden ist? Wie wunderbar fühlt sich das Leben an, wenn ich in allem mit allen gut verbunden bin?

Die Qualität des Verbunden-seins in alle Richtungen – mit dem Himmel, der Erde, meinen Mitmenschen, mir selbst – entscheidet über mein Wohlbefinden, Lebensglück und Seelenheil. Zerreißt eine der vier Achsen gerate ich aus der Balance, sind Haltlosigkeit, Einsamkeit, Lebensängste und Krankheiten die Folge. Deswegen macht es Sinn, in Verbindung zu sein und zu bleiben, mit all dem, was das Leben ausmacht. Notfalls lasst uns um jede der vier Resonanzachsen ringen, wie es Jakob am Jabbok tat. Es lohnt sich, dafür in den Ring zu steigen: »Viele Konflikte in unserem Leben können gelöst werden, wenn wir uns in unser Gegenüber hineinversetzen. Versuche, die Dinge aus ihrer Perspektive zu sehen. Wenn du nur deine Seite betrachtest, bist du nichts anderes als ein Kind.« (Sunim, 102)

Große Verwirrung lösen die unbegrenzten Möglichkeiten aus, die unseren Alltag nicht zur Ruhe kommen lassen. Rund um die Uhr können wir konsumieren, was wir wollen. Tag und Nacht stehen uns die Fluchtwege in Ablenkung und Süchte offen. Ähnlich verwirrend erscheinen die Wahlmöglichkeiten an sexuellen Vorlieben, Bekanntschaften und Partnerschaften. Nur eine Familie lässt sich noch nicht im Internet bestellen. Soziale Netzwerke reden uns ein, mit aller Welt in Verbindung zu stehen. Millionen Likes, die trügerische Wertschätzung durch Daumen und Klickzahlen sind zur neuen Droge geworden. Sie suggerieren Anerkennung und Verbundenheit, ohne den Preis sozialer Verantwortung zu bezahlen. Zwischenmenschliches Vertrauen stärkt das nicht. Eher verstärken sich Reichweitenerweiterungen und Risiken. Bei allen Chancen des digitalen Wandels gilt gerade hier: »Zu viele Wahlmöglichkeiten machen den Menschen unglücklich.« (Sunim, 32) Was diese Entwicklung für Psychotherapie und Seelsorge bedeutet ist nicht annähernd erforscht. Gewiss scheint zu sein, dass eine kapitalgetriebene Optionsgesellschaft den Menschen mehr unfrei als frei, eher krank als gesund macht. Wir leben wie im Schlaraffenland und verhungern an Überdruss und Einsamkeit. »Dieser Prozess treibt uns in eine Freiheit, die uns ständig überfordert und die wir doch ewig ersehnen. Er gibt uns die Macht zu bestimmen, wie wir uns kleiden, wie wir lieben, wie wir unsere Umwelt gestalten wollten. Und zwingt uns gleichzeitig zu ständigen Entscheidungsoperationen, die Menschen in keiner anderen Gesellschaftsform vollbringen mussten.« (Horx, 46)

Wer die Wahl hat, hat die Qual. Vielen ist das Leben zur Qual geworden. Volkskrankheiten und Suchterkrankungen boomen pandemieartig. Der Mensch verhungert innerlich, obwohl unzählige Konservendosen in seiner Vorratskammer lagern. Aber er findet den Zugang zu seinen inneren Ressourcen und Quellen nicht mehr. Die Überfülle an Angeboten, lässt uns nicht erfüllt leben. Ich folge meinen Süchten und nicht meiner Sehnsucht nach Liebe, Geborgenheit und Wertschätzung. Wer lässt sich noch mit offenem Herzen auf echte Beziehungen ein? Zu Mangelware ist geworden, was Partnerschaften und Freundschaften brauchen: Vertrauen! Wer dem Leben berührbar gegenübertritt, wird mit Narben zu leben haben und Enttäuschungen umgehen müssen. »Dabei sollten Liebende – statt ihre Zeit damit zu vergeuden, die Fehler der anderen ändern zu wollen – diese Fehler besser näher betrachten und vorsichtig fragen, woher sie kommen, um sie verstehen zu können ... Denn letztendlich ... ist nur der in der Lage, die Wunde eines anderen zu betrachten, der mit der eigenen Wunde leben kann.« (Sastre, 68f)

Irgendwann werden wir mit unserer Vergangenheit Frieden schließen müssen, um die Zukunft angehen zu können. Und ohne

Menschvertrauen geht dann nichts, versandet jeder Exodus in der Wüste, fehlt der innere Antrieb, ins gelobte Land aufzubrechen. Wir sind keine Säulenheiligen, kein Kasper Hauser. Wir sind angewiesen auf Mitmenschlichkeit und Menschvertrauen. Vertrauen ist die Währung, die ich investieren muss, damit sich Leben lohnt und sinnvoll ist, es Freude bereitet und glücklich macht. »Ist dein Vertrauen erschüttert, hat sich deine Hoffnung zerschlagen, wurdest du von einem geliebten Menschen verlassen, dann lege, bevor du irgendetwas anderes tust, eine Pause in deinem Leben ein und komm einen Moment zur Ruhe.« (Sunim, 38)

Bevor du in Aktionismus verfällst, Anklageschriften verfasst, Gegenschläge vorbereitest, pausiere, komm zur Ruhe, gewinne Abstand, komm zur Besinnung. Heilsame Seelsorge unterstützt alle Versuche, trotz heftigster Stürme und größter Erregungen möglichst bei Sinnen zu bleiben, Gefühlen Raum zu geben, sich bewusst zu machen, wer ich bin und was ich brauche. Wenn Ehen gescheitert, Freundschaften zerbrochen, Eltern-Kind-Beziehungen abgerissen sind, sucht sie nach Um- und Auswegen, irgendwie in Verbindung zu bleiben. Sie setzt sich auch mit den Idealen auseinander, die Ursache zerbrochenen Vertrauens sein können. »Liebe bedeutet nicht die Herstellung von Nähe, Verschmelzen, Geborgenheit, sondern das genaue Gegenteil: das tiefe Akzeptieren der Differenz ... In der Liebe überschreiten wir die Grenzen unseres Egos mit dem Ziel seiner Erweiterung in einen anderen Raum.« (Horx, 180)

Horx meint, dass romantische Ideale unser regressives Verhalten verschleiern. Wir hängen der Illusion nach, total verstanden werden zu wollen, im anderen ganz und gar aufgehoben zu sein. Nehmen wir die vier Resonanzachsen ernst, wissen wir, warum solches Ganzheitsgefühl sich in einer einzigen Beziehung nie einstellen kann. »Liebe heißt im Sinne unserer Entwicklungsspirale, den anderen als ein Sprungbrett für den Wandel in die nächste Reifungsphase zu benutzen. Sie macht klein und groß zugleich. Sie macht uns stark und weist uns auf unsere Verletzlichkeit hin.« (ebd., 180f) Nur wer sich selbst riskiert, erhält die Chance zu wachsen, erwachsen zu werden, reifer zu werden für eine längerfristige Verbindung, die Leidenschaft, Beziehung und Fortpflanzung ermöglicht. Nutzen wir diese Chance, ohne andere nur für unsere Zwecke zu benutzen!

Ein weiterer Schlüssel in der Zwischenmenschlichkeit ist die Dankbarkeit. »Je dankbarer wir sind, umso glücklicher werden wir. Denn Dankbarkeit hilft zu erkennen, dass wir alle miteinander verbunden sind. Niemand fühlt sich wie eine Insel, wenn er dankbar ist. Dankbarkeit erweckt uns zur Wahrheit unserer wechselseitigen Verbundenheit, die unsere Natur ist.« (Sunim, 50) Dankbarkeit ist der andere Brückenkopf, der es versteht, Menschen in Verbindung zu bringen. Es tut gut wahrzunehmen, was alles mein Leben ausmacht, was ich anderen verdanke und nicht mir selbst. Dankbarkeit ist die schönste, tiefste und unmittelbarste Form von Verbundenheit. Sie setzt mich spontan in Verbindung mit meinen Mitmenschen.

Echte Dankbarkeit ist keine Mühe, keine Anstrengung. Sie geschieht, ereignet sich, taucht in mir auf, wie ein Überraschungsei, wenn sie mich ergreift. Dankbarkeit lässt mich mit gütigen Augen in die Welt blicken, die Schönheit der Natur, der unterschiedlichen Kulturen betrachten. Dankbarkeit ergreift mich, wenn ich auf dem Gipfel eines Berges stehe oder die endlose Weite des Meeres genieße, in den Sternenhimmel blicke und ein großes Staunen mich erschauern lässt, ein lebendiger Teil dieses unbegreiflichen Universums zu sein, Geschöpf eines unsichtbaren Schöpfers. Dankbarkeit ist eine wunderbare Voraussetzung für das Gedeihen von Beziehungen. Sie ist das beste Raumklima für das zarte Pflänzchen ›Vertrauen‹.

Heilsame Seelsorge lebt von Beziehung und Vertrauen. Ohne Zuhören und Verstehen kann Vertrauen nicht wachsen und können Beziehungen nicht gelingen. Auf ihrem Exodus war das Hören auf Gott zum Urbekenntnis Israels geworden: »Höre, Israel, die Gebote und Rechte, die ich heute vor euren Ohren rede, und lernt sie und bewahrt sie, dass ihr danach tut.« (Deut 5,1) Rachel Remen, die als Ärztin auf einer Onkologie-Station arbeitet, berichtet: »Wenn ich jemanden aufmerksam zuhöre, seinem Innersten Selbst oder dem, was man seine Seele nennt, dann finde ich oft, dass dieser Mensch auf der tiefsten und unbewusstesten Ebene bereits spürt, in welcher Richtung seine Heilung und seine Ganzheit zu finden sind.« (Remen, 98)

Genaues Hinhören ist eine der vornehmsten Aufgaben heilsamer Seelsorge. Sie stellt keine Rezepte aus, kennt keine Masterpläne und hat keine Garantiescheine im Angebot. Sie verspricht auch nicht ›die Lösung fast aller Probleme‹. Sie ist da, einfach da, für jeden Menschen, ohne Eigeninteresse, ohne Druck. »Wenn ich dafür offen bleiben kann, ohne die Erwartung, was jemand »tun« sollte, wie er sich wandeln sollte, um die Dinge zum »Besseren« zu verändern, oder gar wie seine Ganzheit auszusehen hat, dann kann etwas geradezu Magisches geschehen.« (ebd.) Offen sein und bleiben, in mir und für mein Gegenüber, ist der Türöffner für heilvolles Geschehen. Wie die Poren unserer Haut offen sein müssen, um zu überleben, braucht es auch Offenheit für mich, meinen Mitmenschen, meine Mitwelt, meinen Gott, damit Unfassbares geschehen kann, das unter die Haut, das zu Herzen geht. Wäre unser größtes Sinnesorgan, die Haut, nicht offen, könnte der Mensch nicht überleben.

Heilsame Seelsorge ist nicht unvernünftig. Sie ist aber davon überzeugt, dass Vernunft nicht alles ist; eine Welt der Zahlen, Statistiken und Bilanzen kann nicht alles erfassen, was das Leben sinnvoll, lebens- und liebenswert macht. In Weisheit alt zu werden sieht sie als eine Lebenskunst an, weil Weisheit jegliches Sach- und Faktenwissen übersteigt. »Ich habe also nicht mehr viele Theorien über die Menschen. Ich erstelle keine Diagnose oder entscheide, worin ihr Problem besteht. Ich begegne ihnen einfach und höre ihnen zu.« (ebd.) Die Enkelin eines orthodoxen Rabbis weiß, worauf es ankommt.

Der jüdische Religionsphilosoph Martin Buber hat dies einmal so gesagt: »Alles wirkliche Leben ist Begegnung.« Begegnung ist auch der Schlüssel für Vertrauen. Nur wird unser Mensch- und Weltvertrauen erschüttert durch Schmerzen, die uns zugefügt werden. Auch ihnen haben wir zu begegnen. »Gespenster leben in geschlossenen Räumen. Es bringt nichts, Angst davor zu haben ... Viele Leute verschanzen sich hinter dem Satz ›Ich will nicht, dass man mir wehtut‹, um keine neuen Möglichkeiten zuzulassen. Doch einen Neubeginn nicht zuzulassen, weil man in einem anderen Moment gelitten hat, macht keinen Sinn. Wir Menschen müssen lernen, mit dem Schmerz zu leben, oder besser gesagt, keine Angst davor zu haben. Wir müssen in der Lage sein, den Schmerz als etwas Eigenständiges zu begreifen und ihn nicht mit dem Namen eines anderen Menschen in Verbindung zu bringen, auch wenn dieser den Schmerz verursacht hat. Das ist die einzige Art und Weise, den Schmerz zu verstehen und zu ertragen, ohne dass er zukünftige Entscheidungen beeinflusst.« (Sastre, 62f)

4. Weltvertrauen

Hartmut Rosa ist in seinem Buch »Resonanz« überzeugt: »Resonanz bleibt das Versprechen der Moderne. Entfremdung aber ist ihre Realität.« Rosa sieht den Menschen in seinem Weltverhältnis als einen Entfremdeten. War es Zufall, dass in der Pandemie Menschen Spaziergänge für sich entdeckten, der Lockdown ein neues Naturverhältnis erweckte? »Es war einmal der Hirnchirurg Harvey Chushing, der einmal gemeint hat: ›Die einzige Möglichkeit, das Leben auszuhalten, besteht darin, immer eine Aufgabe vor sich zu haben‹.« (Frankl, zit. nach: Lukas, 161) Der in der Welt müde und sich selbst fremd gewordene Menschen entscheidet zwischen ›Aufgabe‹ oder Aufgeben. »Er entscheidet nämlich entweder, sich selbst ›aufzugeben‹, oder sich an eine Aufgabe hinzugeben, die es doch noch wert ist, bei aller Misslichkeit weiterzuleben.« (ebd.)

Geliebt, gewollt, gebraucht werden lautet die 3-G-Regel der Kinder Gottes. Mein Weltvertrauen ist aufs Engste verknüpft mit der Sinnhaftigkeit eines Lebens, das gebraucht wird, sich gebraucht fühlt. Sei es, die Welt mitzugestalten, den Garten zu machen, die Enkelkinder zu hüten, Kranke zu pflegen, die Natur zu retten. »Die Welt, die wir sehen, ist nicht das gesamte Universum, sondern nur ein begrenztes, das der Geist für relevant erachtet. Doch für unseren Geist ist dieser kleine Ausschnitt das gesamte Universum.« (Sunim, 22) Wir sehen oft den Wald vor lauter Bäumen nicht, machen unser Weltverhältnis von dem engen Ausschnitt abhängig, durch den wir die Welt wahrnehmen. Eine enge Weltanschauung nährt ein Misstrauen, welches uns eher dazu verleitet, in unserer Muffbude zu verweilen als frohgemut in die Welt zu treten.

Dem setzt Paul Gerhardt sein »Geh aus, mein Herz, und suche Freud« entgegen, eine optimistische Hymne auf den Sommer. Seine Welt sah eigentlich nicht fröhlich aus. Der Dreißigjährige Krieg hatte unendliches Leid ins Land gebracht. Persönlich hatte er den Tod von vier Kindern und seiner Frau zu bewältigen. Trotzdem fand er Trost in Gottes Schöpfung, sammelte Farben der Hoffnung in einer dunkel gewordenen Welt. »In der Welt habt ihr Angst, aber seid getrost, ich habe die Welt überwunden« (Joh 16,33), hören wir den Mann aus Nazareth sagen. Diese Diagnose Jesu war der rote Faden von Gerhardts Botschaft. Heilsame Seelsorge nimmt Ängste ernst. Gerhardts Lied war kein Pfeifen im Wald, eher ein Hinweis auf Gott in einer Welt trotz größter Ängste. Wer Christus in trostlosen Zeiten vertraut, braucht sich nicht selbst zu trösten, was im Übrigen gar nicht geht.

Es gibt einen Klebstoff, der wohlgemute Aufbrüche hemmt: die Trägheit. In ihr klingen Grundmelodien von Traurig- und Trostlosigkeit an. »Die Trägheit ist eine unserer größten Widerstände, wenn es darum geht, unser Leben zu gestalten und Veränderungen einzuläuten.« (Stahl, 261) Die Trägheit zählte einmal zu den sieben Todsünden. Neurologisch betrachtet sucht unser Gehirn immer nach der energieärmsten Lösung, um möglichst ressourcenschonend durchs Leben zu manövrieren. Trägheit versucht, neurologisch betrachtet, Energien zu schonen. »Es ist umsonst, dass ihr früh aufsteht und hernach lange sitzet und esset euer Brot mit Sorgen; denn seinen Freunden gibt er es im Schlaf.« (Ps 127,2) Im Schlaf regenerieren Körper, Geist und Seele. Es ist gut, den Turbomodus in einer getriebenen Welt Turbo sein zu lassen, alles langsamer anzugehen. »Dies hängt mit dem Gesetz der Trägheit zusammen, das da lautet: ein ruhender Körper fährt fort zu ruhen, wenn nicht eine Ursache ihn bewegt. Und ein bewegter Körper fährt fort, wenn nicht eine Ursache, diese Richtung ändert oder aufhebt.« (ebd., 261f)

Energietechnisch gesehen sind Veränderungen für unser Gehirn nichts Erstrebenswertes. Es ist programmiert auf ein energiearmes, möglichst ruhiges Leben. Aufbrüche, der Wandel von Weltbildern, sind für Stubenhocker nichts. »Es gibt unheimlich viele Menschen, deren inneres Kind im Trotz gefangen ist.« (Stahl, 267) »Nein, diese Suppe esse ich nicht.« Das kenne ich auch. Da brüllt der Suppenkasper in mir, der den Hintern nicht hochbekommt, sein Essen nicht selbst kochen mag und dem man es nie recht machen kann. Immer sind andere Schuld. »Dein Schattenkind ist in ständiger Sorge, in eine unterlegene Position zu kommen. Deswegen beansprucht es so viel Freiraum, Eigenständigkeit und damit letztlich Macht für sich.« (ebd., 269)

Ein solches Verhalten steht jeder reifen Weltbeziehung im Weg. Dabei geht unser Schattenkind einem Trugschluss auf den Leim: »Nur wenn sie allein sind, haben sie das Gefühl, wirklich bei sich selbst zu sein.« (ebd., 268) Allein sein, trotzig bei sich selbst sein, führt in ein vereinsamtes Dasein, zu einer Welt voller Ich-AGs. Das ist nicht die Welt, in die Paul Gerhardt mit Freude auszog, in die Abraham aufbrach, um ein Segen für andere zu werden. Ohne Weltvertrauen, Interesse an meinen Nächsten, Zutrauen zu einem Gott, der es gut mit mir meint, wächst auch kein gesundes Selbstvertrauen.

»Tief in jedem von uns gibt es eine mysteriöse Bewusstseinsschicht, die unserem bewussten Verstand nicht zugänglich ist, deren Existenz wir jedoch erahnen können, wenn wir uns tief genug in uns hineinsinken lassen.« (Dittmar, beziehungsweise, 150) Finde ich die Ur-Sache, wenn ich mich tief in meine Innenwelt versenke? Vivian Dittmar gibt dem Kind einen Namen. »Diesen mysteriösen Ort in uns nenne ich gerne ›Ursuppe‹, da ich ihn als zutiefst schöpferisch erlebe und zugleich völlig undurchdringlich. In ihm und aus ihm entsteht das, was wir gemeinhin als unseren Willen bezeichnen.« (ebd.) Wohnt in solcher ›Ursuppe‹ ein die Welt gestaltender Wille zur Veränderung? Kann diese Suppe zur Tankstelle für neue Kräfte zur Überwindung meiner Trägheit werden? Erlange ich durch das Löffeln aus der Ursuppe ein neues Weltverhältnis und Welt-Ur-Vertrauen?

Als Theologe übersetze ich »mysteriös« mit mystisch. Was Dittmar als ›Ursuppe‹ bezeichnet, nannten mittelalterlicher Mystiker ›Urgrund der Seele‹. Sie waren geübt darin, in innerer Einkehr in die Tiefe des Herzens hinabzusteigen, göttliche Funken aufzufinden, die unsere Seele erhellen. Dittmar spricht von einer Ursuppe, »aus der Bedürfnisse, Wünsche, Sehnsüchte, Intuitionen aufsteigen wie Dampfblasen aus der flüssigen Lava eines aktiven Vulkans«. (ebd., 151) Gott schenke mir ein Herz, das Ausschau hält nach diesen Dampfblasen.

»Die Hingabe an eine Tätigkeit und das immer tiefere Eindringen in eine Materie können uns jedoch auf einer tiefen Ebene erfüllen und glücklich stimmen. Sie erheben unseren Selbstwert auf eine gesunde Weise.« (Stahl, 264) Die Hingabe an Sinnvolles, das Sich-einlassen auf eine Weltbeziehung, die als wesentlich erlebt wird, gewährt Erfüllung und Zufriedenheit. Das erhebt den Selbstwert und mein Selbstverständnis, weil alles mit allem zusammenhängt.

Als Abraham aufbrach von Ur ins gelobte Land, führte Gottes Segen ihn zu einem neuen Weltverhältnis. Der Erste der drei Erz-väter war beseelt von der Aussicht, fruchtbaren Boden zu erlangen. Nicht nur seiner Sippe, seinem Weltvertrauen galt Gottes Se-gen: »Und der HERR sprach zu Abram: Geh aus deinem Vaterland und von deiner Verwandtschaft und aus deines Vaters Haus in ein Land, das ich dir zeigen will.« (Gen 12,1) Abram kam aus Ur. Der Urvater Israels, auf den sich drei Weltreligionen berufen, wurde von Gottes Segen in Bewegung gesetzt. Entgegen aller Trägheit verließ er seine Heimat. Gottes Reden ließ ihn Kamele satteln; An-kunftsort offen. Im Navi stand: ein Land, das Gott dir zeigt. Gottes Segen stellt mein Erwachsenen-Ich auf die Beine, um in die Welt zu ziehen, Altes zu verlassen und Neues zu finden, eine Aufgabe zu erhalten, die meinen Gaben, meiner Lebensphase, meinem Alter entspricht. Es ist nie zu spät für Aufbrüche und ein Ankommen in meinem gelobten Land.

Dafür ist Weltvertrauen nötig. Nur wer aufbricht, kommt ans Ziel. Nur wer Veränderung anstrebt, lässt nicht alles beim Alten. »Die wahre Entdeckungsreise besteht nicht darin, dass man nach neuen Landschaften sucht. Sondern, dass man mit neuen Augen sieht.« (Proust, zit. nach: Horx, 9) schreibt Marcel Proust. Mit neuen Augen die Welt sehen, nicht übersehen, wie sie ist, aber auch nicht hocken bleiben bei all den Schmerzen und Enttäuschungen, die mir diese Welt zugefügt hat.

Rachel Remen hatte in ihrer Klinik mit einem begabten Krebs-chirurgen zu tun, dem seine Arbeit keine Freude mehr machte und dem alles sinnlos erschien. Er drohte depressiv zu werden. Sie empfahl ihm als Ritual, jeden Abend den Tag Revue passieren zu lassen und sich drei Fragen zu beantworten: »Was hat mich heute überrascht? Was hat mich heute bewegt oder berührt? Was hat mich heute inspiriert?« (Remen, 124) Ihr Tipp fruchtete. Nichts war objektiv betrachtet anders geworden. Nur haben die drei Fragen ihm geholfen, sein Leben anders zu sehen. Remen folgert: »Das Leben der meisten von uns ist weitaus sinnvoller, als wir annehmen ... vielleicht wird das Leben nur von denjenigen in seiner ganzen Tiefe erkannt, und vielleicht dienen nur diejenigen dem Leben wirklich, die die Sprache des Sinns sprechen und die sich daran erinnert haben, wie man mit dem Herzen sieht.« (ebd., 127)

»Jeder von uns baut sich im Laufe seiner Biografie eine Pufferzone auf, in der die Defizite gehortet, die Enttäuschungen gepflegt und rachsüchtige Weltbilder umgeformt werden.« (Horx, 182) Es ist einfach, den Wutbürger zu spielen, zu sagen, »die da oben sind an allem schuld«. »Diese mentalen Zauberformeln sind eine verlässliche Barriere gegen den Wandel und seine Zumutungen ... Erlernte Unmündigkeit hat Folgewirkungen, die sich selbst verstärken: Irgendwann muss man sich für das sinnlose Trösten trösten und über das Jammern jammern und so fort. Dann beginnen die Unmündigkeitszirkel sich zu perfektionieren.« (ebd., 183) So bleibt Kasper ein Kasper, der Jammerlappen ein Jammerlappen und der Wutbürger wird zum Antidemokraten, der Protestierer zum Extremisten. Ist jemand nicht bereit, erwachsen zu werden, Verantwortung für die eigenen und die Nöte der Welt zu übernehmen, droht er sich hinter ›rachsüchtigen Weltbildern‹ abzuschotten, in Weltverneinung und Weltuntergangsfantasien zu enden.

Heilsame Seelsorge will das Ganze im Blick behalten, Weltvertrauen und Weltverantwortung als zwei Seiten einer Medaille sehen. »Arbeit und Aktivität machen glücklich. Trägheit macht hingegen traurig ... Aktivität wirkt antidepressiv und sie kann uns in den Zustand der Selbstvergessenheit führen, der für unser Seelenleben so entlastend ist.« (Stahl, 270) Dass Arbeit Sinn stiften kann, wusste schon Martin Luther. Für ihn war Arbeit nicht nur Lebensunterhalt, nicht einfach irgendein Beruf, sondern Berufung und als solche ein vollgültiger Gottesdienst im Alltag der Welt. »Diese Hingabe an ein Tun fördert das Kompetenzerleben und gibt uns ein Gefühl der Sinnerfüllung. Wir befinden uns dann im Modus des Sonnenkindes.« (ebd., 270)

Die Welt ist voller Teufel und trotzdem ist sie ein Ort der Selbstwirksamkeit. Sie will und darf genossen und entdeckt, geliebt und geachtet werden. Die güldene Sonne wärmt unser Herz, kann Leben und Lust bereiten – und Sinn machen. »Wir können in der Logotherapie nur dazu beitragen, dass das Gesichtsfeld eines Patienten erweitert wird. Wenn Sie mich fragen: Sinn finden oder Sinn erfinden?, so sage ich eindeutig: Der Logotherapeut ist kein Maler, sondern ein Augenarzt. Der Maler malt die Welt, wie er sie sieht – der Augenarzt aber verhilft dem Patienten dazu, dass er die Welt sehen kann, wie sie ist, wie sie für den Patienten ist. Das heißt, er erweitert dessen Horizont, dessen Gesichtsfeld für Sinn und Werte.« (Lukas, 115) Heilsame Seelsorge arbeitet auf ihre sehr eigene Weise an solcher Horizonterweiterung mit!

Worum geht es Stefanie Stahl? »Immer um die Gestaltung unserer Beziehungen. Diese werden umso freudvoller, je besser unsere

Beziehung zu uns selbst ist.« (ebd., 271) Auf der Basis eines guten Selbstvertrauens sieht Stahl andere gute Beziehungen als möglich an. Bis zum Schluss geht es ihr um die Erfüllung unserer Grundbedürfnisse und damit um vier Themen: »um Bindung versus Selbstbehauptung, um Kontrolle versus Vertrauen, um Lust und Unlust und um unser Selbstwertgefühl. Dabei meine ich, dass das Selbstwertgefühl die Grundlage von allem ist.« (ebd., 272) Alle Schutzstrategien zielen für Stahl darauf, »uns vor Angriffen zu beschützen und möglichst viel Anerkennung zu erhalten.« (ebd., 276) Und unsere genetische Verfasstheit ist darauf angewiesen, »Anschluss in einer Gemeinschaft zu haben«. (ebd.)

Aber ist das alles? In jedem Menschen steckt ein genetisch vermitteltes Gefühl: das Schamgefühl. Es sitzt uns als Druckmittel im Nacken, sorgt für angepasste Verhaltensweisen, damit wir in der Welt nicht anecken. »Schamgefühle haben den lebensgeschichtlichen Sinn, dass wir uns in einer Gemeinschaft anpassen. Eine tiefe Bloßstellung kann geradezu traumatisierend sein. Scham ist ein sehr mächtiges und extrem belastendes Gefühl.« (ebd.) Ein Übermaß solcher Beschämung zerstört unser Weltvertrauen, wo die Welt zur Bühne unserer Bloßstellung wird.

Das Buch der Psalmen ist voller Klagen über öffentliche Beschämung. Mit Adam und Eva fing alles an: Und sie waren beide nackt ... und schämten sich (Gen 3,7). Die Sorge, vor Gott und in der Welt nackt dazustehen, ist neben der Linderung von Ängsten wohl die stärkste Triebfeder unserer Schutz- und Vermeidungsstrategien. Heilsame Seelsorge beschämt nicht. Im besten Falle behütet, beschützt und bedeckt sie unsere Scham und dient als Schutzraum für Schamvolles. Sie wahrt Grenzen und Intimität, ist vertraulich, auch weil das Seelsorgegeheimnis Vertrauen absichert. Solch ein Refugium von Vertrauen und Verschwiegenheit, ist eine der letzten Inseln in einem Meer aus Lügen und Geschwätzigkeit. Deshalb ist alles, was an Missbrauch im Bereich von Kirche geschah, verheerend. Auch weil es flächendeckend Mensch- und Weltvertrauen zerstört, wo beides so dringend nötig wäre und bleibt.

Der Apostel Paulus appelliert im Brief an die römische Gemeinde: »Denn ich schäme mich des Evangeliums nicht, denn es ist eine Kraft Gottes, die selig macht alle, die glauben, die Juden zuerst und ebenso die Griechen. Denn darin wird offenbart die Gerechtigkeit, die vor Gott gilt, welche kommt aus dem Glauben, wie geschrieben steht: ›Der Gerechte wird aus Glauben leben‹.« (Röm 1,16f) Glück und Seligkeit, Glauben nicht aus Selbstgerechtigkeit, sondern einer Gerechtigkeit, die vor Gott gilt. Diese Botschaft stiftet Sinn und macht Mut in einer Welt, der scheinbar das Schamgefühl verloren gegangen ist, es trotz allem zu versuchen mit: Glaube, Liebe, Hoffnung – sich derer nicht zu schämen.

Für Vivian Dittmar steckt in der Scham eine eigene, heilvolle Kraft, die für eine heilsame Seelsorge zur Quelle werden kann. »Der Scham ordne ich das Element Äther zu, jenes rätselhafte Element, um das sich Physiker, Metaphysiker und Philosophen so lange gestritten haben, dessen Existenz weder bewiesen noch geleugnet werden konnte.« (Dittmar, Gefühle, 63) Die Funktion der Scham ist für Dittmar die Selbstreflexion. Ihr Schatten, ihr Zuviel, ist die Selbstzerfleischung, ihre Kraft die Demut. Dittmar dockt die Scham an unser Selbst an. »Mit dem eigenen Selbst ist es ähnlich. Auch dieses Selbst durchdringt unsere ganze Welt, da wir keinen anderen Zugang zu ihr haben als durch dessen Brille.« (ebd.) Die Scham wird über unser Selbst zur Durchdringungskraft der Welt. Das erinnert an die Rede vom Geist, der unsichtbaren Kraft, die alle Welt zusammenhält. »Hirnforscher, Genetiker, Philosophen suchen nach diesem ätherischen Ding, dem Ich, und finden es nicht.« (ebd.) Und trotzdem existiert mein Selbst, mein Ich, mein Schamgefühl. »Die Fähigkeit, sich zu schämen, ist also eng an die Fähigkeit gebunden, das eigene Selbst zu reflektieren.« (ebd., 64)

So betrachtet steht das Schamgefühl für einen entscheidenden Entwicklungsschritt, der Entstehung des Ich-Gefühls. »In der biblischen Schöpfungsgeschichte spielt die Scham aus genau diesem Grund eine zentrale Rolle.« (ebd.) Und die Fähigkeit der Selbstreflexion führt bei Adam und Eva zur Erkenntnis eigener Unvollkommenheit. »Durch unsere Fähigkeit, uns selbst zu reflektieren und dadurch als richtig und falsch wahrzunehmen, ist unser Ich entstanden.« (ebd.) Und es folgt ein erstaunlicher Hinweis: »Um mit unserem Ich in Frieden zu leben, müssen wir uns mit der Scham und der dazugehörigen Interpretation aussöhnen. Nur dann finden wir durch sie Zugang zu unserer Demut, die unser selbstreflektierendes Bewusstsein mit unserer scheinbaren Unvollkommenheit versöhnen kann.« (ebd.) Die Demut als Ort der Versöhnung, als Schnittmenge zwischen unserem selbstreflektierenden Bewusstsein und unserer scheinbaren Unvollkommenheit, das klingt auch ein wenig nach dem Propheten Micha (Micha 6,8) und seinem Ruf zur Demut.

Als Margarete Mitscherlich mit 93 Jahren nach dem Jenseits gefragt wurde, antwortet die renommierte Psychoanalytikerin: »Ich glaube nicht an ein Jenseits, aber es wäre schön, ich könnte es. Der Glaube macht die Welt schöner als das Wissen. Ich muss ohne den Trost einer Religion sterben. Mein Verstand sagt: Statt ins Paradies zu kommen, kippst du in ein schwarzes Loch. Mein Herz ist da optimistischer.« (Mitscherlich, 245) Das erinnert erneut an Paul Gerhardt, an sein Herz, das ausging, um Freude zu suchen in einer zerstörten Welt. Nutzen wir den Optimismus unseres Herzens, das leichtfüßiger unterwegs ist als unser schwermütiger Verstand. »Die Welt, die wir durch unser geistiges Auge sehen, ist also begrenzt. Wenn wir den Geist schulen und das, worauf wir uns fokussieren, klug auswählen, versetzt uns das in die Lage, die Welt entsprechend unserer geistigen Verfassung zu erfahren.« (Sunim, 23)

Für Martin Luther fand die Schule des Lebens in der Schulung der Herzen statt. Herzensbildung als Gewissensbildung war seine Sache. Die Frage nach dem Weltvertrauen wurde für Luther zu einer Frage nach der Verfassung unseres Herzens. Wir sehen nur mit dem Herzen gut. »Das Wesentliche ist fürs Auge unsichtbar«, lehrt der kleine Prinz bei Antoine de Saint-Exupéry. In der Bibel heißt es: »Ein Mensch sieht, was vor Augen ist; Gott aber sieht das Herz an.« (1 Sam 16,7) Heilsame Seelsorge hat ein Herz für Herzensbildung und eine barmherzige Weltsicht. Mit dem Herzen blickt sie auf eine verwundbare, wundersame, abgründige Welt und ermutigt trotzdem zu einem Weltvertrauen, das den tiefen Klang des Lebens, das gelebt werden will und das Seufzen der Schöpfung hört.

»Auf jeden Fall ist alles Glücksstreben des Menschen insofern verfehlt, als ein Glück ihm nur in den Schoß fallen kann, niemals jedoch sich erjagen lässt. Kierkegaard war der, das weise Gleichnis ausgesprochen hat: Die Tür zum Glück geht ›nach außen‹ auf, das heißt, sie verschließt sich gerade demjenigen, der die Tür zum Glück gleichsam einzudrücken versucht.« (Frankl, zit. nach: Lukas, 87) Viktor E. Frankl bemüht den dänischen Philosophen Kierkegaard, um klarzustellen, dass wir unser Glück nur finden, wenn wir die eigene Herzenstür weit öffnen, nach außen, in die Welt hinein. Der Mensch ist nicht seines Glückes Schmied. Alles Wesentliche ist Zufall; von Fall zu Fall.

Wenn es etwas in dieser Welt bedarf, ist es Vertrauen, ein Vertrauen, das sich nach außen richtet, das sich im Leben wie im Sterben gehalten weiß von einem unverfügbaren Gottvertrauen an den Abbruchkanten des Lebens. Der Zukunftsforscher Matthias Horx, ein Experte für kulturellen Wandel, sieht ebenfalls im Vertrauen die entscheidende Kategorie, für die Möglichkeit von Veränderungen in unserer Welt: »Vertrauen ist ... die kostbarste

Ressource für das Gelingen des Wandels. Sie ist die Gegendroge zu Angst, Macht und Zynismus. Vertrauen reduziert den Aufwand der Komplexität, weil sie alle Wege verkürzt und alle Kommunikation mit der Aura des Gelingens versieht. Sie fördert Kooperation statt Hierarchie. Sie ist die einzige Ressource, die sich ständig vermehrt, während man sie ›verschwendet‹. Wo Vertrauen die Gesellschaft prägt, sind Prosperität und Stabilität fast eine automatische Folge.« (Horx, 108) Unglaublich, wie hier ein Zukunftsforscher in nahezu religiöser Weise mehr Vertrauen predigt.

5. Gottvertrauen

»Hör also auf, umherzuirren! Kehr stattdessen heim, und vertrau darauf, dass Gott dir geben wird, was du brauchst. Dein Leben lang hast du dich nach Liebe gesehnt und sie überall gesucht. Es ist jetzt Zeit, mit dieser Suche Schluss zu machen. Hab Vertrauen, dass Gott dir diese erfüllende Liebe geben wird, und dies auf menschliche Weise.« (Nouwen, 26) Am Ende unseres Weges geht es um den Dreh- und Angelpunkt einer heilsamen Seelsorge: um Gottvertrauen, das uns auf menschliche Weise zuteilwird! Harari macht in seinem Zukunftshistorienbestseller »Homo Deus« darauf aufmerksam, dass weltweit, vor allem im Silicon Valley, an einem Mittel gegen den größten Feind des Lebens geforscht wird – den Tod. Das Versprechen ewiger Gesundheit lockt milliardenschwere Investoren. Seine Erfüllung wird gegenwärtig als höchster Wert der Menschheit angesehen. Eine Pandemie hat offenbart, wie schwer wir uns mit gesundheitlichem Kontrollverlust, der Vulnerabilität unserer Bevölkerung, der Endlichkeit des Lebens tun. »Gegen alles gibt es ein Mittel, nur nicht gegen den Tod,« heißt es bei Woody Allen im Film »Stardust Memories« (1980). Der Biograf Woody Allens,

Natalio Grueso, ergänzt: »Dieser Gedanke beherrscht einen Großteil von Allens Filmen, dass wir nämlich Abstand nehmen sollen von den Problemen, die unseren Alltag trüben und doch bedeutungslos sind, weil die wahren Fragen andere, viel transzendentalere sind, auf die wir leider keine Antwort finden.« (Grueso, 135)

Heilsame Seelsorge bemüht sich um Abstand zu unseren Alltagsproblemen. Sie versucht, unseren getrübten Blick zu schärfen und sich auch den transzendentalen Fragen des Lebens zu stellen. Sie hat nicht auf alle Fragen eine Antwort und auch nicht für fast alle Probleme eine Lösung. Wer das behauptet, folgt einem Aberglauben. Eine heilsame Seelsorge versucht jedoch, sich mit einer im christlichen Glauben begründeten Hoffnung den Fragen des Lebens und den radikalen Fragen der Endlichkeit allen Lebens zu stellen. Sie vertraut darauf, dass bei Gott nichts unmöglich ist. »Jesus aber sah sie an und sprach zu ihnen: Bei den Menschen ist's unmöglich; aber bei Gott sind alle Dinge möglich.« (Mt 19,26)

Am Beispiel eines österreichischen Schillings fragt Viktor E. Frankl nach dem Eigensinn und -wert der Dinge. Hat ein Schilling immer nur den Wert eines Schillings? Oder hat, je nachdem, wem ich ihn gebe oder was ich mir kaufe, nicht alles seinen je eigenen Wert? »Hat er nicht für den Bettler einen höheren Wert, wäre es nicht gar denkbar, dass er jemanden gegeben werde, für den er den höchstmöglichen, seinen vollen Wert hätte?« (Frankl, zit. nach: Lukas, 123) Frankl folgert, wenn er den Schilling einem Bettler gäbe, würde er diesem helfen und dem Schilling zur Sinnerfüllung, zur vollen Erfüllung seines Eigensinns verhelfen. Daraus zieht Frankl den psycho-theologischen Schluss: »Auch wenn wir einem Menschen helfen, einen Menschen ›heilen‹, – auch dann tun wir letztlich nichts anderes, als ihn je zu seinem, dem ihm und ihm allein vorbehaltenen höchsten Wert zuzuführen – dem ausschließlich jeder einzelnen Wertperson möglichen höchsten Wert. Nicht zufällig definierte Max Scheler das ›Heil‹ als den höchstmöglichen Wert einer Person.« (ebd.)

In diesem Kapitel, das dem Gottvertrauen als ›Heilmittel‹ gewidmet ist, ist die Zeit nun reif für die schönste Beispielgeschichte Jesu. Im 15. Kapitel des Lukasevangeliums folgt nach Gleichnissen vom verlorenen Schaf und Groschen die Parabel des verlorenen Sohns. Wesentlich zum Verständnis ist der Vorspann für alle drei Gleichnisse. »Es nahten sich ihm aber Zöllner und Sünder, um ihn zu hören. Und die Pharisäer und die Schriftgelehrten murrten und sprachen: Dieser nimmt die Sünder an und isst mit ihnen.« (Lk 15,1f) Jesus, der Sünder anerkennt, verleiht ihnen damit Heil und Gemeinschaft mit Gott. Dass Jesus mit ihnen an einem Tisch sitzt und isst, symbolisiert den höchstmöglichen Wert. Selbst die Reinheitsgebote der Religion seiner Eltern stehen dieser Gemeinschaft nicht mehr im Weg. Die bedingungslose Annahme des Sünders, unseres Schattenkindes, führt uns unserem höchsten Wert zu: geliebtes, ganz und gar angenommenes Kind Gottes zu sein. Den Preis dafür, sagt die christliche Tradition, hat der Heiland bezahlt. Durch seine Wunden fand Erlösung statt, was neben seiner Auferstehung das größte Rätsel bleibt.

»Und Jesus sprach: Ein Mensch hatte zwei Söhne. Und der jüngere von ihnen sprach zu dem Vater: Gib mir, Vater, das Erbteil, das mir zusteht. Und er teilte Hab und Gut unter sie.« (Lk 15,11f) Es wird nicht gesagt, warum der Jüngere den Erbteil einfordert. Vielleicht war er in der Phase der »Spontanität«, der »Pubertät«, der Herausbildung seines eigenständigen Ichs. Es wundert nicht, dass am Ende der Geschichte der beim Vater gebliebene Bruder eifersüchtig reagiert. Unklar bleibt, warum der Wille des jüngeren Sohnes ohne Widerrede vom Vater erfüllt wurde. Er teilte das Erbe gerecht auf, zahlte den Jüngeren aus. Der Sohn konnte sich aus der wirtschaftlichen Abhängigkeit vom Vater lösen. Jetzt hatte er es in der

Hand, wohlgemut in die Welt zu ziehen, Erfahrungen zu sammeln, Verantwortung zu übernehmen. Ob der Batzen unverdientes Geld ihm dabei half? »Bei Lottogewinnern übersteigt die Prozentzahl der Depressiven den Durchschnitt der Bevölkerung erheblich ... Weil Lottogewinner den Erfolg nicht durch Leistung und Anstrengung erarbeitet haben, geraten sie oft in eine Selbstabwertungsspirale. Es ›nicht verdient zu haben‹.« (Horx, 139).

Nach einem Leben in Saus und Braus, als alles verprasst war, ging es für den Sohn in seiner Selbstabwertungsspirale nur noch bergab. Am Tiefpunkt – im Schweinestall – angelangt, findet Einsicht statt und der Wandel beginnt. Schließlich tritt er reumütig die Heimkehr an. »Und er machte sich auf und kam zu seinem Vater. Als er aber noch weit entfernt war, sah ihn sein Vater und es jammerte ihn, und er lief und fiel ihm um den Hals und küsste ihn.« (Lk 15, 20) Dem Vater »jammerte«! Der Sohn fand in den offenen Armen des Vaters bedingungslose Annahme – die Heimat, die er bitterlich vermisst hatte. Alle offenen Rechnungen wurden mit einer väterlichen Umarmung gestrichen: ausgelöst, erlöst. Anstatt Vorwürfe zu erheben, sprach der Vater die Einladung zu einem großen Fest aus: ein Osterfest. »Aber der Vater sprach zu seinen Knechten: Bringt schnell das beste Gewand her und zieht es ihm an und gebt ihm einen Ring an seine Hand und Schuhe an seine Füße, und bringt das gemästete Kalb und schlachtet's; lasst uns essen und fröhlich sein. Denn dieser mein Sohn war tot und ist wieder lebendig geworden; er war verloren und ist gefunden worden.« (Lk 15,22-24) Die Parabel erzählt von der grenzen- und bedingungslosen väterlichen Liebe Gottes. Der für tot Gehaltene wird eingekleidet wie ein Königskind. Ein Fest wie am Hofe wird gefeiert.

Was sagt uns die Geschichte bis hierher? Mein inneres Kind darf erwachsen werden, in die Welt ziehen, das Erbe frühzeitig beanspruchen. Meist ist es die wirtschaftliche Abhängigkeit, die Kinder länger als nötig ans Elternhaus bindet. Erwachsen werden heißt: sich unabhängig machen, aus der Bindung in die Autonomie gehen, Schritt für Schritt sich auf eigene Beine stellen. Der Vater gibt dem Sohn alles mit, auch seinen Segen. Doch all das half nicht. Der Sohn wurde kein Mann. Er gründete mit dem Erbe keine eigene Existenz, sondern landete ganz unten: »Als er aber alles verbraucht hatte, kam eine große Hungersnot über jenes Land und er fing an zu darben und ging hin und hängte sich an einen Bürger jenes Landes; der schickte ihn auf seinen Acker, die Säue zu hüten. Und er begehrte, seinen Bauch zu füllen mit den Schoten, die die Säue fraßen; und niemand gab sie ihm. Da ging er in sich und sprach: Wie viele Tagelöhner hat mein Vater, die Brot in Fülle haben, und ich verderbe hier im Hunger! Ich will mich aufmachen, zu meinem Vater gehen und zu ihm sagen: Vater, ich habe gesündigt gegen den Himmel und vor dir. Ich bin hinfort nicht mehr wert, dass ich dein Sohn heiße; mach mich einem Tagelöhner gleich! Und er machte sich auf und kam zu seinem Vater.« (Lk 15,14-20) Eine kollektive Hungersnot verschärfte seine individuelle Krise, führte zum Einsturz seines Kartenhauses der Unreife. Wohl eher in einem Schafstall denn einem Saustall geht ihm in dunkelster Nacht ein Licht auf, kehrt selbstkritische Einsicht ein.

Der Selbstwert des Sohnes ist ganz unten angekommen. Den Tieren geht es besser als ihm. Seine Sohnschaft sieht er als verspielt und verwirkt an. Wird es zum Tagelöhner beim Vater wenigstens noch reichen? Sein Tiefpunkt öffnet ihm die Tür zum wahren Höhepunkt. Das Wunder geschieht. Seine Umkehr kennt ein Ziel. Der Sohn wird von der Liebe des Vaters geadelt, als Auferstandener mit edlen Kleidern umhüllt, als wolle der Vater die Schamgefühle seines Sohnes bedecken. Ein Festmahl feiert die Heimkehr. Seine Heimat ist ihm eine andere geworden. Erst jetzt kann er wertschätzen, wie wertvoll sein Zuhause ist. An der Brust des Vaters findet der Sohn die Annahme, die er in der Welt nicht fand.

»Als er aber noch weit entfernt war, sah ihn sein Vater, und es jammerte ihn; der Vater lief und fiel ihn um den Hals und küsste ihn.« (Lk 15,20) Wen es jammert, der wird geschüttelt und gerüttelt, von Mitgefühl und Liebe überflutet. Der Vater fiel ihn um den Hals. Die Stelle, die Wölfe sich hinhalten, um Unterwerfung und Ergebung zu signalisieren, die Stelle, an der das Leben durchfließt, wird zum innigsten Berührungspunkt zwischen Vater und Sohn. Der daheimgebliebene Vater küsst den Heimgekehrten, erspart sich und ihm jegliche Vorwürfe, rollt ihm den roten Teppich seiner Liebe aus. Wer möchte da nicht nach Hause kommen, in eine Welt, in der Erwachsenwerden scheitern darf, erneute Aufbrüche erlaubt sind, Ankommen möglich wird?

Heilsame Seelsorge freut sich über jede Krisenbewältigungsgeschichte mit Happy End. Sie nimmt jedoch das Gegensatzpaar »tot – lebendig« sehr ernst. »Denn dieser mein Sohn war tot und ist wieder lebendig geworden; er war verloren und ist gefunden worden.« (Lk 15,24) Heilsame Seelsorge verfügt über verträumte, utopische und romantische, aber ebenso über realistische, aufgeklärte und faktenbasierte Seiten im Wissen über die Unverfügbarkeit all dessen. Sie setzt auf die Kraft der Gefühle und die Orientierungskraft der Vernunft. Sie weiß um das Risiko, das wir von einem Moment auf den anderen alles verspielen können. »Mitten im Leben sind wir vom Tod umgeben.« (9. Jh., gregorianischer Choral)

Heilsame Seelsorge sorgt sich um den ganzen Menschen, um unseren Leib, Geist und unsere Seele. Ihr geht es auch, aber nicht nur um die Bewältigung alltäglicher Herausforderungen. Gelingt der Alltag nicht, fallen wir durch alle sozialen Netze, landen wir schnell in den Sauställen der Welt. Jeder Achte im Land lebt gegenwärtig in Armut. Weltweit nehmen Fluchtursachen, Hunger und Armut in erschreckendem Maß zu. Kriege und Klimawandel verschärfen die Lage. Traditionelle Therapieverfahren in unseren

Breiten kümmern sich um die Rückführung in den Alltag und die Arbeitsfähigkeit. Eine heilsame Seelsorge, die die Welt mit anderen Augen sieht, blickt über die Interessen von Krankenkassen und Sozialämtern hinaus. Eher kritisch sieht sie die reflexionsarme Routinisierung unserer Alltagstauglichkeit, eine rastlose Berufswelt, ein fragwürdiges Karrieredenken, einen privaten Familismus in abgeschotteten Milieus. Das ›Leben‹ des Verlorenen wird als »tot« bezeichnet, seine Heimkehr als Wieder-lebendig-werden. (Lk 15,11ff)

Für den verlorenen Sohn findet ein Heimspiel in väterlichen Armen statt. Er darf auf anderen Wegen erwachsen werden. In der Welt sieht Heimkehr anders aus. Botho Strauss formuliert das so: »Das Haus steht hell und warm und offen, nur A, nur Ankunft fehlt. Der Wind schwenkt die Tür. Seltsame Geborgenheit, die mich umfängt und belauert.« (Strauss, 23) Der Sohn unseres Vaters muss nach seiner Heimkehr nicht mehr auf der Hut sein. Was ihn umfängt, belauert ihn nicht, abgesehen vom älteren Bruder, den der Vater schon einfangen wird. Es ist gut, dass es den anderen eifersüchtigen, älteren Bruder gibt. Er steht für unser Schattenkind. Er ist im Hotel Papa geblieben, hat sich nicht in die Welt gewagt. Er blickt verständnislos auf Papas Liebling. Ihm ist zu wünschen: »Negative Gefühle kommen und gehen wie Wolken, doch der weite offene Himmel bleibt.« (Sunim, 30)

»Und wenn Jean-Paul Sartre den Menschen frei nennt und von ihm verlangt, dass er wähle, dass er sich selbst erfinde, dass der Mensch den Menschen ›entwerfe‹, und wenn Sartre dabei meint, der Mensch könne sich selbst erfinden, ohne hierbei ein vorgegebenes Vorbild vorzufinden, ohne dass ihm hierbei also etwas von einer wesentlich außermenschlichen Region her entgegenkomme, dann müssen wir fragen: Gliche solches Beginnen nicht dem indischen Seiltrick ... Was die Psychoanalyse behauptet, ist nicht mehr und nicht weniger als Folgendes: Das Ich zieht sich selbst am Schopf des Über-Ich aus dem Sumpf des Es.« (Frankl, zit. nach: Lukas, 51) Die Fachfrau für Logotherapie, Elisabeth Lukas, folgert: »Wie es nicht die Triebe sind, die die Triebe zähmen, so ist es nicht der Mensch, der den Menschen erschafft. Es ist die jeweils höhere Instanz, die der niedrigeren gebietet, die die niedrigere geleitet: Der Mensch gebietet den Trieben ... Gott geleitet den Menschen ... Die Psychoanalyse klammert beides aus. Doch genau da irrt sie.« (ebd., 52)

Wir haben es schon öfters deutlich gemacht: Heilsame Seelsorge zieht sich nicht selbst aus dem Sumpf, d.h.: Sie rechnet mit Gott. Sie entwirft ihr Bild vom Menschen im Vertrauen auf dessen Schöpfer. Damit landet sie nicht im Leeren, sondern bei dem, der den Menschen als sein Ebenbild geschaffen hat, ihn mit eigener Würde und Schönheit gekrönt hat. Bei Sartre landen wir im Nichts: bei Gott hingegen in gütigen Armen.

»Ein zeitgemäßer Gottesglaube, gespeist aus den Quellen der alten Religionen, aber nicht mehr geketted an eine institutionalisierte Religion, hat ein altes Wort zu verteidigen, indem versucht wird, es zu leben: Gnade. Denn sonst ist es bald aus mit dem Menschen.« (Seidel, 64) ›Allein aus Gnade‹, so lautet eine der vier Säulen, auf die Martin Luther seine Reformation gegründet hat. ›Allein Christus‹, ›allein der Glaube‹, ›allein die Schrift‹, so lauten die anderen drei Säulen. Mein Verständnis von heilsamer Seelsorge gründet auf diesen vier Pfeilern.

Ohne Glauben, ohne Glaubenssätze aus den Schatzkammern der Religionen, ohne mein Leben unter Gottes Gnadensonne gewärmt zu wissen, wäre es frostiger und einsamer. »Wenn ihr Glauben habt wie ein Senfkorn, so könnt ihr sagen zu diesem Berg: Heb dich dorthin! So wird er sich heben; und euch wird nichts unmöglich sein.« (Mt 17,20) Was hindert uns daran, solch einen

Glauben zu wagen, winzig wie ein Senfkorn und voller Potenzial, Großes zu vollbringen? Solcher Glaube vertraut sich einem Gott an, dem nichts unmöglich ist, der unsere müden Wunden schließt und Ängste überwindet, weil er diese Welt überwunden hat. Hilde Domin bringt es wunderbar auf den Punkt: »Nicht müde werden, sondern dem Wunder leise wie einem Vogel die Hand hinhalten.« (Domin, 294)

Vielen Büchern habe ich auf meiner Reise ›leise wie einem Vogel‹ mein Herz und Ohr hingehalten. Viele Beispiel-, Wunder- und Heilungsgeschichten begegneten mir. »Wenn wir in unserem Schattenkind gefangen sind, dann sind es ja nicht die Glaubenssätze für sich genommen, die uns zu schaffen machen, sondern die leidvollen Gefühle, die mit diesem Zustand einhergehen.« (Stahl, 244) Ich entdeckte, wie wertvoll die Kraft der Imagination sein kann und welche Kraftquellen in unseren Gefühlen stecken. Es ist kein Zufall, dass im Neuen Testament eine Vision den Abschluss bildet. Mit ihr möchte ich die Inanspruchnahme biblischer Bilder und Texte beschließen: »Siehe da, die Hütte Gottes bei den Menschen! Und er wird bei ihnen wohnen und sie werden seine Völker sein, und er selbst, Gott mit ihnen, wird ihr Gott sein; und Gott wird abwischen alle Tränen von ihren Augen, und der Tod wird nicht mehr sein, noch Leid noch Geschrei noch Schmerz wird mehr sein; denn das Erste ist vergangen.« (Offenb 21,3b-4). Das sind doch wunderschöne, tröstliche Imaginationen, Bilder von einer neuen, noch nicht erreichten Heimat, in der Gott einst bei uns wohnen wird – Landschaftsmalereien für Sonnenkinder. Der Mensch lebt nicht vom Brot allein, sondern auch von schönen Aussichten und der Hoffnung auf ein gutes Ende. Heilsame Seelsorge lebt ebenfalls von solch heilvollen Bildern, die über den Tellerrand der Alltagssorgen und apokalyptischen Dystopien hinausführen, damit der Mensch bei sich, beim Nächsten, in dieser Welt und bei Gott ankommt.

Bis das Ziel erreicht ist, sind wir mit einem dicken Rucksack voller Emotionen unterwegs. »Denn erst durch die volle Würdigung und Anerkennung unseres Gepäckes können wir uns wirklich freudig auf die Erforschung unseres Rucksacks einlassen.« (Dittmar, Rucksack, 245) Vivian Dittmar macht uns dabei auf drei unverfügbare Räume aufmerksam, in denen wir unsere Rucksäcke auspacken können, um mit leichterem Gepäck unterwegs zu sein.

Für Dittmar hat die Musik die Macht, »den emotionalen Schließmuskel zu öffnen«. (ebd., 225) Sie kann Bindeglied, Brücke zu einem größeren Raum werden, »in dem unsere emotionale Kapazität eine vorübergehende Erweiterung erfährt«. (ebd.) Dittmar wirbt für eine Musik mit Seele, nicht für deutschen Schlager, der uns mit seiner Gefühligkeit Illusionen verkaufen will. »Wenn der Musiker präsent und verbunden ist, während er Musik macht, dann kann Musik eine solche Brücke zu einem größeren Raum sein, in dem auch Entladung möglich ist.« (ebd.)

Als zweiten Raum benennt sie die Natur. Jeder Sonnenuntergang, der Blick in den Sternenhimmel, jedes Stehen am Meer oder auf Berggipfeln, all das lässt uns demütig und dankbar sein; Gott für mein eigenes Leben und das Wunder seiner Schöpfung loben. Ganz im Sinne Frankls. »So entscheiden aber auch im Leben über dessen Sinnhaftigkeit die Gipfelpunkte, und ein einziger Augenblick kann rückwirkend dem ganzen Leben Sinn geben. Fragen wir einen Menschen, der, auf einer Hochtour begriffen, das Alpenglühen erlebt und von der ganzen Herrlichkeit der Natur so ergriffen ist, dass ihm einfach kalt über den Rücken läuft – fragen wir doch einmal ihn, ob nach solchem Erleben sein Leben jemals gänzlich sinnlos werden kann.« (Lukas, 129)

Der dritte Raum für Dittmar ist die Meditation: »Erfahrbar wird er in der Meditation, der tiefen Kontemplation oder auch in schöpferischen Momenten ... Hier herrscht Ruhe, Frieden, Harmonie und Einigkeit mit sich und der Welt. Alles, was uns in den anderen

Schichten noch beschäftigte, fällt von uns ab, offenbart sich als nichtig und klein ... Es ist ein beziehungsloser Raum, in dem wir die Einheit aller Dinge und Wesen erfahren können.« (Dittmar, beziehungsweise, 167)

Für Gott gibt es keine Räume, in denen sein heiliger, heilsamer Geist nicht wirkt. Mit Henning Luther sei dazu ein Doppelpunkt gesetzt: »Wir sind immer zugleich auch gleichsam Ruinen unserer Vergangenheit, Fragmente zerbrochener Hoffnungen, verronnener Lebenswünsche, verworfener Möglichkeiten, vertaner und verspielter Chancen. Wir sind Ruinen aufgrund unseres Versagens und unserer Schuld ebenso wie aufgrund zugefügter Verletzungen und erlittener und widerfahrener Verluste und Niederlagen. Dies ist der Schmerz des Fragments.« (H. Luther, 168f) Und in all dem, in allem Schmerz und allen Bruchstücken, gibt es keine Räume, in denen Gottes Geist von vornherein ausgeschlossen ist. Im Gegenteil, er will Licht in unser Dunkel bringen, unseren Schmerz verwandeln in etwas, was uns das Leben neu angehen lässt.

Zuletzt wurde mir in der Passionszeit das Gleichnis der Auster zu einem österlichen Bild. Trotz harter Schale ist sie innen weich und verletzlich. Sie hält ihre Schale weit offen, um das Wasser zu »atmen«. Gelegentlich dringt ein Sandkorn ein, das Schmerzen verursacht. Trotzdem verändert sie ihre zarte Natur nicht, wird sie nicht hart und ledrig, um nichts fühlen zu müssen. Sie vertraut sich dem Ozean an. Geduldig umhüllt die Auster das Sandkorn mit dünnen, durchscheinenden Schichten, bis sie im Laufe der Zeit an der Stelle, wo sie am empfindlichsten war, Wertvolles gebiert. Man darf sich eine Perle als Antwort auf das Leiden der Auster vorstellen, als Frucht ihrer Schmerzen. Man darf sich den Ozean als ihr Element vorstellen, in dem Gottes Geist kleine und große Wunder wirkt. Am Ende, ob als Auster oder verwundbarer Mensch bleiben wir Bettler, wie Martin Luther es auf seinem Sterbebett formulierte. Ich schließe mit einem Gebet, welches ich auf meiner Reise gefunden habe. Es befindet sich in New York auf einer Bronzetafel vor dem Eingang einer psychotherapeutischen Einrichtung (zit. nach: Lukas, 88f):

Ich hatte gebeten

Ich hatte Gott um die Kraft gebeten,
Erfolg zu haben; er hat mich schwach
gemacht, damit ich in Demut gehorchen lerne.
Ich hatte um Gesundheit gebeten, um Großes
zu vollbringen; er hat mich gebrechlich gemacht,
damit ich Besseres vollbringe.

Ich hatte um Reichtum gebeten, damit ich
glücklich sein kann; er hat mich arm gemacht,
damit ich weise werden kann.
Ich hatte um Macht gebeten, damit mich
die Menschen achten; er hat mich hilflos
gemacht, damit ich nach Gott verlange.

Ich hatte um einen Gefährten gebeten, um nicht
allein zu sein; er hat mir ein Herz gegeben, um all
meine Brüder und Schwestern zu lieben.
Ich hatte um Dinge gebeten, die mein Leben
erfreuen könnten; ich habe das Leben bekommen,
um mich an allen Dingen zu erfreuen.

Ich bekam nichts von dem, worum ich
gebeten hatte, aber ich bekam alles,
was ich erhoffte. Fast ohne mein Zutun
wurden meine nicht ausgesprochenen Gebete
erhört. Keiner unter den Menschen wurde
reicher beschenkt als ich.

Nachklang

»Es sind so viele Bücher darüber geschrieben worden, wie man zu einem Heiler werden kann ... wir alle stärken das Leben um uns herum auf eine Weise, die für uns persönlich ganz einzigartig ist ... am Ende mag es einfach unsere Hingabe sein, die zum anderen überspringt und den Willen zu leben in ihm entzündet. Wenn uns das Leben eines anderen Menschen zutiefst bedeutsam ist, kann das Leben in uns direkt zum Leben im anderen sprechen und eine viel größere Heilwirkung haben, als wenn wir die rechten Worte finden oder die rechte Bildersprache oder das rechte Ritual durchführen.« (Remen, 128) Heilsame Seelsorge lebt von ihrer Haltung, ihrer Hingabe an den Menschen, ihrer Hingabe an Gott. Sie zeichnet sich aus durch ihre Lebenserfahrung, fachliche Kompetenz und spirituelle Sichtweise. Sie rechnet mit dem unverfügbaren Wirken des Geistes Gottes und ist angewiesen auf die Glaubwürdigkeit ihrer Seelsorger, damit diese als heilsam erlebt werden können. »›Dieser Mann Jesus‹, sagte er und hielt inne. ›Dieser Mann Jesus – Er ist gute Medizin.‹ Dieser Moment bewirkte einen tiefen Wandel in mir. Seit Jahren hatte ich versucht, eine gute Ärztin zu sein und gute Medizin zu praktizieren ... Aber die Worte dieses Bischofs wiesen auf etwas hin, das weit darüber hinaus ging, und in der Tiefe meines Herzens begriff ich, was das war. Vielleicht geht es nicht darum, gute Medizin zu studieren, sondern selbst zu guter Medizin zu werden ... Manchmal ist es schon starke Medizin, nur in der Gegenwart eines Menschen zu sein.« (ebd., 109f)

Heilsame Seelsorge will ›gute Medizin sein‹, geistesgegenwärtig da sein: achtsam, mitfühlend, mit Kompass. Und: Wir können nur Seelsorgerinnen und Seelsorger für andere werden, wenn wir heilsame Seelsorge erfahren durch andere. D.h. auch ich bin angewiesen auf Seelsorge, auf ein Gegenüber zur Bewältigung von Krisen, damit Wandel und Veränderungen gelingen können. Der Prozess auch meines Erwachsenwerdens ist ein offenes Geschehen, ein fortwährendes Hineinwachsen in Gottes Reich, in eine Heimat, die nicht von dieser Welt ist. Insofern ist all unser Tun vorläufig, bruchstückhaft, ein oft zufälliges Aufeinandertreffen an Abbruchkanten, das uns herausfordert, Haltung zu zeigen in haltlosen Zeiten. Gelänge es, mit unseren Fehlern und Schwächen einen ehrlichen Umgang zu finden, wäre allen geholfen, Seelsorgern wie Besorgten. »Wir entwickeln uns schließlich auch nur weiter, wenn wir einen gewissen Leidensdruck haben. Solange alles gut läuft, gibt es keinen Grund, über sich nachzudenken und etwas zu verändern.« (Stahl, 253)

»Daheim ist dort, wo du wirklich sicher und geborgen bist; wo du erhältst, wonach du verlangst. Du brauchst menschliche Hände, die dich festhalten, damit du nicht davonläufst. Kehrst du aber heim und bleibst daheim, wirst du die Liebe finden, die dein Herz ruhen und rasten lässt.« (Nouwen, 27) Meine Suche nach einer Heimat für mein inneres Kind begann mit Gefühlen der Provokation. Am Ende angelangt, verspüre ich ein dankbares Staunen über die vielen Schnittmengen zwischen Seelsorge und Psychotherapie. Viele unserer Wege führen mitten ins Herz, nehmen den ganzen Menschen mit Körper, Geist und Seele in den Blick. Mein apologetisches Unbehagen wich der Freude über allerlei Anknüpfungspunkte. Ich entdeckte befreiende ›Auferstehungsimpulse‹.

Kumpane kommt von cum panis (lat. = mit Brot). Kumpanen sind Weggefährten, die ihr Brot unterwegs teilen, wie Jesus das tat. Er bewerkstelligte die Speisung der Fünftausend durch ein Teilungswunder (Mk 6,30-44). Über all das, was in ihren Taschen steckte und sie bereit waren zu teilen, sprach er das Dankgebet, hob all die

Gaben gen Himmel, um dem zu danken, dem wir unser Leben verdanken. Oh Wunder, alle wurden satt von fünf Broten und zwei Fischen! Könnte das Seelsorge und Psychotherapie auch gelingen, zu teilen, was wir an je Eigenem gemeinsam haben? Strecken wir es dem Himmel entgegen, damit unsere Gaben und Begabungen für alle reichen.

Viktor E. Frankl hat uns das vorgemacht: »Es wäre pharisäisch, würde der Arzt, angesichts des Leidens eines Ungläubigen, schadenfroh sein und sich denken: Wäre er doch gläubig, dann fände er Zuflucht beim Priester. Wenn ein Nichtschwimmer in Ertrinkungsgefahr ist, so sagen wir uns ja ebenfalls nicht: Hätte er doch schwimmen gelernt. Sondern wir leisten Hilfe – auch wenn wir nicht Schwimmlehrer sind. Ärztliche Seelsorge ist keine Hybris. Wo der Arzt nicht ärztlich behandelt, sondern seelsorgerlich handelt, befindet er sich in einer Zwangslage. Lassen die Patienten sich an den Priester nicht überweisen, was sie ›fast immer ablehnen‹ (G.R. Heyer), so soll sie der Arzt nicht abweisen; denn ›– er mag das wollen oder nicht – in der Lebensnot außerhalb des Krankseins zu raten ist dem Arzt vielleicht heute an Stelle des Seelsorgers auferlegt‹ und ›man kann nicht ändern, dass die Menschen in Lebensnot heute zum größeren Teil nicht den Seelsorger, sondern den lebenserfahrenen Berater im Arzt suchen‹ (H. J. Weitbrecht). Wir leben eben in einem säkularisierten Säkulum und dürfen uns nicht wundern, wenn auch die Seelsorge säkularisiert ist. Allein, wir gehen wohl nicht fehl, wenn wir vermuten, dass hinter diesem psychotherapeutischen Bedürfnis das alte und ewige metaphysische Bedürfnis steht, das heißt das Bedürfnis des Menschen, sich Rechenschaft abzulegen über den Sinn des Daseins.« (Frankl, zit. nach: Lukas, 113)

Heilsame Seelsorge sieht sich als Arbeiterin im Weinberg eines sinnvollen Daseins. Sie achtet auf die körperlichen, seelischen und geistig-geistlichen Grundbedürfnisse des Menschen. Diese verbergen sich in den Bedürfnissen nach Bindung, Autonomie, Lust und Anerkennung. Viele unsere Ängste haben hier ihren Ausgangspunkt, wenn in unseren ersten Lebensjahren eines dieser Grundbedürfnisse nicht verlässlich gestillt wurde. Als entscheidende Kraftquelle zur Lebensbewältigung sieht heilsame Seelsorge unsere Gefühle an. Ein Zuviel oder Zuwenig an Angst, Trauer, Wut, Freude oder Scham kann unser Schattenkind ins Wanken bringen oder die Lebensfreude unseres Sonnenkindes verdunkeln. Heilsame Seelsorge weiß um die Bedeutung des Unbewussten. Sie arbeitet aber auch an der Bewusstwerdung der vier Beziehungsverhältnisse (= Resonanzachsen) des Menschen. In besonderer Weise ist ihr daran gelegen, das Selbst-, Mensch-Welt- und Gottvertrauen zu stärken, damit Ängste überwunden, Gefühle gefühlt und Bedürfnisse gestillt werden, alles möglichst angemessen und in Balance.

Angst kommt von Enge. Des Menschen Heimat liegt in der Weite, in den offenen Armen unseres gütigen Vaters. »Wenn es jedoch in der Genesis heißt, der Mensch sei am sechsten Tage der Schöpfung erschaffen worden, und am siebten Tage habe Gott geruht, so können wir sagen: Am siebten Tage legte Gott die Hände in den Schoß, und seither liegt es am Menschen, was er, der Mensch, aus sich macht – selber macht. Gott? Wartet ab – und sieht zu, wie der Mensch die geschaffenen Möglichkeiten schöpferisch verwirklicht. Noch sind diese Möglichkeiten, wie gesagt, nicht voll ausgeschöpft. Noch wartet Gott, noch ruht er, noch ist Sabbat: Sabbat in Permanenz.« (Frankl, zit. nach: Lukas, 73f) Heilsame Seelsorge legt ihre Hände nicht in den Schoß, ruht sich nicht in der Hängematte eines billigen Gottvertrauens aus, sondern vertraut den Möglichkeiten des Menschen. Heimat finden – Ängste überwinden – erwachsen werden – Ankommen – bleibt damit ein ständiges Wechselspiel zwischen Gott und Mensch, menschlichen

Möglich- und Unmöglichkeiten, Machbarem und Unverfügbarem. Mit dem Bild des Baumes fing alles an. Mit einem Baumgedicht will ich schließen. Es schrieb der Regisseur und Schauspieler Ernst Ginsberg. Bis zum Hals war er gelähmt. Über ein kleines Luftröhrchen diktierte er seine letzten Worte einem Computer:

Zur Nacht hat ein Sturm alle Bäume entlaubt,
sieh sie an, die knöchernen Besen.
Ein Narr, wer bei diesem Anblick glaubt,
es wäre je Sommer gewesen.

Und ein größerer Narr, wer träumt und sinnt,
es könnt' je wieder Sommer werden.
Und grad diese gläubige Narrheit, Kind,
ist die sicherste Wahrheit auf Erden.

Ernst Ginsberg

Literaturverzeichnis

Andere Zeiten (Hrsg.): Vom Anfang im Ende. Ein Trostbuch für Tage in Moll, 5. Aufl., Hamburg 2015.

Die Bibel: Nach Martin Luthers Übersetzung. Lutherbibel. Revidiert 2017. Mit Apokryphen, Stuttgart 2016.

Berne, Eric: Spiele der Erwachsenen. Psychologie der menschlichen Beziehungen, Hamburg 1970.

Bonhoeffer, Dietrich: Die Gedichte. Herausgegeben und gelesen von Gotthard Fermor. Fotografien von Klaus Diedrich. Musik von Josef Marschall, Gütersloh 2020.

Bonhoeffer, Dietrich: Widerstand und Ergebung. Briefe und Aufzeichnungen aus der Haft, München 1964.

Byung- Chul, Han: Agonie des Eros, Berlin 2012.

Chu, Victor: Die Kunst, erwachsen zu sein. Wie wir uns von den Fesseln der Kindheit lösen, 4. Aufl., München 2010.

Dittmar, Vivian: beziehungsweise. Beziehungen kann man lernen, München 2015.

Dittmar, Vivian: Der emotionale Rucksack. Wie wir mit ungesunden Gefühlen aufräumen, München 2018.

Dittmar, Vivian: Gefühle & Emotionen. Eine Gebrauchsanweisung, München 2014.

Domin Hilde: Gesammelte Gedichte, 9. Aufl., Frankfurt a.M. 2003.

Eckert, Siegfried: herzgeborenes. Gebete, Leipzig 2022.

Flaßpöhler, Svenja: Verzeihen. Vom Umgang mit Schuld, München 2016.

Ginsberg, Ernst: Abschied, Darmstadt 1988.

Grueso, Natalio: Woody Allen. Ein ganz persönlicher Blick auf das Filmgenie, Hamburg 2016.

Horx, Matthias: Das Buch des Wandels. Wie Menschen Zukunft gestalten, 2. Aufl., München 2011.

Illies, Florian: Liebe in Zeiten des Hasses. Chronik eines Gefühls 1929-1939, Frankfurt a.M. 2021.

Lincoln, Peter: Wie der Glaube zum Körper findet. Focusing als spiritueller Übungsweg, Neukirchen-Vluyn 2007.

Lowen, Alexander: Bioenergetik. Therapie der Seele durch Arbeit mit dem Körper, Berlin 2011.

Lukas, Elisabeth: Der Seele Heimat ist der Sinn. Logotherapie in Gleichnissen von Viktor E. Frankl. Zusammengestellt und kommentiert von Elisabeth Lukas, München 2005.

Luther, Henning: Religion im Alltag. Bausteine zu einer Praktischen Theologie des Subjekts, Stuttgart 1992.

Mitscherlich, Margarethe: Eine Liebe zu sich selbst, die glücklich macht, Frankfurt a.M. 2014.

Möller, Christian/ Heymel, Michael/ Goes, Peter: »Ich hab einen besseren Sorger.« Luthers seelsorgliche Theologie, Kamen 2017.

Nouwen, Henri J.M.: Die innere Stimme der Liebe. Aus der Tiefe der Angst zu neuem Vertrauen, Freiburg i.Br. 2016.

Remen, Rachel Naomi: Aus Liebe zum Leben. Geschichten, die der Seele gut tun, 9. Aufl., Krugzell 2021.

Robinson, Marilynne: Gilead, Frankfurt am Main 2018.

Rosa, Hartmut: Resonanz. Eine Soziologie der Weltbeziehung, Berlin 2016.

Rosa, Hartmut: Unverfügbarkeit, Wien/Salzburg 2018.

Rosenkranz, Jutta: Mascha Kaléko. Biografie, 6. Aufl., München 2019.

Sastre, Elvira: Die Tage ohne dich, Wien 2022.

Schmidt, Gunther: Geborgen im Ungewissen – ein Referat von Dr. Gunther Schmidt. https://www.youtube.com/watch?v=qaaSbu-vMHZk (zuletzt abgerufen am 26.10.2022)

Schmid, Wilhelm: Unglücklichsein. Eine Ermutigung, Berlin 2012.

Seidel, Stefan: Nach der Leere. Versuch über die Religiosität der Zukunft, München 2020.

Stahl, Stefanie: Das Kind in dir muss Heimat finden. Der Schüssel zur Lösung (fast) aller Probleme, München 2015.

Steffensky, Fulbert: Feier des Lebens. Spiritualität im Alltag, Stuttgart 1985.

Steffensky, Fulbert: Heimathöhle Religion. Ein Gastrecht für widersprüchliche Gedanken, Stuttgart 2015.

Strauss, Botho: Nicht mehr. Mehr nicht – Chiffren für sie, München 2021.

Sunim, Haemin: Die schönen Dinge siehst du nur, wenn du langsam gehst, 5. Aufl., München 2019.

Trotier, Kilian: Das große Warum, in: Zeit-Magazin, Nr. 52, 16.12.2021, 14-21.

Sollte diese Publikation Links auf Webseiten Dritter enthalten,
so übernehmen wir für deren Inhalte keine Haftung, da wir uns diese
nicht zu eigen machen, sondern lediglich auf deren Stand zum Zeitpunkt
der Erstveröffentlichung verweisen.

Penguin Random House Verlagsgruppe FSC® N001967

1. Auflage
Copyright © 2023 Gütersloher Verlagshaus, Gütersloh,
in der Penguin Random House Verlagsgruppe GmbH,
Neumarkter Str. 28, 81673 München

Umschlagmotiv: © Aksiniya_Polyarnaya – iStockphoto.com
Druck und Bindung: GGP Media GmbH, Pößneck
Printed in Germany
ISBN 978-3-579-06227-3
www.gtvh.de